象棋精妙杀着系列

象棋妙杀速胜精编

吴雁滨 编著

时代出版传媒股份有限公司
安徽科学技术出版社

图书在版编目(CIP)数据

象棋妙杀速胜精编 / 吴雁滨编著. --合肥:安徽科学技术出版社,2019.1(2023.4 重印)
(象棋精妙杀着系列)
ISBN 978-7-5337-7469-1

Ⅰ.①象… Ⅱ.①吴… Ⅲ.①中国象棋-对局(棋类运动) Ⅳ.①G891.2

中国版本图书馆 CIP 数据核字(2018)第 002782 号

象棋妙杀速胜精编　　吴雁滨　编著

出 版 人:丁凌云　　选题策划:倪颖生　　责任编辑:倪颖生　王爱菊
责任印制:梁东兵　　封面设计:吕宜昌
出版发行:安徽科学技术出版社　　http://www.ahstp.net
(合肥市政务文化新区翡翠路 1118 号出版传媒广场,邮编:230071)
电话:(0551)63533330
印　　制:唐山富达印务有限公司　　电话:(022)69381830
(如发现印装质量问题,影响阅读,请与印刷厂商联系调换)

开本:710×1010　1/16　　印张:15　　字数:270 千
版次:2023 年 4 月第 2 次印刷

ISBN 978-7-5337-7469-1　　定价:58.00 元

前　言

在足球比赛中，最精彩的是“射门”；在象棋对局中，最精彩的就是“杀着”。特别是“连将杀着”，一气呵成，令弈者畅快淋漓、观者拍案叫绝，局后细细回味，如“余音绕梁，三日不绝”。

本书大部分局例取自实战对局，改编时尽量保留原招着法，取其精华，去其糟粕，力图使读者享受到对弈搏杀的快乐。本书共460局，其中以“连将杀着”为主，辅以少量的“宽紧杀着”，局局妙招迭出，招招击中要害，在实战对局中是比较难得的，希望广大象棋爱好者喜欢。

编　者

目　录

第1局　剑光霍霍

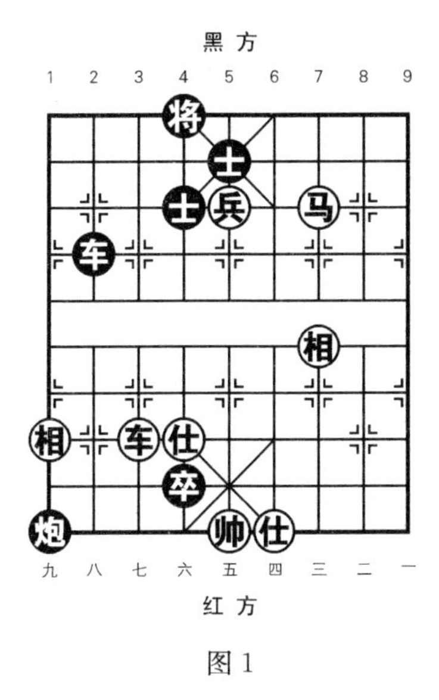

图1

着法(红先胜)：

1. 车七进七　　将4进1

2. 马三进四！　士5退6

3. 兵五平六！　将4进1

4. 车七平六

连将杀，红胜。

第2局　剑胆琴心

着法(红先胜)：

1. 车八平五！　将5进1

2. 车六进七　　将5退1

3. 车六进一　　将5进1

4. 车六退一

连将杀，红胜。

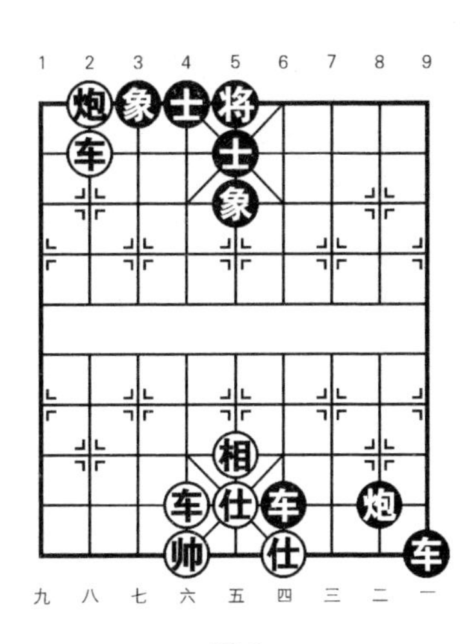

图2

第3局　金针渡劫

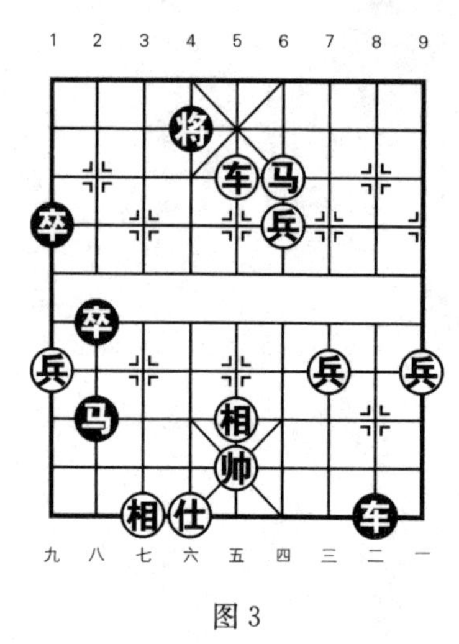

图 3

着法(红先胜):

1. 车五进二　　将 4 进 1
2. 车五平六　　将 4 平 5
3. 兵四平五!　将 5 退 1
4. 车六退一

连将杀,红胜。

第4局　束手无策

着法(红先胜):

1. 马四进三　　将 6 平 5
2. 车三退一　　将 5 退 1
3. 马三进五　　士 4 进 5
4. 车三进一

连将杀,红胜。

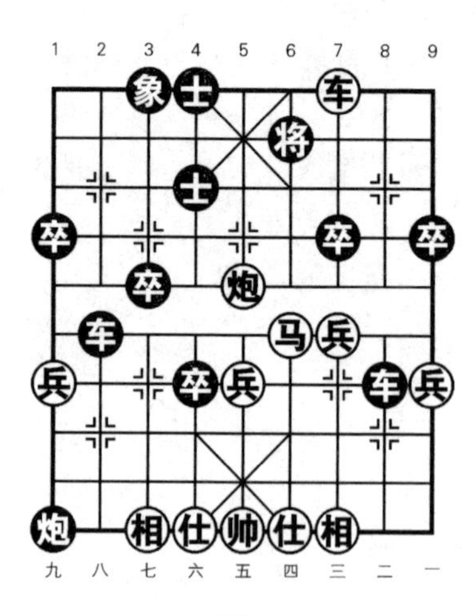

图 4

第5局 短小精悍

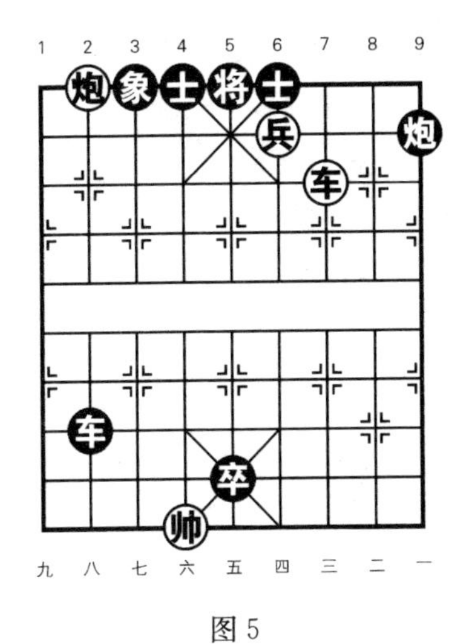

图5

着法(红先胜):

1. 车三平五　　士6进5
2. 兵四平五　　将5平6
3. 车五平四　　炮9平6
4. 车四进一

连将杀,红胜。

第6局 马踏连营

着法(红先胜):

1. 马三进四　　将5平6
2. 马四退二　　将6平5
3. 马二退三　　将5平6
4. 车六平四

连将杀,红胜。

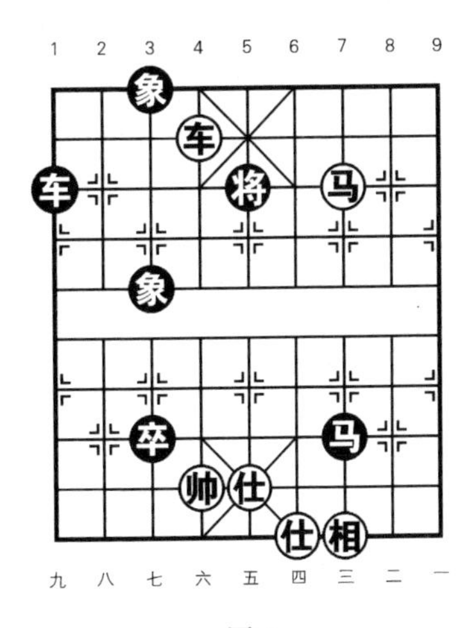

图6

第7局　同归于尽

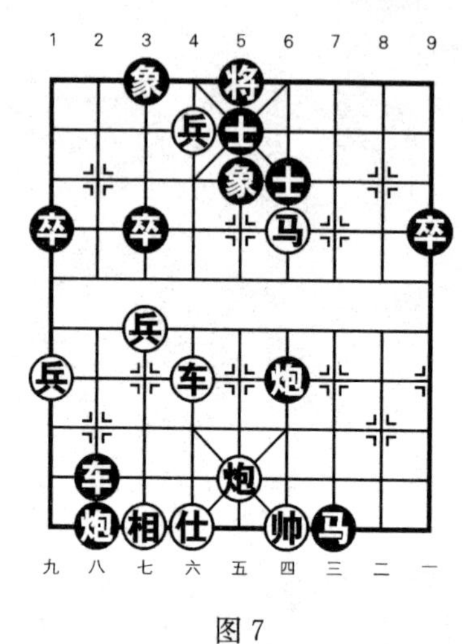

图7

着法(红先胜):

1. 兵六平五！　士6退5
2. 马四进六　将5平4
3. 马六进八　将4平5
4. 车六进六

连将杀,红胜。

第8局　视死如归

着法(红先胜):

1. 车二平五　炮3平5
2. 车五进一！　将5平4
3. 车五进一！　将4平5
4. 相七进五

连将杀,红胜。

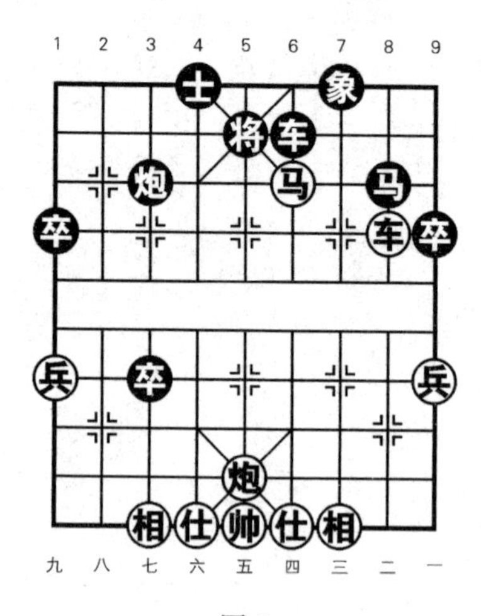

图8

第9局　银河倒悬

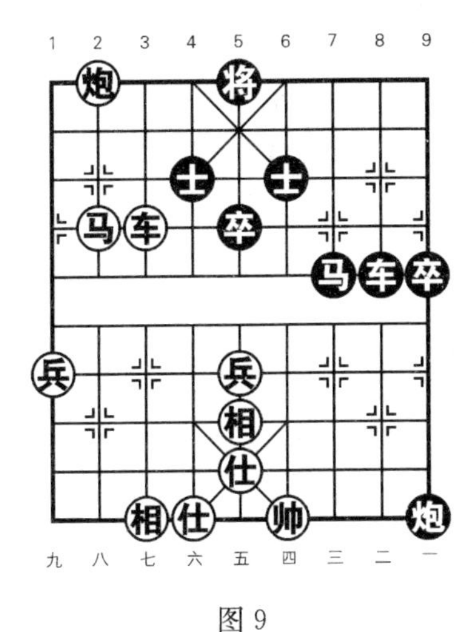

图 9

着法(红先胜):

1. 车七进三　　将 5 进 1

2. 车七退一！　将 5 退 1

3. 马八进六　　将 5 平 4

4. 马六进七

连将杀,红胜。

第10局　供其驱策

着法(红先胜):

1. 马二进三　　将 5 平 4

2. 炮五平六　　炮 4 平 2

3. 兵七平六　　士 5 进 4

4. 兵六进一

连将杀,红胜。

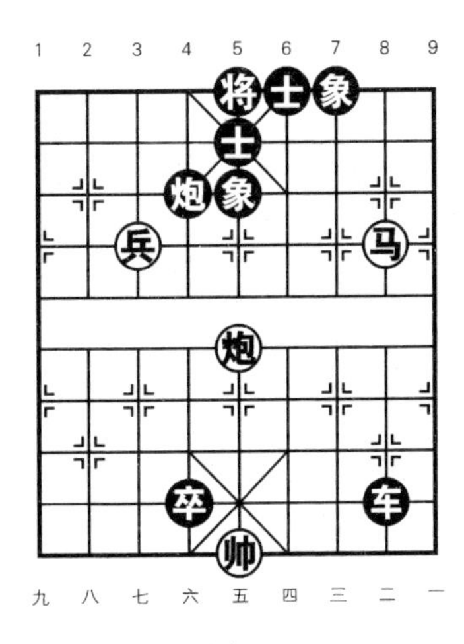

图 10

第11局　皓月西沉

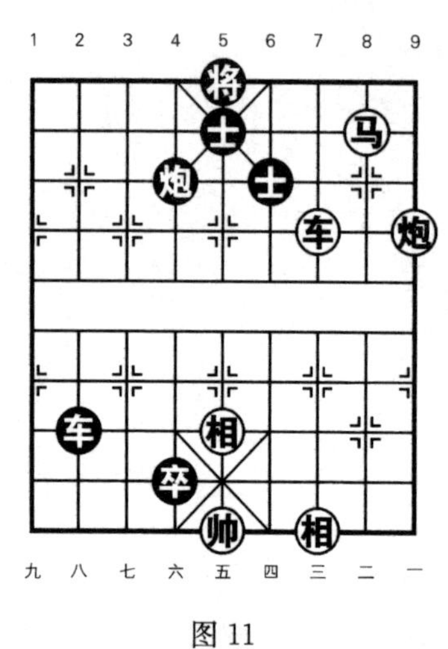

图11

着法(红先胜):

1. 车三进三　　士5退6
2. 车三平四　　将5进1
3. 炮一进二　　将5进1
4. 车四平五　　士6退5
5. 车五退一

连将杀,红胜。

第12局　借花献佛

着法(红先胜):

1. 车七平六!　　将4进1
2. 兵五平六　　将4退1
3. 炮二平六　　炮8平4
4. 兵六进一　　将4退1
5. 兵六进一　　将4平5
6. 兵六进一

连将杀,红胜。

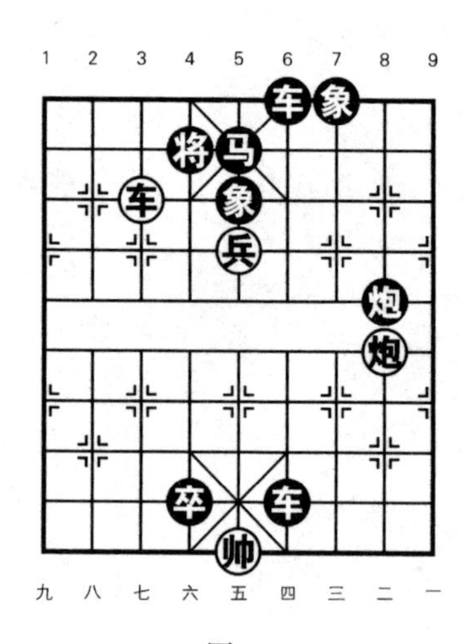

图12

第13局　步步生莲

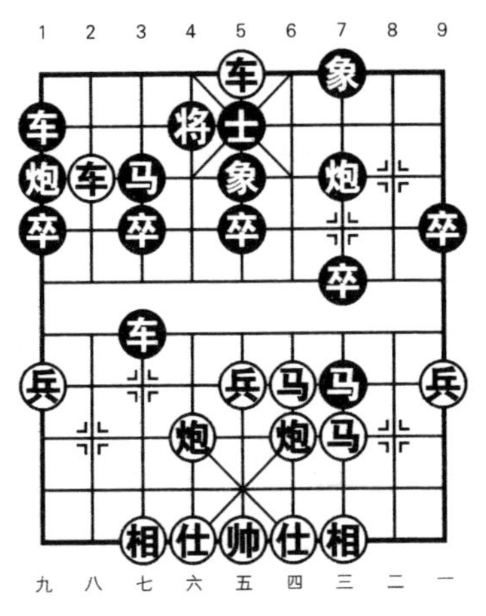

图13

着法(红先胜):

1. 炮四退一　　车3进3

2. 马四退五!　　车3退3

黑如改走车3退2,则炮四进七,士5进6,马五进六,绝杀,红胜。

3. 马五进七!　　车3进2

4. 炮四平六

绝杀,红胜。

第14局　孔融让梨

着法(红先胜):

1. 炮七进三!　　象5退3

2. 车三进五　　将6进1

3. 马二进三　　将6进1

4. 车三退二　　将6退1

5. 车三平二　　将6退1

6. 车二进二

连将杀,红胜。

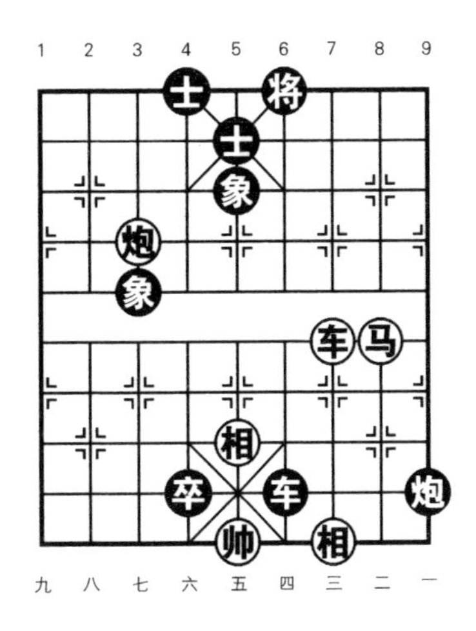

图14

第15局　辣手无情

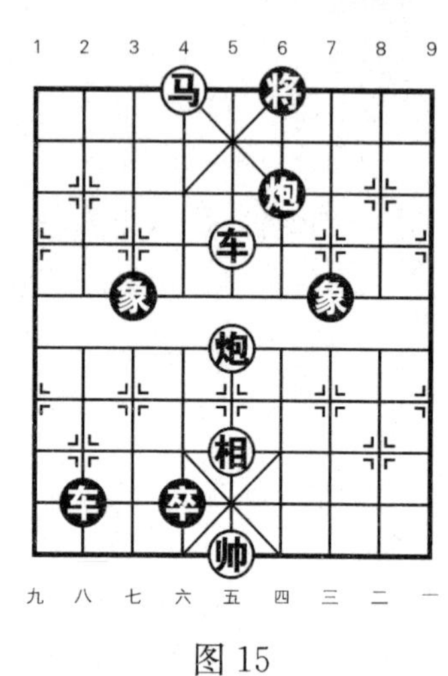

图 15

着法(红先胜):

1. 车五进三!　　将6进1
2. 车五退二　　将6退1
3. 车五平四　　将6平5
4. 马六退五

连将杀,红胜。

第16局　惊魂未定

着法(红先胜):

1. 车四平五　　将5平4
2. 炮七平六　　士4退5
3. 车五平六

连将杀,红胜。

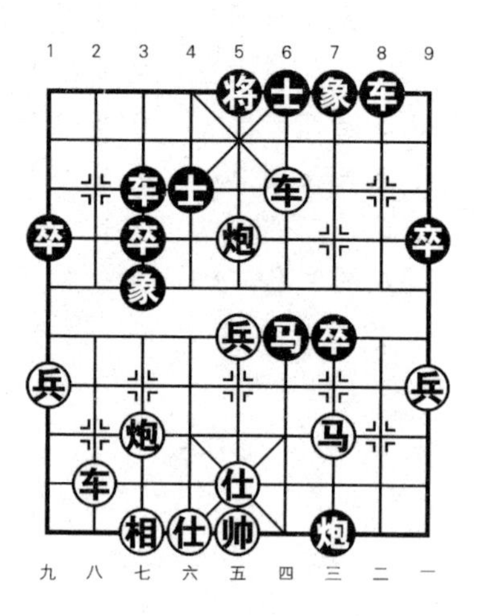

图 16

第17局 肆无忌惮

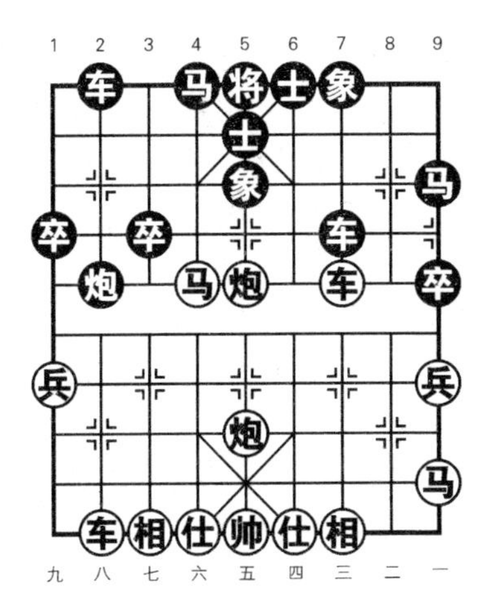

图17

着法(红先胜):

1. 车八进五　　车7进1
2. 马六进五!　　象7进5
3. 后炮进五　　马4进5
4. 车八进四

绝杀,红胜。

第18局 不知底细

着法(红先胜):

1. 车八进一　　士5退4
2. 车六进一　　将5进1
3. 车八退一　　炮4退7
4. 车八平六

连将杀,红胜。

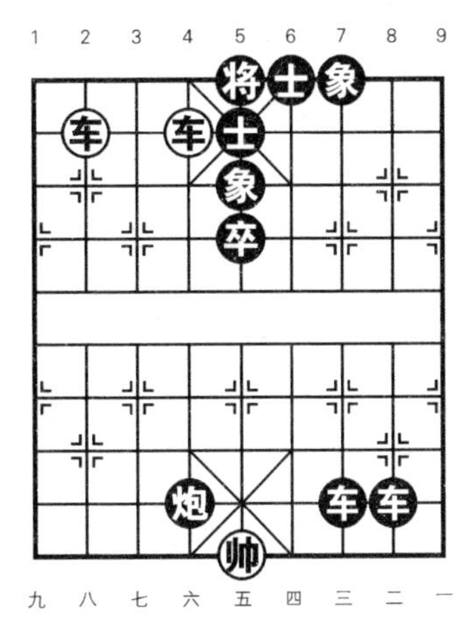

图18

第19局　怒涛汹涌

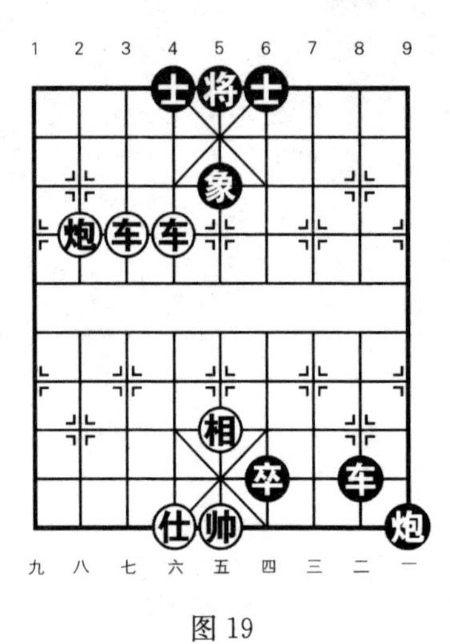

图19

着法(红先胜):

1. 炮八进三　　象5退3
2. 车六进三　　将5进1
3. 车六平五　　将5平6
4. 车七平四

连将杀,红胜。

第20局　千载难逢

着法(红先胜):

1. 车二进六　　将6进1
2. 炮九退一　　士5进4
3. 马九进七　　士4退5
4. 马七退五　　士5进4
5. 车二退一

连将杀,红胜。

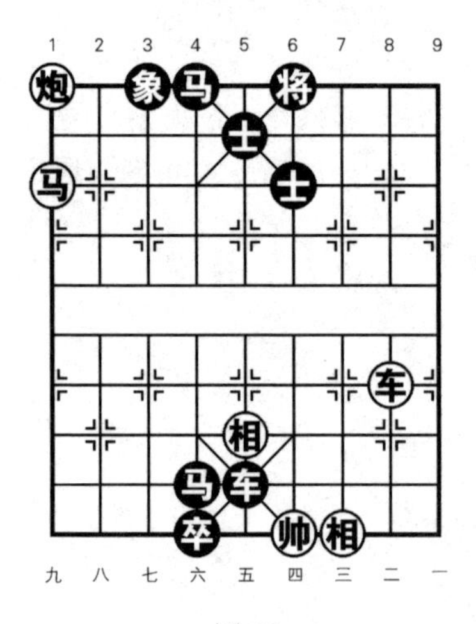

图20

第21局 神驰目眩

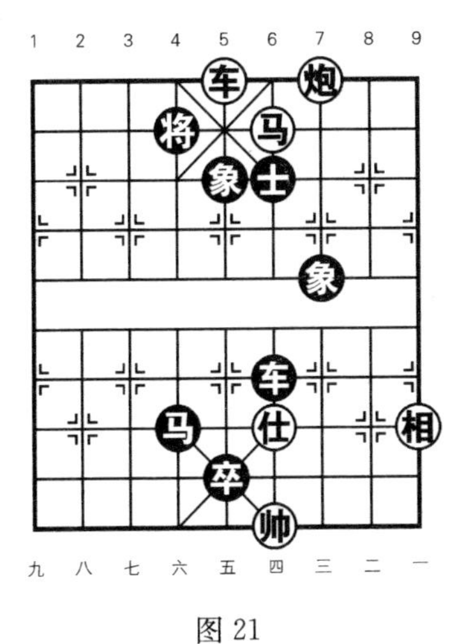

图21

着法(红先胜):

1. 炮三退一　　士6退5

2. 车五退一　　将4退1

3. 车五平六　　将4平5

4. 车六进一

连将杀,红胜。

第22局 吸风饮露

着法(红先胜):

1. 兵六进一　　将4退1

2. 兵六平五　　将4平5

黑如改走车3平4,则车三进一,士5退6,车三平四杀,红胜。

3. 兵五进一!　　车5退3

4. 车三进一

连将杀,红胜。

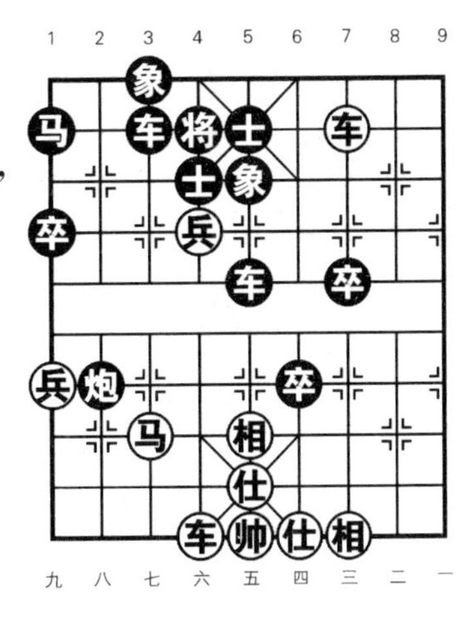

图22

第23局 百死无悔

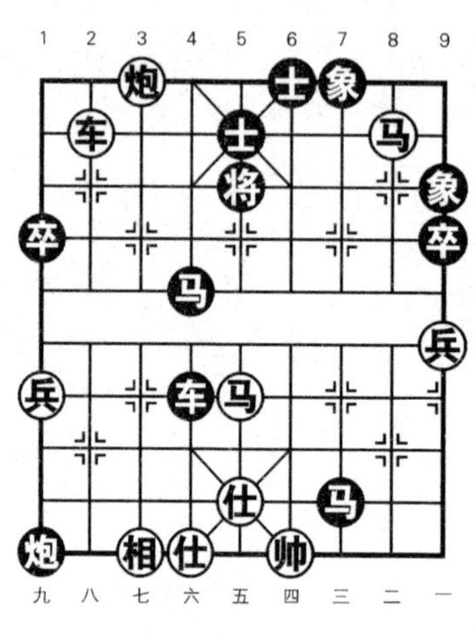

图 23

着法(红先胜):

1. 车八退一　　士 5 进 4

2. 炮七退二!　　士 4 退 5

黑如改走马 4 退 3,则马五进四,将 5 退 1,车八进一,将 5 退 1,马二退四,将 5 平 4,车八平六杀,红胜。

3. 炮七平一　　士 5 进 4

4. 马二进四!　　将 5 退 1

5. 马四退三　　将 5 平 4

6. 车八平六

连将杀,红胜。

第24局 苦楚难熬

着法(红先胜):

1. 马四退五　　将 4 进 1

2. 车三退一　　士 4 退 5

3. 马五退七　　将 4 退 1

4. 车三进一　　士 5 退 6

5. 车三平四

连将杀,红胜。

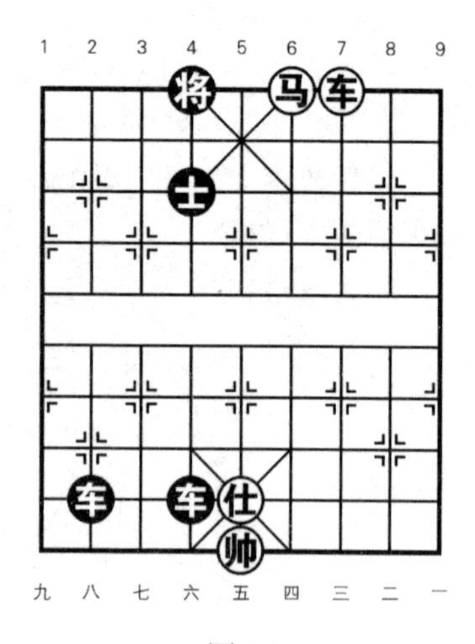

图 24

第25局 形势紧迫

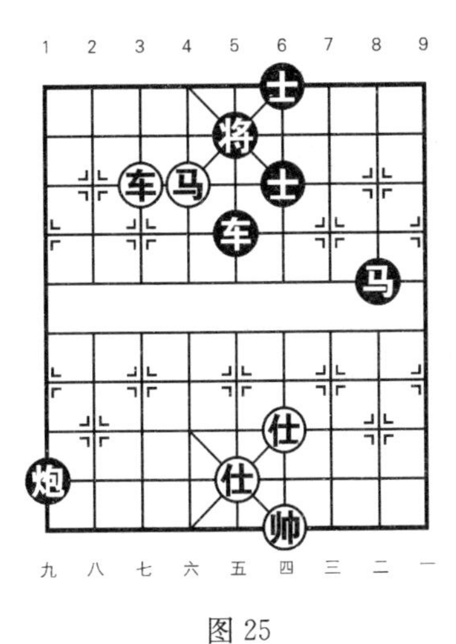

图 25

着法(红先胜):

1. 车七进一　　将5进1
2. 马六进七　　士6退5
3. 车七退一　　士5进4
4. 车七平六

绝杀,红胜。

第26局 颐指气使

着法(红先胜):

1. 车二进六　　士5退6
2. 车二平四　　将4进1
3. 兵五进一　　将4进1
4. 车四退二

连将杀,红胜。

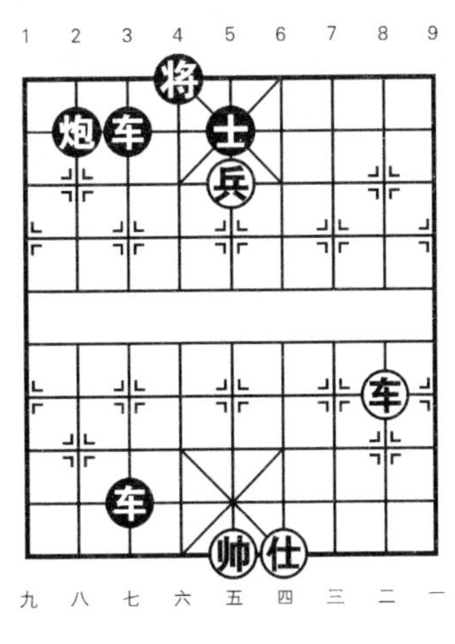

图 26

第27局 凉风习习

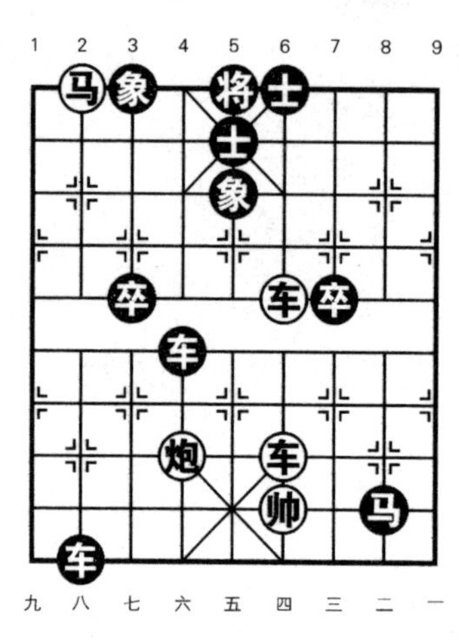

图 27

着法(红先胜):

1. 前车进四！　士 5 退 6
2. 车四进七　将 5 进 1
3. 马八退七　车 4 退 3
4. 车四退一！　将 5 退 1
5. 炮六平五

连将杀,红胜。

第28局 明媚照人

着法(红先胜):

1. 炮八进一　士 5 进 4

黑如改走士 5 进 6,则马四进五,炮 1 退 5,炮九平七,将 6 平 5,马五进七,绝杀,红胜。

2. 炮九退一　将 6 退 1
3. 马四进三　将 6 平 5
4. 炮九进一　士 4 进 5
5. 炮八进一

连将杀,红胜。

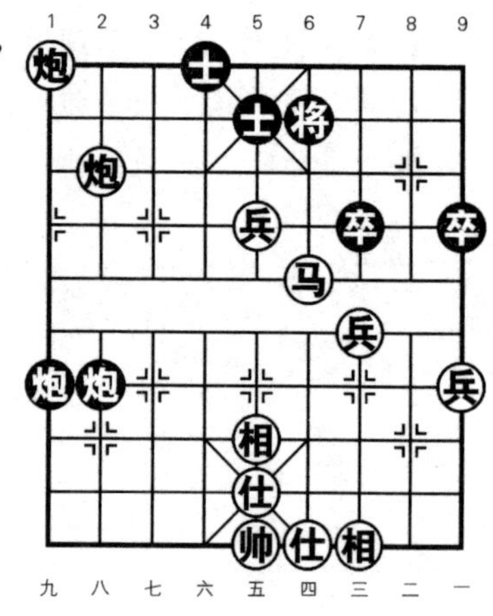

图 28

第29局　有恃无恐

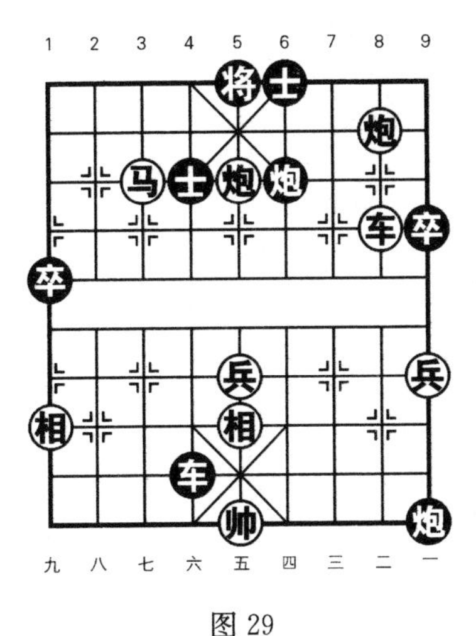

图 29

着法(红先胜):

1. 车二平八!　　炮6平7

2. 车八进三　　将5进1

3. 车八退一　　将5进1

黑如改走将5退1,则炮二平五杀,红速胜。

4. 马七进六　　将5平6

5. 车八平四

绝杀,红胜。

第30局　晨光曦微

着法(红先胜):

1. 车七进一　　将4进1

2. 炮二进六　　士4退5

3. 车七退一　　将4退1

4. 车七平五

下一步车五进一杀,红胜。

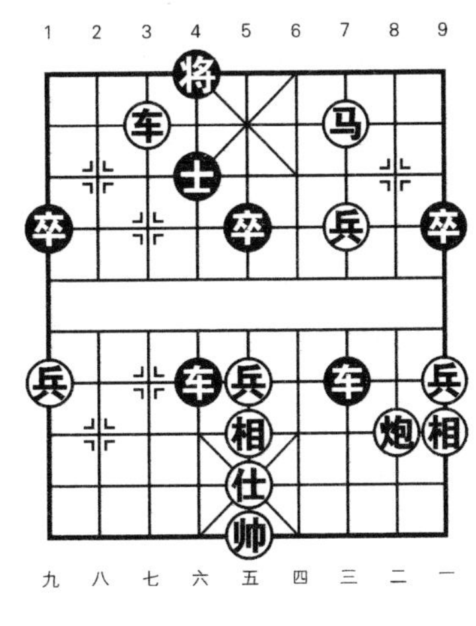

图 30

第 31 局　恃强欺弱

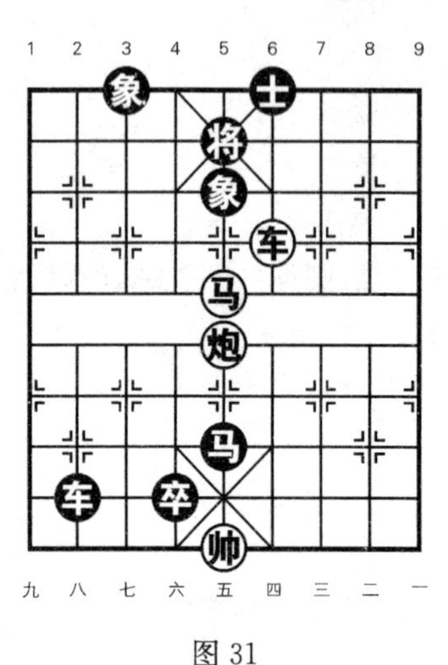

图 31

着法(红先胜):

1. 马五进三　　象 5 退 7
2. 车四进二　　将 5 退 1
3. 马三进五　　士 6 进 5
4. 车四平五　　将 5 平 4
5. 车五进一　　将 4 进 1
6. 车五平六

连将杀,红胜。

第 32 局　疾驰而归

着法(红先胜):

1. 马六进五　　象 3 进 5
2. 马五进三　　将 5 平 4
3. 马三进四　　将 4 进 1
4. 炮四进三　　象 5 退 3
5. 炮五进二

连将杀,红胜。

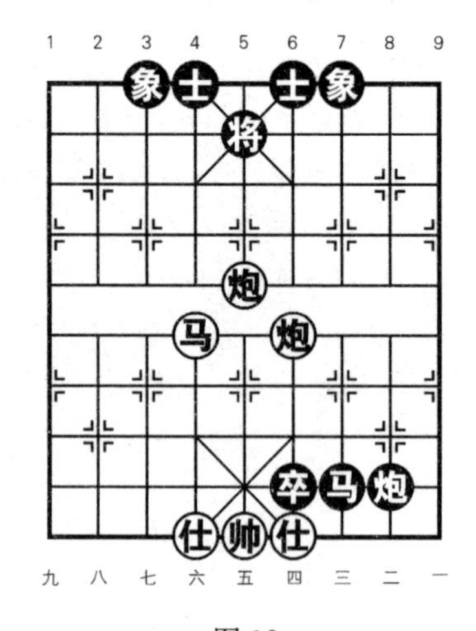

图 32

第33局　求之不得

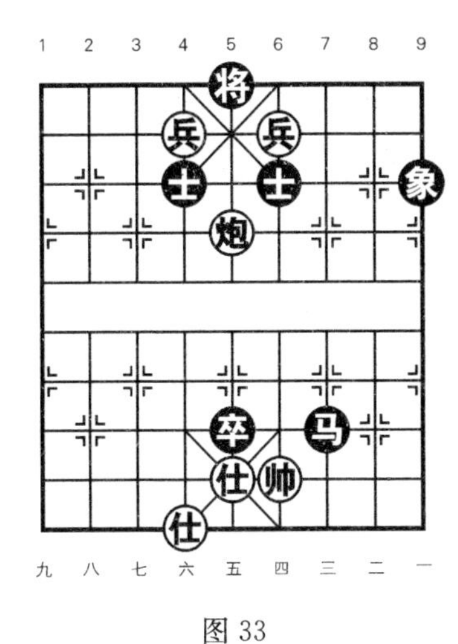

图 33

着法(红先胜)：

1. 兵四平五　　将 5 平 6
2. 兵六进一！　士 4 退 5
3. 兵六平五　　将 6 进 1
4. 炮五平四

绝杀,红胜。

第34局　扑面而来

着法(红先胜)：

1. 马四进三　　将 5 平 6
2. 炮六平四　　士 5 进 6

黑如改走马 6 进 8,则前车平四,士 5 进 6,车四进三,连将杀,红胜。

3. 前车进五　　将 6 进 1
4. 后车进八　　车 5 退 3
5. 炮三平四

连将杀,红胜。

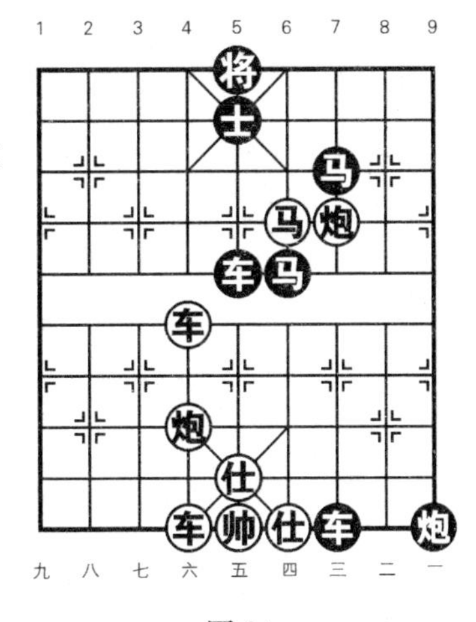

图 34

第35局　自投罗网

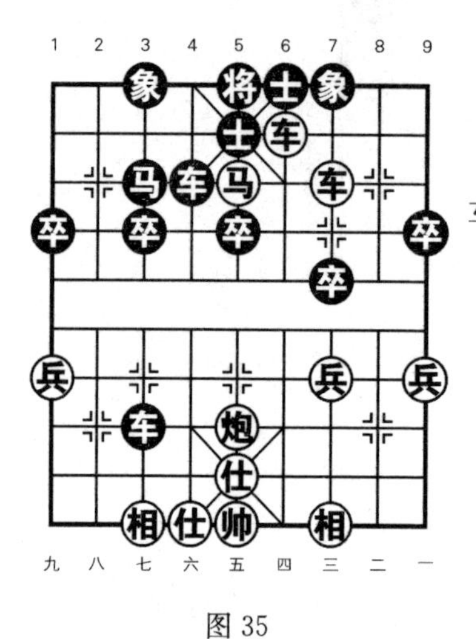

图 35

着法(红先胜):

1. 车四进一！　将5平6

黑如改走士5退6,则马五进三,将5平4,车三平六,连将杀,红速胜。

2. 车三进二　将6进1
3. 马五退三　车4平7
4. 车三退二　象3进5
5. 车三平二　将6退1
6. 车二进二　象5退7
7. 车二平三

绝杀,红胜。

第36局　腾云驾雾

着法(红先胜):

1. 车三退一！　车8退4
2. 车三平五　将5平4
3. 车八平六　马3进4
4. 车六进六

连将杀,红胜。

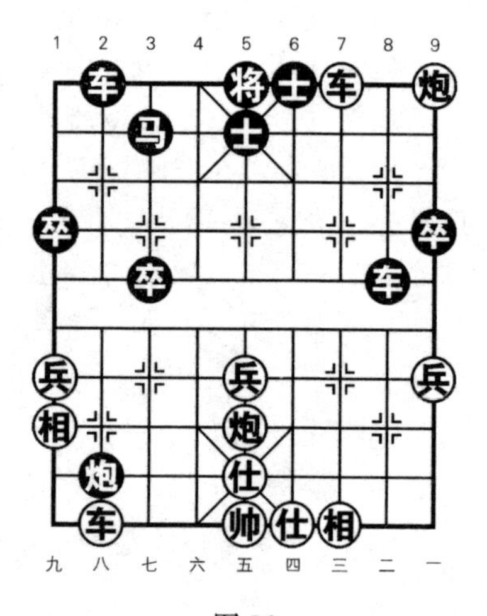

图 36

第37局 车辙马迹

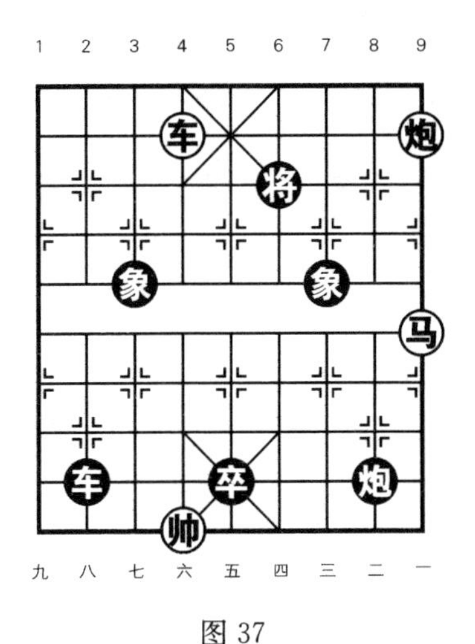

图37

着法(红先胜):

第一种攻法:

1. 马一进二　　将6平5
2. 马二进三　　将5平6
3. 车六平四　　将6平5
4. 车四退二

连将杀,红胜。

第二种攻法:

1. 马一进二　　将6平5
2. 车六退一　　将5退1
3. 马二进三　　炮8退7
4. 车六进一

连将杀,红胜。

第38局 一马当先

着法(红先胜):

1. 马五进七　　将4退1
2. 兵五进一　　士6进5
3. 兵四平五

下一步马七进八杀,黑如接走炮5平3,则兵五进一杀,红胜。

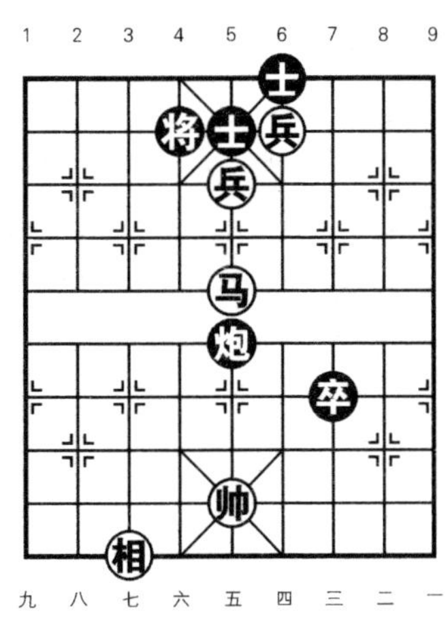

图38

第39局 马咽车阗

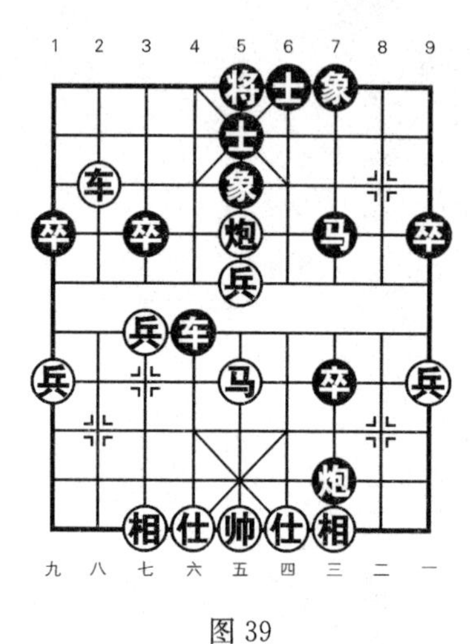

图 39

着法(红先胜):

1. 马五进六　　将 5 平 4
2. 马六进七　　将 4 进 1
3. 车八进一　　将 4 进 1
4. 炮五平九

下一步炮九进一杀,红胜。

第40局 弃车走林

着法(红先胜):

1. 车四进二!　　车 4 平 2
2. 马二进三　　士 5 退 6
3. 车四进二　　将 5 进 1
4. 车四平五　　将 5 平 4
5. 车五平六

绝杀,红胜。

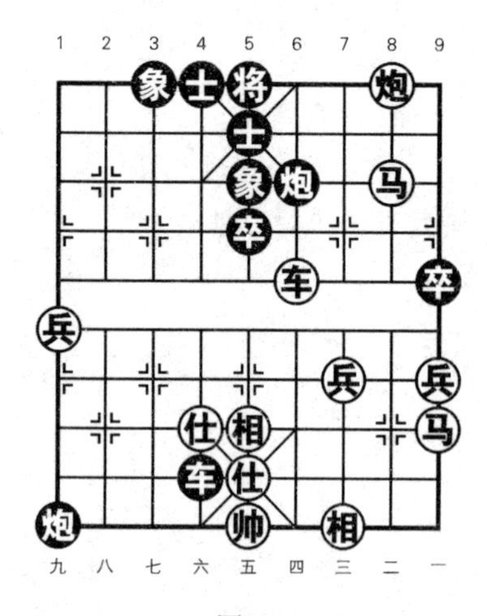

图 40

第41局 风车雨马

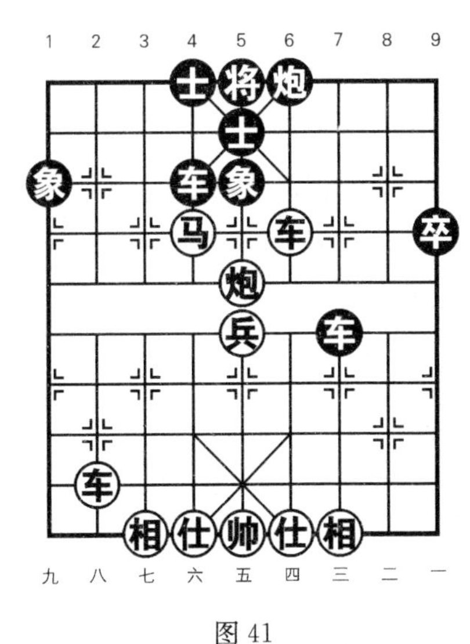

图41

着法(红先胜):

1. 车四进三!　　将5平6
2. 车八平四　　将6平5
3. 马六进四　　将5平6
4. 炮五平四

连将杀,红胜。

第42局 悬车束马

着法(红先胜):

1. 马五退三!　　象5进7
2. 马七退六　　将6平5
3. 马六退四　　将5平6
4. 相五进三!

下一步马四进六杀,红胜。

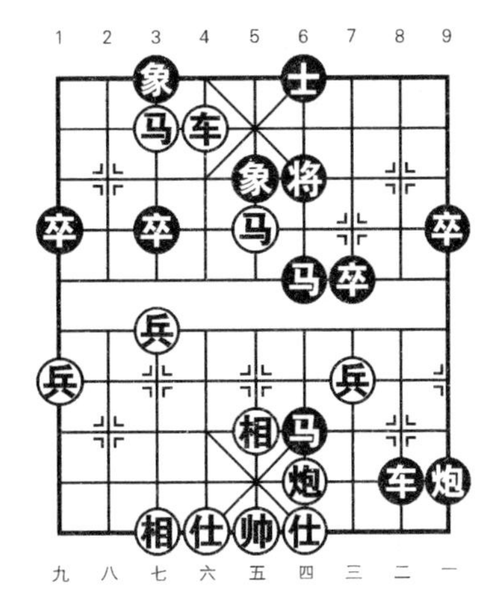

图42

第43局　驷马高车

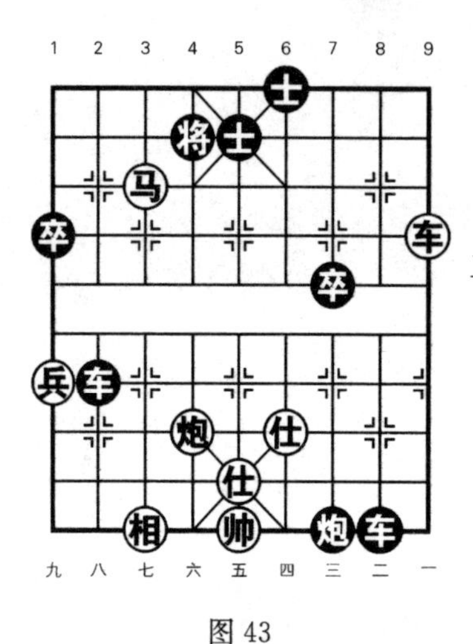

图43

着法(红先胜):

1. 车一平六　　士5进4

2. 车六平九　　士4退5

黑如改走将4平5,则车九平五,将5平6,马七进六,将6进1,车五平四,连将杀,红胜。

3. 马七退五　　将4退1

4. 车九进三　　车2退6

5. 车九平八

连将杀,红胜。

第44局　揽辔登车

着法(红先胜):

1. 车四进七　　士4进5

2. 车四平五　　将4退1

3. 车五进一　　将4进1

4. 车五平六

连将杀,红胜。

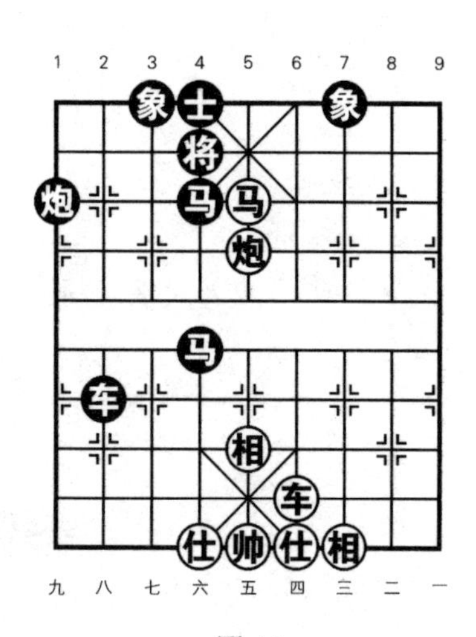

图44

第 45 局　安车蒲轮

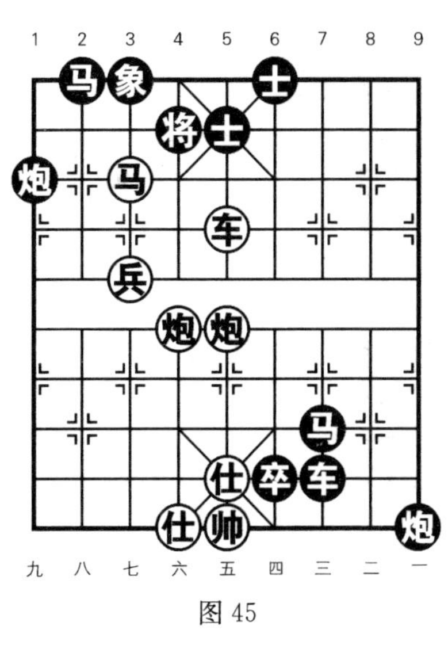

图 45

着法(红先胜):

第一种攻法:

1. 兵七平六　　士 5 进 4

2. 兵六平五!　士 4 退 5

3. 车五平六　　士 5 进 4

4. 车六进一!　将 4 进 1

5. 马七退六

连将杀,红胜。

第二种攻法:

1. 车五平六　　士 5 进 4

2. 车六进一!　将 4 平 5

3. 车六进一!　将 5 进 1

4. 马七退五　　将 5 平 6

5. 车六平四

连将杀,红胜。

第 46 局　车殆马烦

着法(红先胜):

1. 马五进三　　象 5 退 7

2. 车四平五　　象 7 进 5

3. 车五进一

连将杀,红胜。

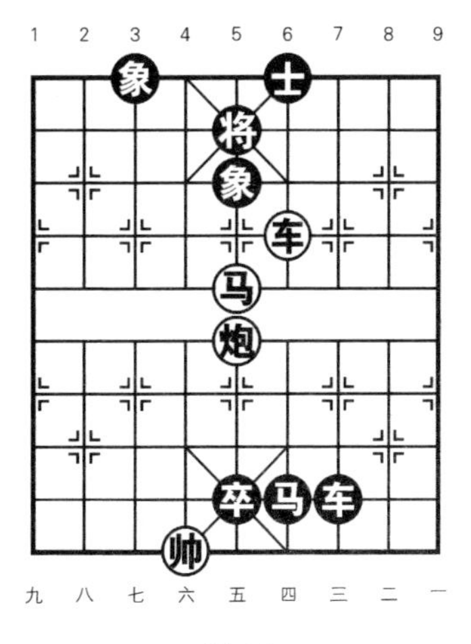

图 46

第47局 缓步当车

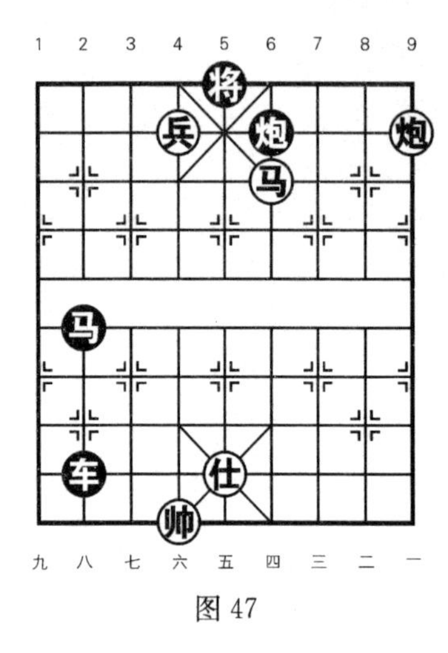

图47

着法(红先胜):

1. 兵六平五　　将5平6
2. 兵五平四!　将6平5
3. 兵四平三　　将5平6
4. 兵三进一　　将6进1
5. 马四进二

连将杀,红胜。

第48局 晴天霹雳

着法(红先胜):

1. 前炮进二!　象7进5
2. 车八平五　　马5退7
3. 车四进四!　马7退6
4. 车五进一

绝杀,红胜。

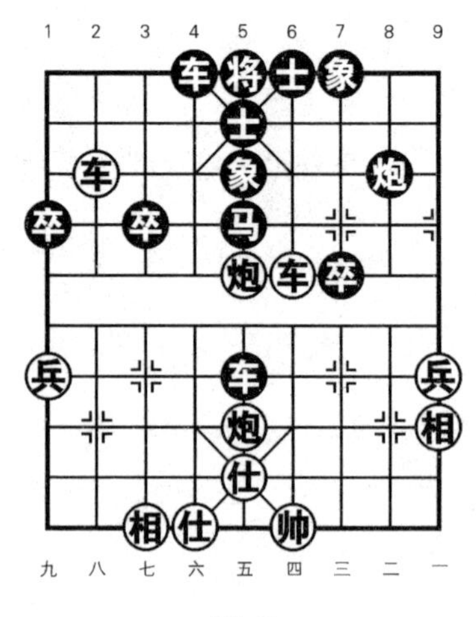

图48

第49局 杀马毁车

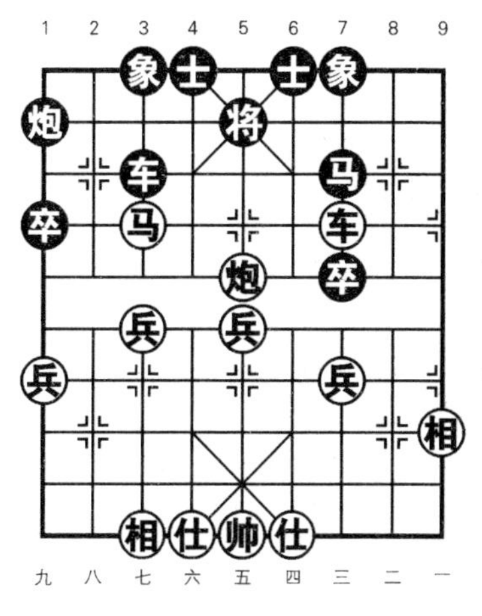

图 49

着法(红先胜):

1. 马七进五　　将5平4

黑另有以下两种应着:

(1)将5进1,车三进一,将5退1,车三平七,红得车胜定。

(2)马7进5,车三平五,象3进5,车五平七,叫将抽车,红胜定。

2. 车三平六　　车3平4

3. 炮五平六

捉死车,红胜定。

第50局 攀车卧辙

着法(红先胜):

1. 炮八进三　　象5退3

2. 车七进六　　将5平6

3. 车七退二!　将6进1

4. 车二进五

绝杀,红胜。

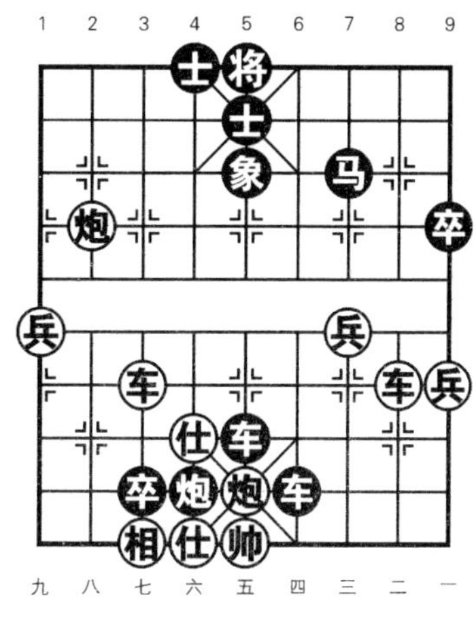

图 50

第51局 以众凌寡

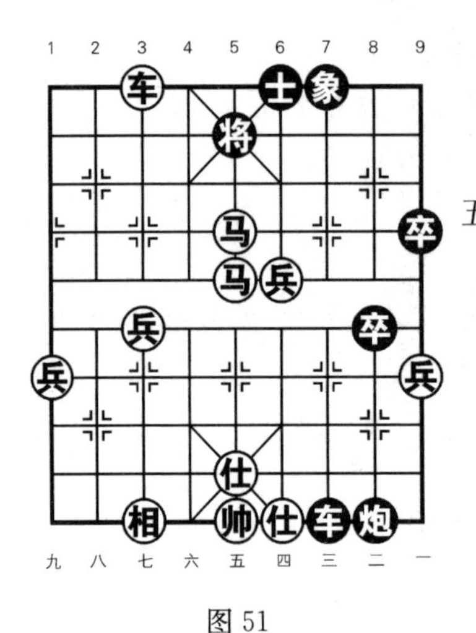

图51

着法(红先胜):

1. 前马进七　　将5平6

黑如改走将5进1,则车七平五,士6进5,车五退一,连将杀,红胜。

2. 马七进六　　将6平5

3. 车七退一　　将5退1

4. 马五进四　　将5平4

5. 车七进一

连将杀,红胜。

第52局 辅车相依

着法(红先胜):

1. 兵五进一!　　将5进1

2. 车九进二　　将5退1

3. 车九进一　　将5退1

4. 马五进四

连将杀,红胜。

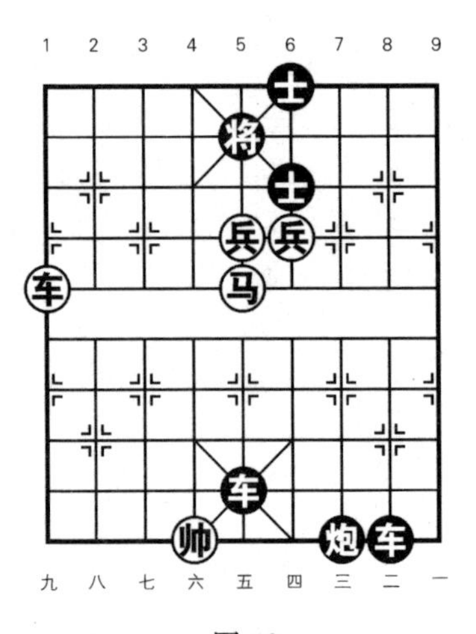

图52

第53局　风车云马

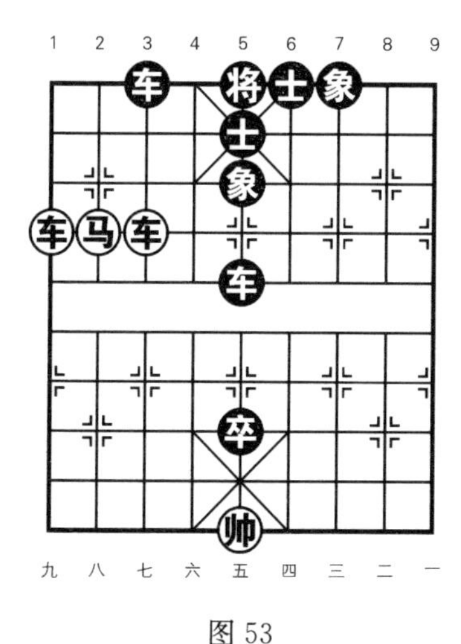

图53

着法(红先胜):

1. 车七进三!　　象5退3
2. 马八进七　　将5平4
3. 车九平六　　士5进4
4. 车六进一
连将杀,红胜。

第54局　气塞胸臆

着法(红先胜):

1. 车八平六!　　将4进1
2. 炮二平六　　士4退5
3. 马七进六　　士5进4
4. 马六进七
连将杀,红胜。

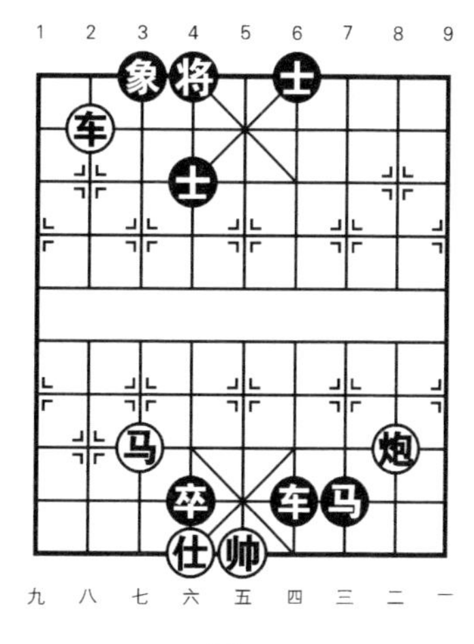

图54

第55局 花容失色

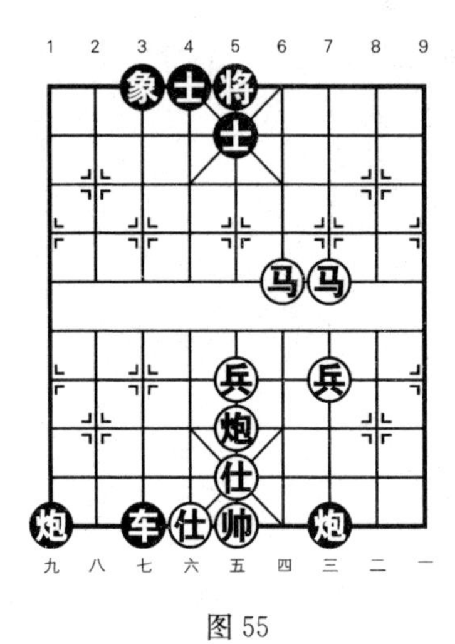

图55

着法(红先胜):

1. 马三进四　　将5平6

2. 后马进三!　　将6进1

黑如改走炮7退7,则炮五平四杀,红速胜。

3. 炮五平四!　　将6进1

4. 马三退四

连将杀,红胜。

第56局 扯旗放炮

着法(红先胜):

1. 车八平六　　车3退4

2. 仕五进六　　车8平5

3. 前车进三　　车3平4

4. 车六进五

绝杀,红胜。

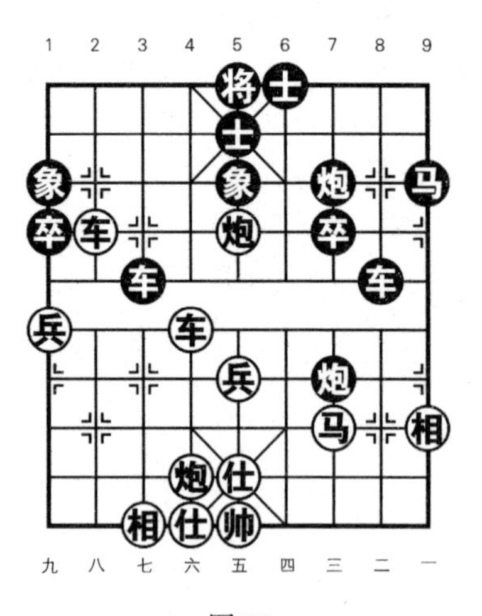

图56

第57局 炮火连天

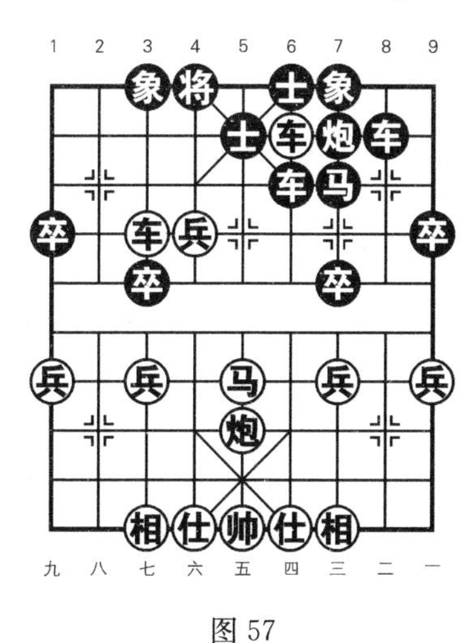

图 57

着法(红先胜):

1. 车七进三　　将4进1
2. 炮五平六　　车6平4
3. 兵六进一　　将4进1
4. 马五进六

连将杀,红胜。

第58局 车马如龙

着法(红先胜):

1. 马七进六　　将6平5
2. 马八进七　　将5平4
3. 车二退一　　将4进1
4. 马六退八

连将杀,红胜。

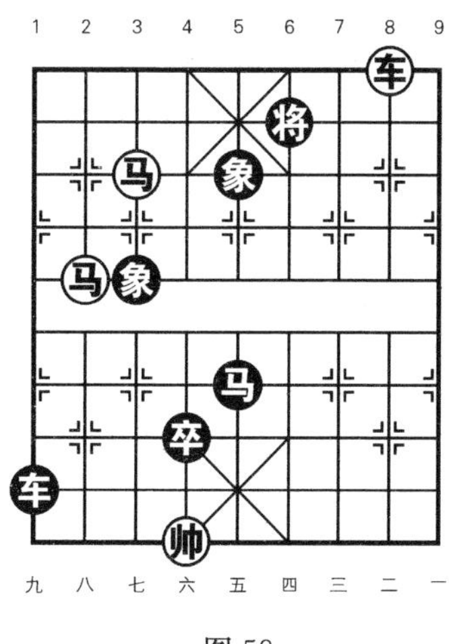

图 58

第59局 船坚炮利

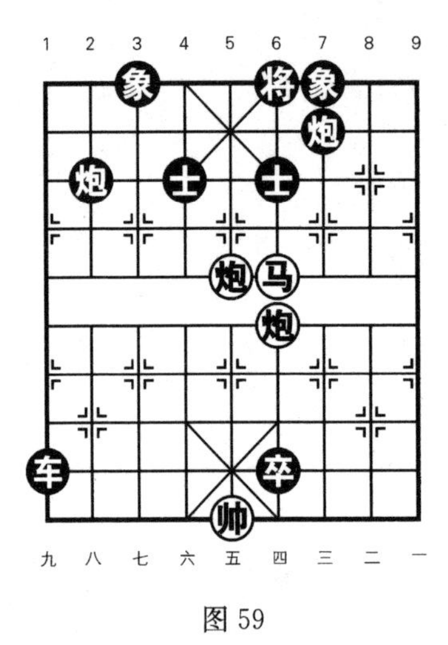

图59

着法(红先胜):

1. 马四进五！　士6退5
2. 炮五平四　将6平5
3. 马五进三　将5平4
4. 前炮平六

连将杀,红胜。

第60局 迷途知返

着法(红先胜):

1. 兵五进一　将5平4
2. 兵五平六　将4平5
3. 车六平五　士6退5
4. 车五退一

连将杀,红胜。

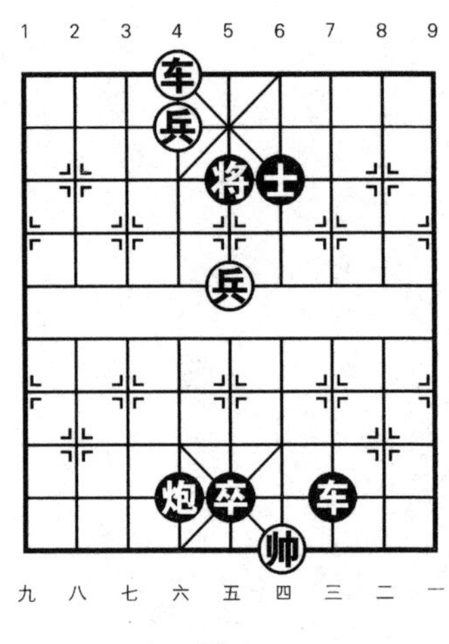

图60

第 61 局　心猿意马

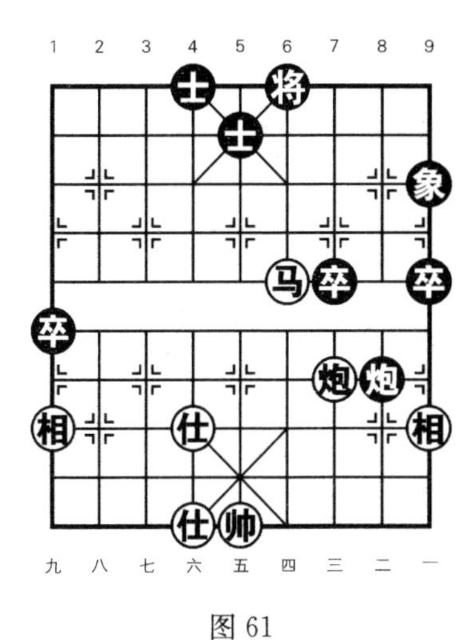

图 61

着法(红先胜):

1. 炮三平四　　将 6 平 5
2. 马四进六　　炮 8 退 5
3. 马六进四　　炮 8 平 6
4. 炮四平七　　将 5 平 6
5. 炮七进六

绝杀,红胜。

第 62 局　金戈铁马

着法(红先胜):

1. 马七退六　　将 5 平 4
2. 车七进二　　将 4 进 1
3. 马六进八　　象 5 退 3
4. 车七退一　　将 4 退 1
5. 车七平五

绝杀,红胜。

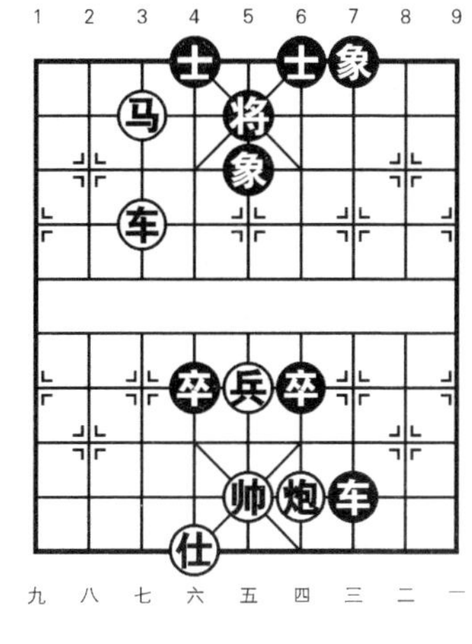

图 62

第 63 局　兵不血刃

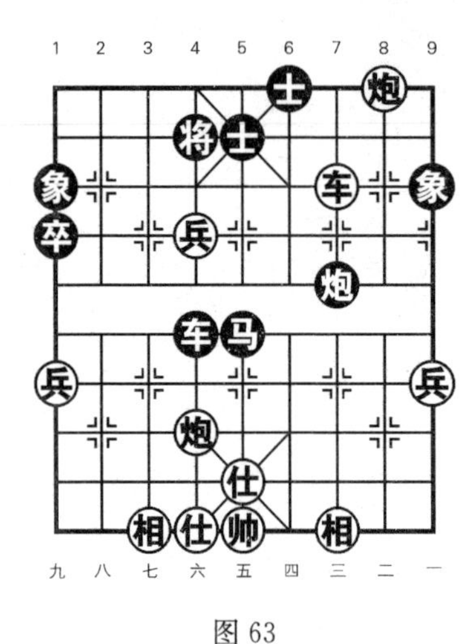

图 63

着法(红先胜):

1. 兵六进一　　士 5 进 4
2. 车三平六　　将 4 平 5
3. 车六退三

红得车胜定。

第 64 局　同仇敌忾

着法(红先胜):

1. 马三进四　　炮 9 平 6
2. 马四进五　　炮 6 平 9
3. 马五退四　　炮 9 平 6
4. 马四进三　　炮 6 平 9
5. 炮七平四　　炮 9 平 6
6. 前炮平五　　炮 6 平 9
7. 车六平四

连将杀,红胜。

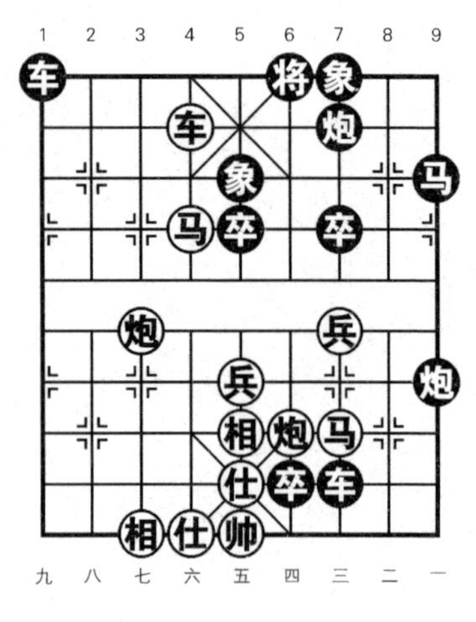

图 64

第65局 兵车之会

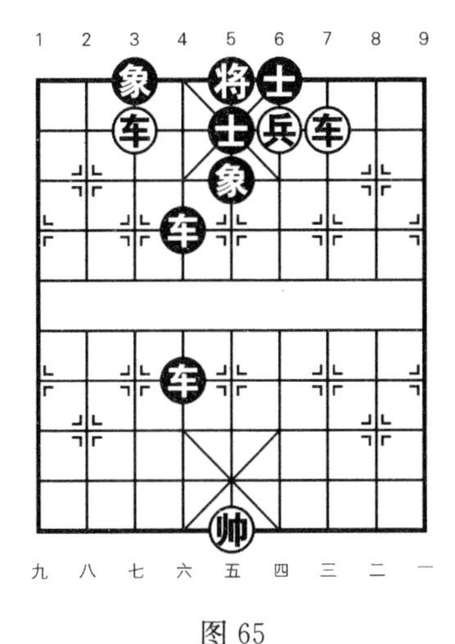

图 65

着法(红先胜):

1. 兵四平五　　士6进5
2. 车三平五　　将5平6

黑如改走将5平4,则车五平六!后车退2,车七进一,连将杀,红胜。

3. 车五平四　　将6平5
4. 车七平五　　将5平4
5. 车四进一

连将杀,红胜。

第66局 车马辐辏

着法(红先胜):

1. 车二进五　　士5退6
2. 车二平四!　将5进1
3. 马三退四　　车6进2
4. 车四退三

红得车胜定。

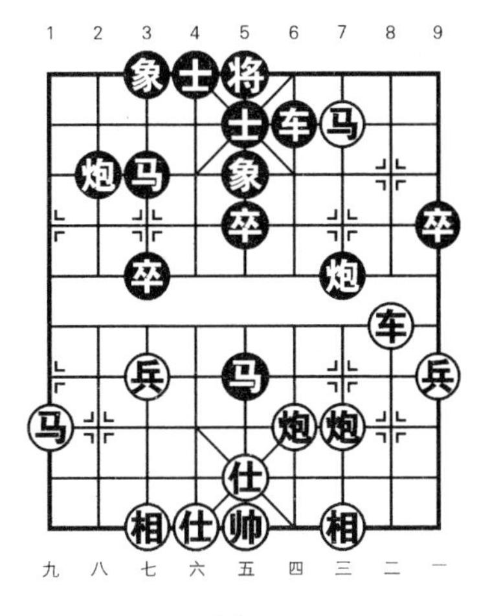

图 66

第 67 局　穷兵黩武

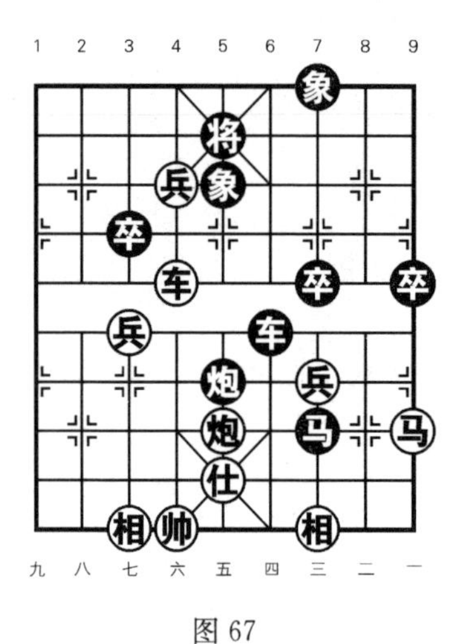

图 67

着法(红先胜):

1. 兵六进一　　将 5 退 1

2. 兵六进一　　将 5 平 6

3. 炮五平四

黑只有弃车砍炮,红胜定。

第 68 局　车马盈门

着法(红先胜):

1. 车二进一　　象 5 退 7

黑如改走将 6 进 1,则炮一退一,将 6 进 1,车二退二,车 7 退 2,车二平三,连将杀,红胜。

2. 车二退三　　将 6 进 1

3. 炮一退一　　将 6 退 1

4. 车二平四　　士 5 进 6

5. 车四进一

连将杀,红胜。

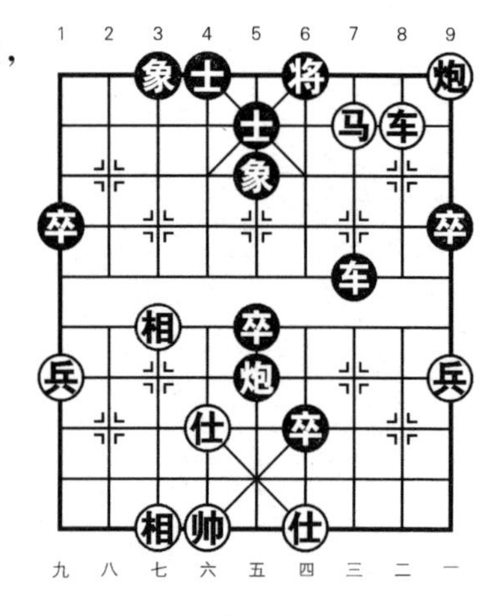

图 68

第 69 局　妙笔生花

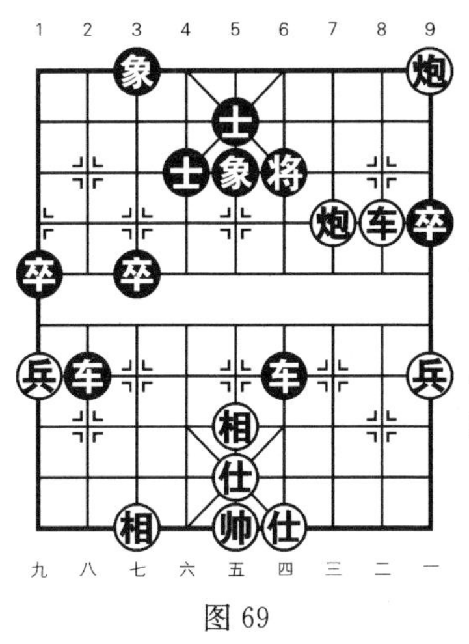

图 69

着法(红先胜):

1. 炮三进一!　　象 5 退 7

黑另有两种着法:

(1)将 6 退 1,车二进二,将 6 退 1,炮三进二杀,红胜。

(2)象 5 进 7,炮一退二,将 6 退 1,车二进二,将 6 退 1,炮一进二,车 6 平 8,炮三进二杀,红胜。

2. 车二进二!　　车 6 平 8

3. 炮一退二　　车 8 退 4

4. 车二退一

红得车胜定。

第 70 局　引人入胜

着法(红先胜):

1. 炮六进一　　炮 3 退 1

2. 炮六平四!　　士 5 退 4

3. 车六进三　　将 5 进 1

4. 车六退一

连将杀,红胜。

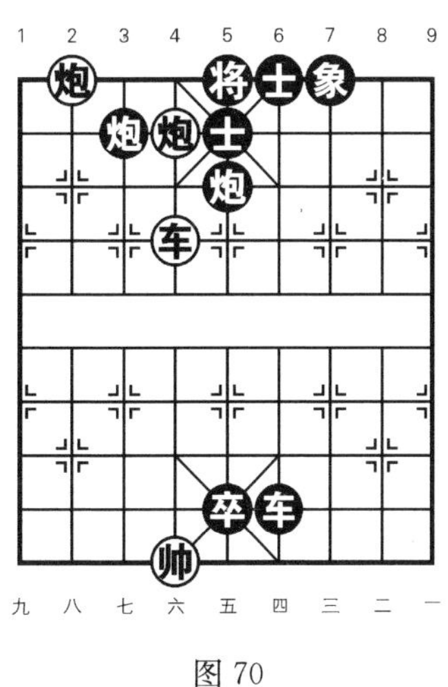

图 70

第71局 忐忑不安

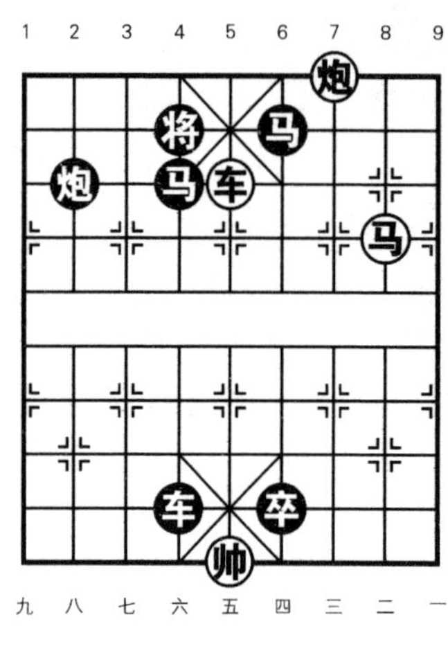

图71

着法(红先胜):

1. 车五进一　　将4退1
2. 车五进一　　将4进1
3. 马二进四!　炮2平6
4. 炮三退一　　马6退4
5. 车五退一

连将杀,红胜。

第72局 舍生取义

着法(红先胜):

1. 炮九平五　　马5进7
2. 炮六平一!

捉车叫杀,红胜定。

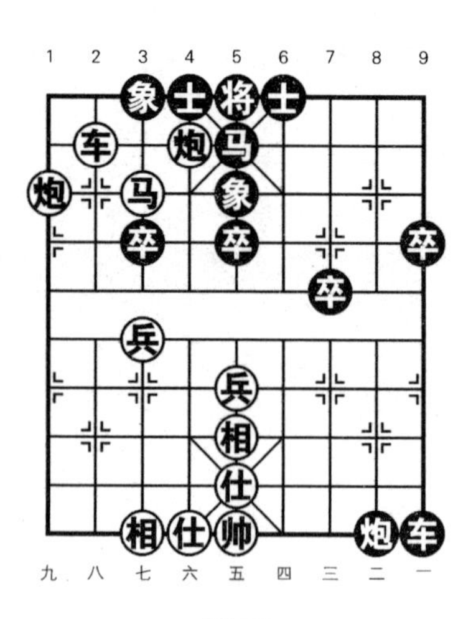

图72

第73局 独具匠心

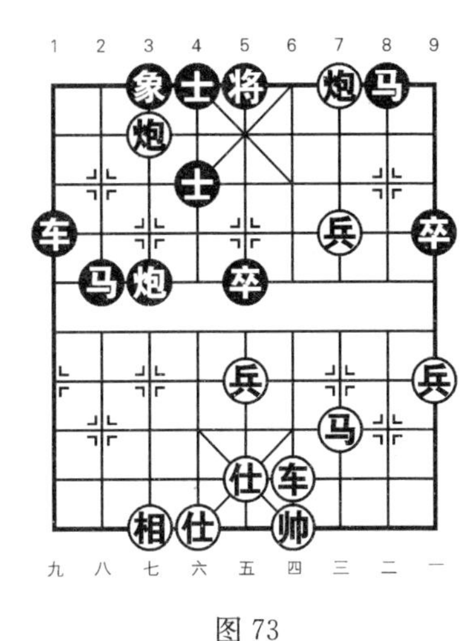

图73

着法(红先胜):

1. 炮七平二　　车1平7

2. 车四进八　　将5进1

3. 炮三退一　　将5进1

4. 车四退二

绝杀,红胜。

第74局 巧夺天工

着法(红先胜):

1. 车七平四　　将6平5

2. 马三退五!　　将5进1

黑如改走将5平4,则车四进二,士4进5,炮五平六,连将杀,红胜。

3. 车四平五　　将5平6

4. 兵四进一　　将6退1

5. 炮五平四

连将杀,红胜。

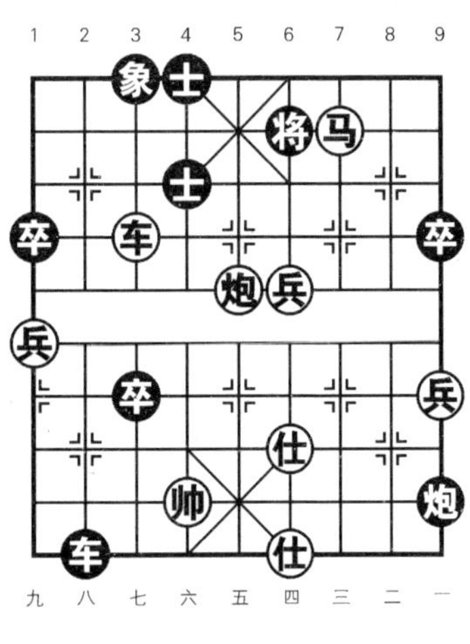

图74

第 75 局　车马骈阗

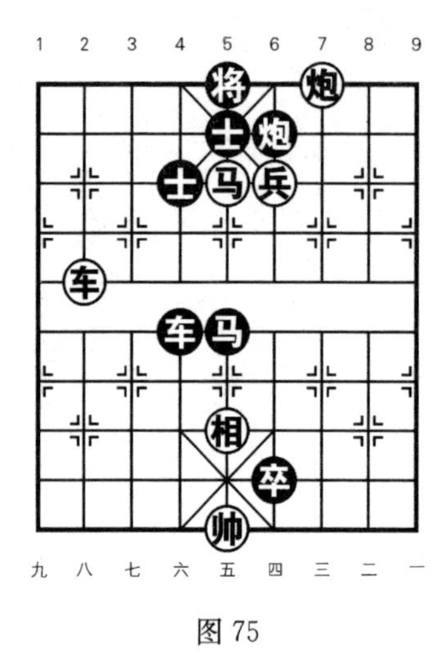

图 75

着法(红先胜):

1. 车八进四　　士 5 退 4

2. 马五进四!　将 5 进 1

3. 炮三退一　　将 5 退 1

4. 车八平六!　将 5 平 4

5. 炮三进一

连将杀,红胜。

第 76 局　居高临下

着法(红先胜):

1. 车四进五!　将 4 进 1

2. 车三平六　　炮 2 平 4

3. 车六进三!　将 4 进 1

4. 仕五进六

连将杀,红胜。

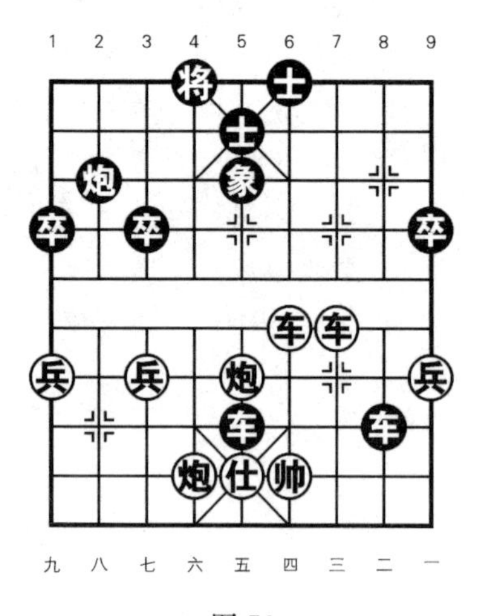

图 76

第77局 锲而不舍

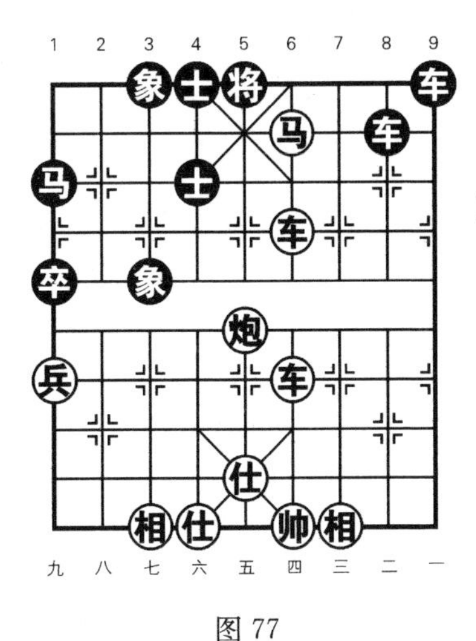

图77

着法(红先胜):

1. 马四退六　　将5进1

黑如改走车8平4,则前车进三,车9平6,马六退五,象3退5,马五进四,连将杀,红胜。

2. 前车进二　　车8平6

3. 车四进五　　将5进1

4. 马六退五

连将杀,红胜。

第78局 轻车熟道

着法(红先胜):

1. 车四平五!　　将5平6

2. 车五进一　　将6进1

3. 炮二进四　　将6进1

4. 车五平四　　炮1平6

5. 车四退一

连将杀,红胜。

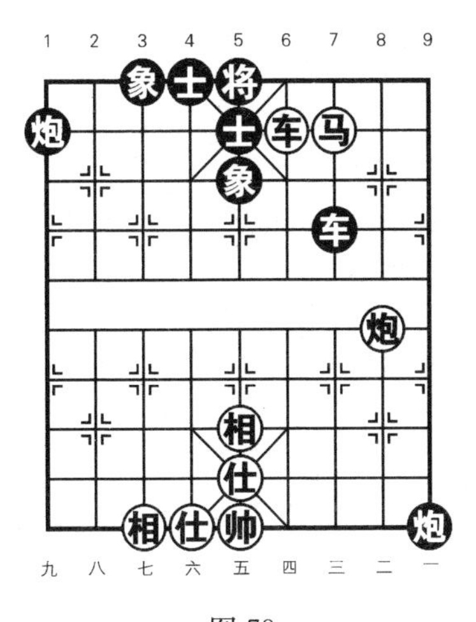

图78

第79局　草木皆兵

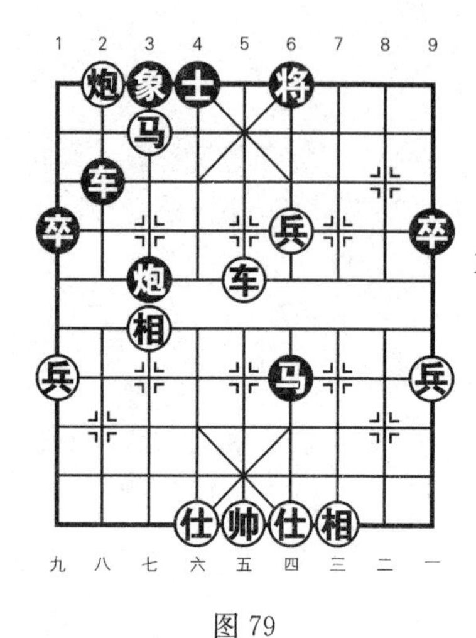

图 79

着法(红先胜):

1. 车五进四　　将 6 进 1

2. 炮八退一！　车 2 退 1

黑如改走士 4 进 5,则车五退一,将 6 退 1,车五进一,连将杀,红胜。

3. 兵四进一！　将 6 进 1

4. 车五平四

连将杀,红胜。

第80局　鲜车怒马

着法(红先胜):

1. 马五进四！　将 5 平 6

黑如改走士 5 进 6,则车二进二,将 5 进 1,车二退一,将 5 退 1,车二平八,红得车胜定。

2. 车二进二　　将 6 进 1

3. 马四进二　　车 2 进 2

4. 车二平三　　车 2 平 8

5. 车三退一　　将 6 退 1

6. 车三平五　　车 8 退 2

7. 车五平二

红得车胜定。

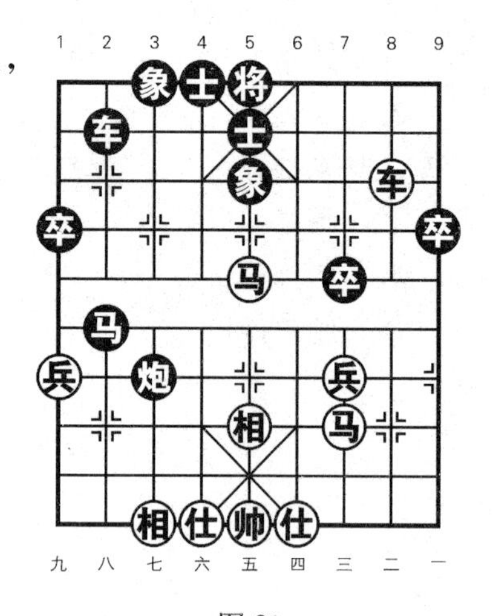

图 80

第 81 局　遁入空门

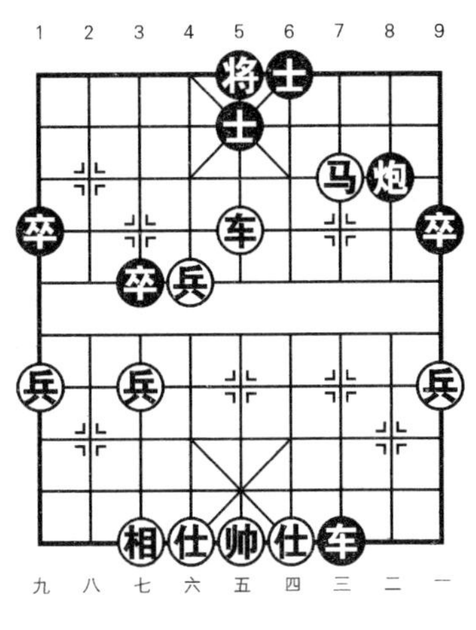

图 81

着法(红先胜):

1. 车五平九　　将 5 平 4

2. 马三退五　　……

红也可改走马三进四!黑如接士 5 退 6,则车九平六,炮 8 平 4,车六进一杀,红胜。

2. ……　　炮 8 平 5

黑如改走将 4 平 5,则马五进七,炮 8 平 4,车九进三,炮 4 退 2,车九平六杀,红胜。

3. 马五进七　　将 4 平 5

黑如改走将 4 进 1,则车九进二,将 4 进 1,兵六进一杀,红胜。

4. 车九进三　　士 5 退 4

5. 车九平六

绝杀,红胜。

第 82 局　粉身碎骨

着法(红先胜):

1. 前车平五!　　将 5 平 6

2. 车三进四　　将 6 进 1

3. 兵四进一!　　士 5 进 6

4. 车三退一　　将 6 退 1

5. 车五平四

绝杀,红胜。

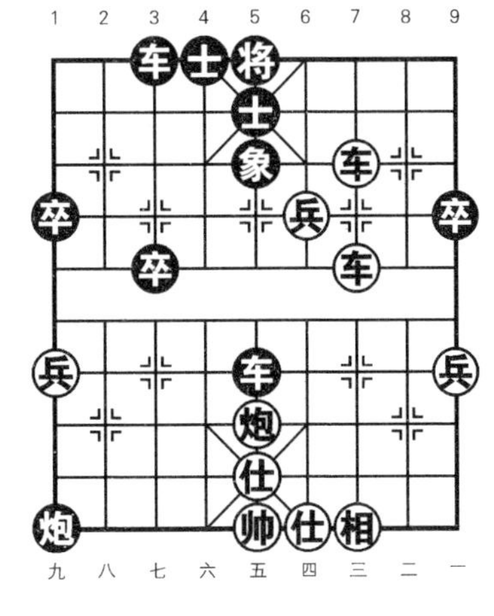

图 82

第 83 局　前仆后继

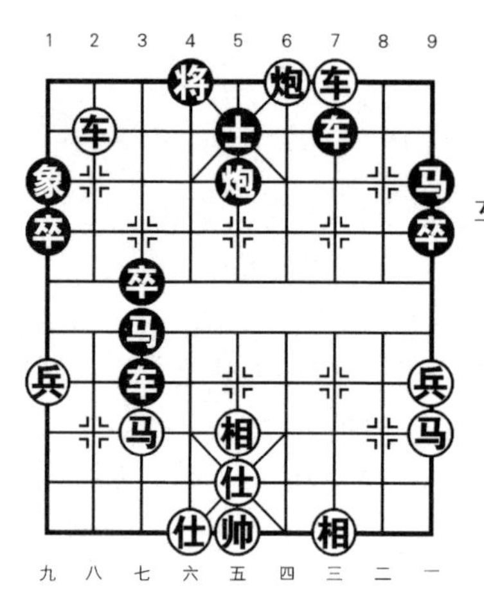

图 83

着法(红先胜):

1. 炮四退一!　　士 5 退 6

黑如改走车 7 退 1,则车八进一,象 1 退 3,车八平七,连将杀,红胜。

2. 车三平四　　炮 5 退 2

3. 车八平五

下一步车四平五杀,红胜。

第 84 局　力挽狂澜

着法(红先胜):

1. 车二进六　　士 5 退 6

2. 车二平四　　将 5 进 1

3. 车四退一　　将 5 退 1

4. 马五进三　　车 5 退 4

5. 车四进一

连将杀,红胜。

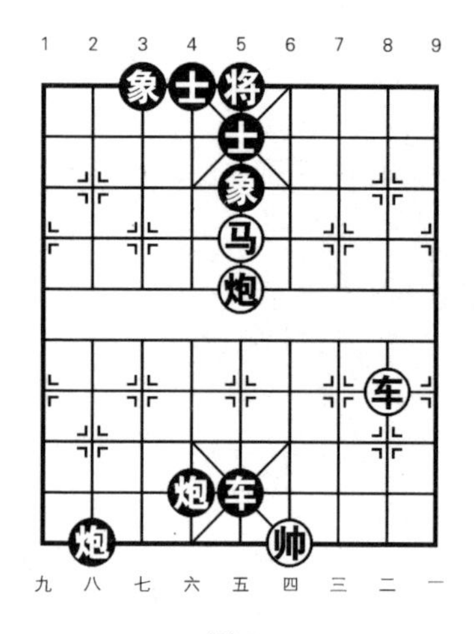

图 84

第 85 局　塞翁失马

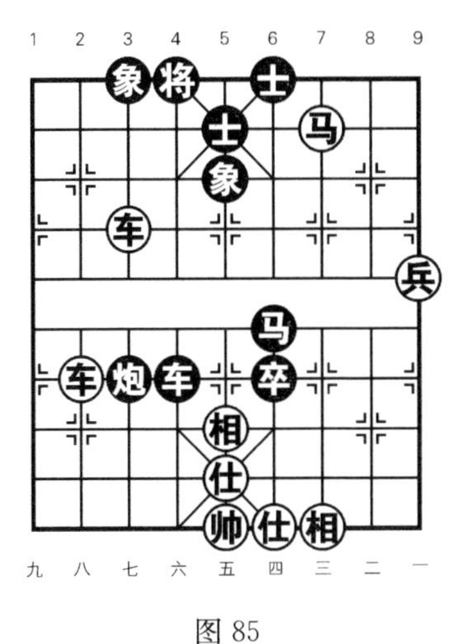

图 85

着法(红先胜):

1. 马三退五!　象 3 进 5
2. 车八进六　象 5 退 3
3. 车七进三　将 4 进 1
4. 车八退一　将 4 进 1
5. 车七退二

绝杀,红胜。

第 86 局　充栋盈车

着法(红先胜):

1. 车三进七　将 6 退 1
2. 炮一进一　车 8 进 2
3. 车三进一　将 6 进 1
4. 车一进二　车 8 退 1
5. 车一平二

连将杀,红胜。

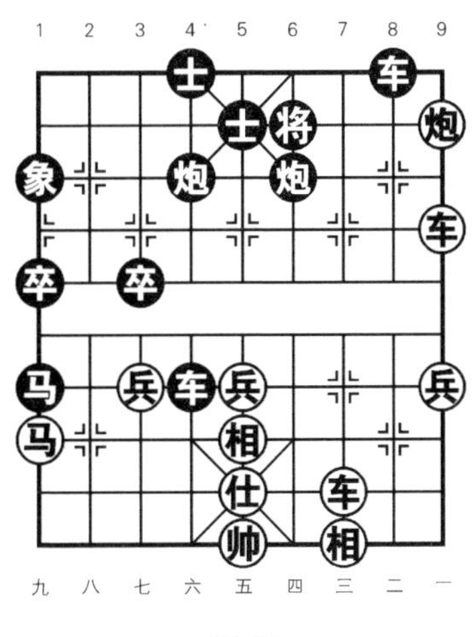

图 86

第87局　单枪匹马

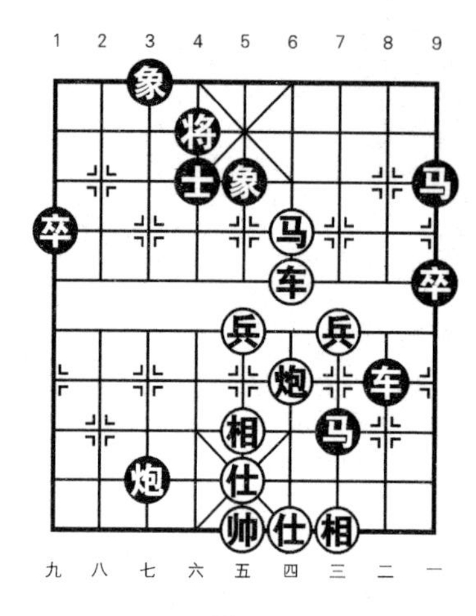
图87

着法(红先胜)：

1. 车四平六！　将4退1
2. 帅五平六　车8平6
3. 车六进二　将4平5
4. 车六进二

绝杀，红胜。

第88局　兵荒马乱

着法(红先胜)：

1. 兵五进一！　将5进1
2. 车六进三　将5退1

黑如改走将5进1，则马七进五，将5平6，车六平四，连将杀，红胜。

3. 马七进五　象7进5

黑如改走士6进5，则车六平五，将5平6，车五平四，连将杀，红胜。

4. 马五进三　士6进5
5. 车六平五

连将杀，红胜。

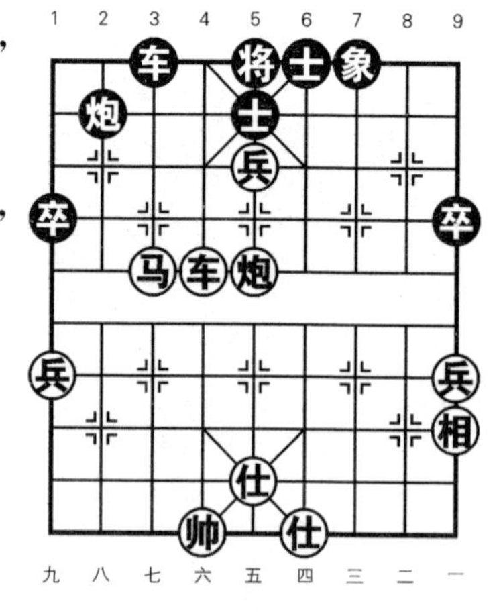
图88

第 89 局　汗马功劳

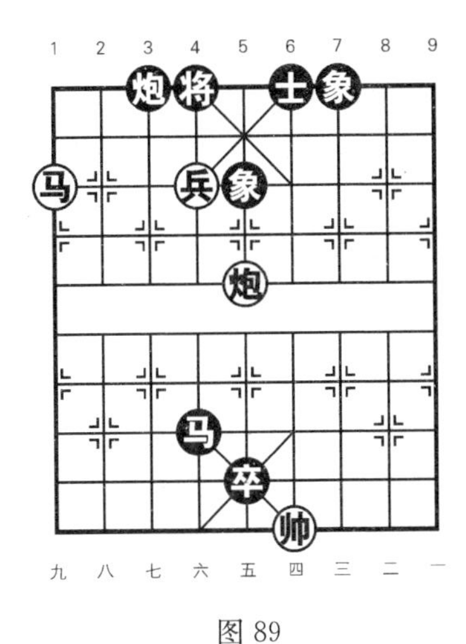

图 89

着法(红先胜)：

1. 炮五平六　　将 4 平 5
2. 马九进七　　将 5 进 1
3. 炮六平五　　象 5 进 3
4. 马七退五

连将杀,红胜。

第 90 局　重重叠叠

着法(红先胜)：

1. 车八进三　　将 4 进 1
2. 炮五进三　　将 4 进 1
3. 车八平六　　马 3 退 4
4. 车六退一

连将杀,红胜。

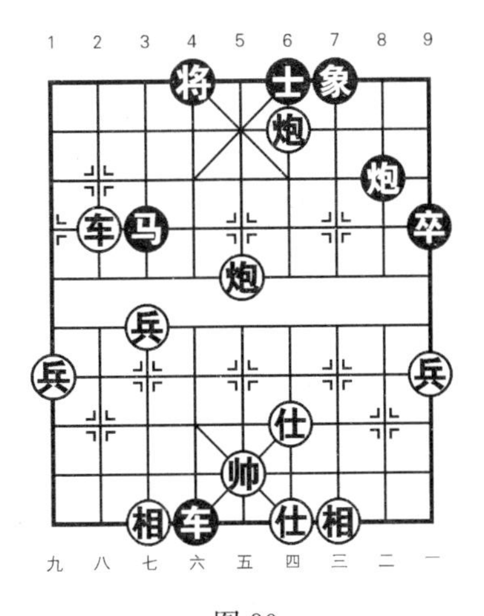

图 90

第 91 局 马龙车水

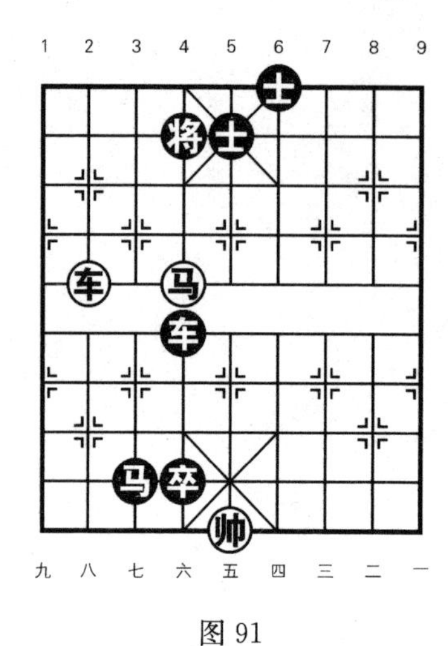

图 91

着法(红先胜):

1. 车八进三　　将 4 退 1

黑如改走将 4 进 1,则马六进四杀,红胜。

2. 马六进七　　将 4 平 5

3. 车八进一　　车 4 退 5

4. 车八平六

连将杀,红胜。

第 92 局 因地制宜

着法(红先胜):

1. 车五进一　　将 4 进 1

2. 炮八进一　　象 3 进 1

3. 炮八平六　　车 4 平 8

4. 车五退三!

下一步伏有车五平六的恶手,红胜定。

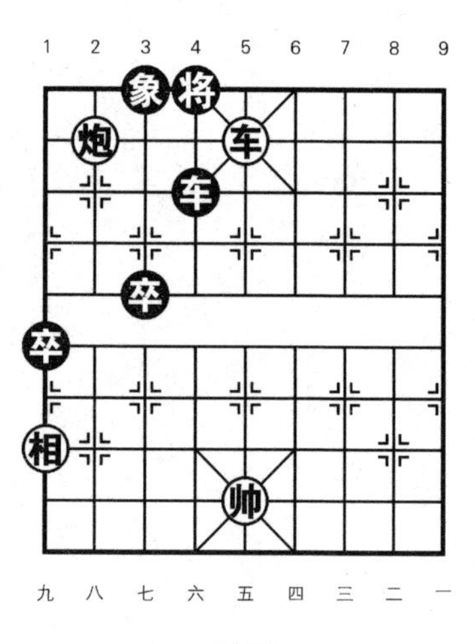

图 92

第93局 披荆斩棘

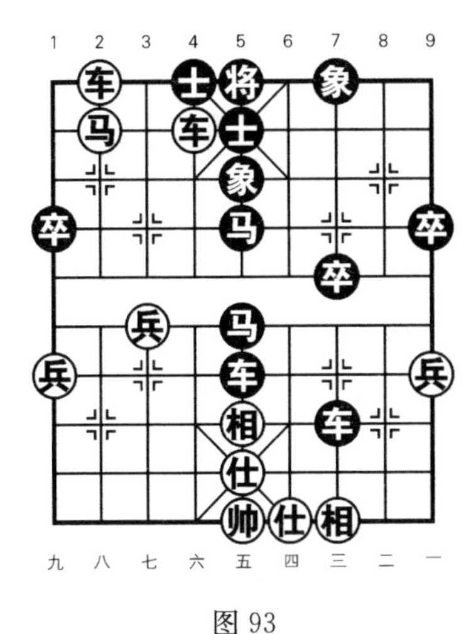

图93

着法(红先胜):

1. 马八退六! 将5平6
2. 车六平五 后马退3
3. 车五进一 将6进1
4. 车八退一 将6进1
5. 车五平四

绝杀,红胜。

第94局 斩钉截铁

着法(红先胜):

1. 兵四进一! 将5平6

黑如改走士5退6,则车八进三,马5退4,车八平六,连将杀,红胜。

2. 兵六平五

双叫杀,红胜定。

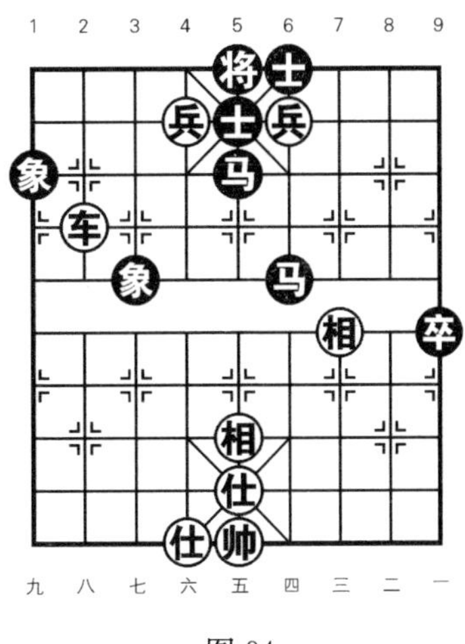

图94

第 95 局　众星拱月

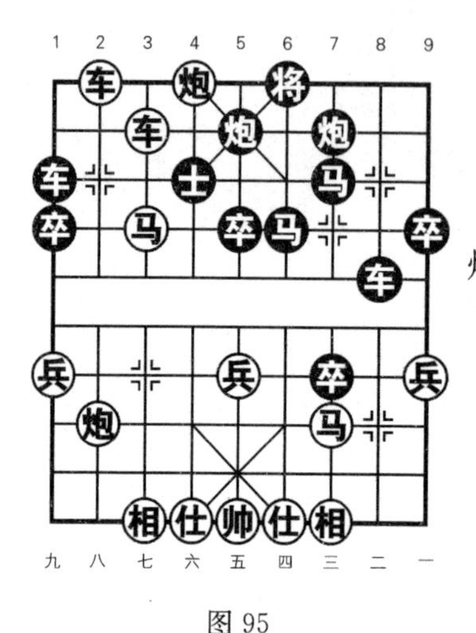

图 95

着法(红先胜):

1. 炮六退一　　炮 5 退 1
2. 车八平五!　　将 6 进 1

黑如改走将 6 平 5,则车七进一,将 5 进 1,炮八进六,连将杀,红速胜。

3. 车五平四!　　将 6 退 1
4. 车七进一　　将 6 进 1
5. 炮八进六　　将 6 进 1
6. 车七平四　　炮 7 平 6
7. 车四退一

连将杀,红胜。

第 96 局　筋疲力尽

着法(红先胜):

1. 车九平五　　将 5 平 4
2. 仕五进六　　炮 3 平 4
3. 炮六进三　　士 4 进 5
4. 车五平六　　士 5 进 4
5. 车六进一

绝杀,红胜。

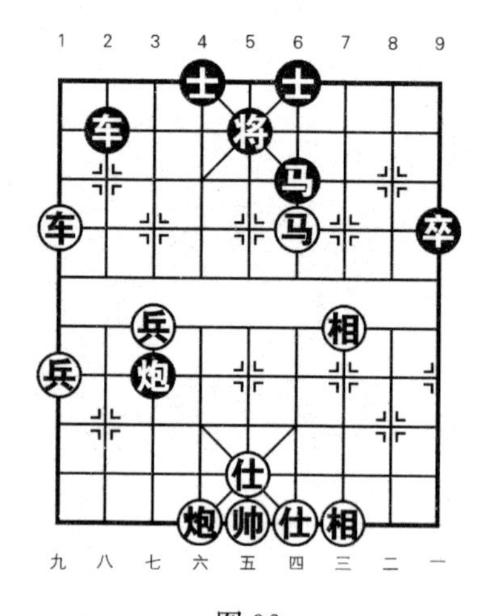

图 96

第 97 局　跃马扬鞭

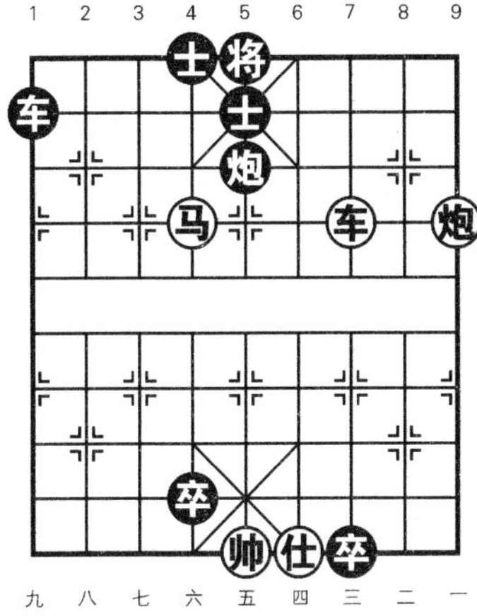

图 97

着法(红先胜):

1. 马六进四!　　将 5 平 6

黑如改走士 5 进 6,则车三进三,将 5 进 1,车三退一,将 5 退 1,车三平九,红得车胜定。

2. 马四进二　　将 6 平 5

3. 车三进三　　士 5 退 6

4. 车三平四　　将 5 进 1

5. 炮一进二

连将杀,红胜。

第 98 局　肥马轻裘

着法(红先胜):

1. 马四进三　　将 5 平 4

2. 前炮平六　　炮 4 平 3

3. 炮六退四!

双叫杀,红胜定。

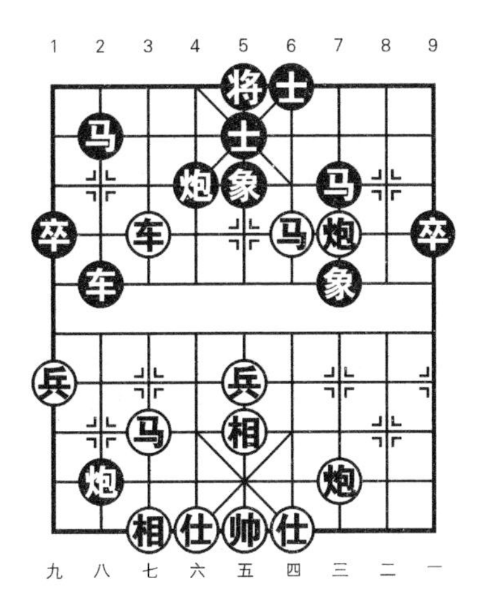

图 98

第99局 飞鹰走马

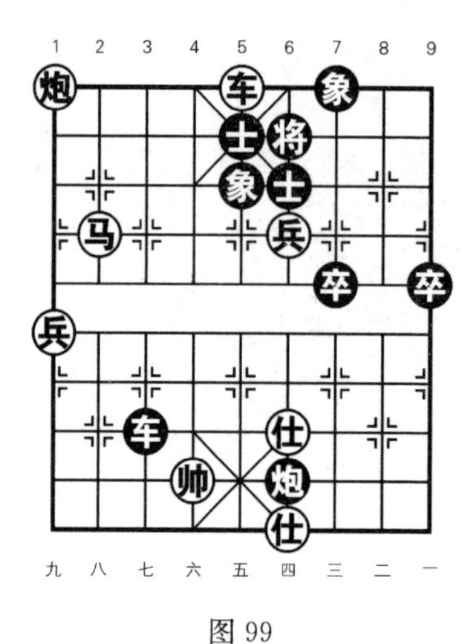

图99

着法(红先胜):

1. 炮九退一　　士5进4
2. 兵四进一!　炮6退6
3. 马八进七　　士4退5
4. 车五退一　　将6退1
5. 车五进一

连将杀,红胜。

第100局 盘马弯弓

着法(红先胜):

1. 车四进一　　将5退1
2. 车四进一　　将5进1
3. 马二进三　　将5平4
4. 马三退五　　将4平5
5. 马五进七　　将5平4
6. 车四平六

连将杀,红胜。

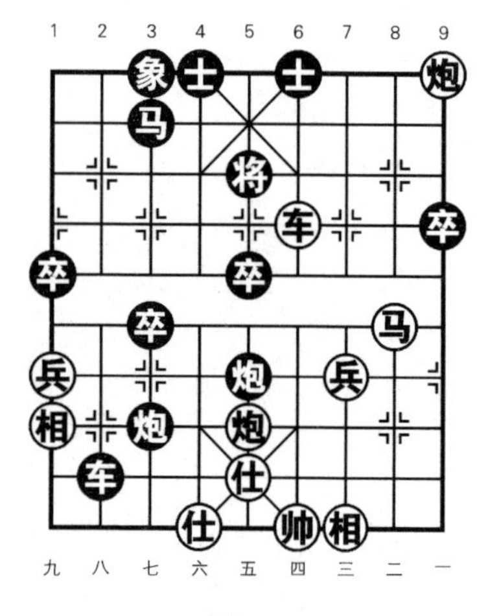

图100

第101局　大义凛然

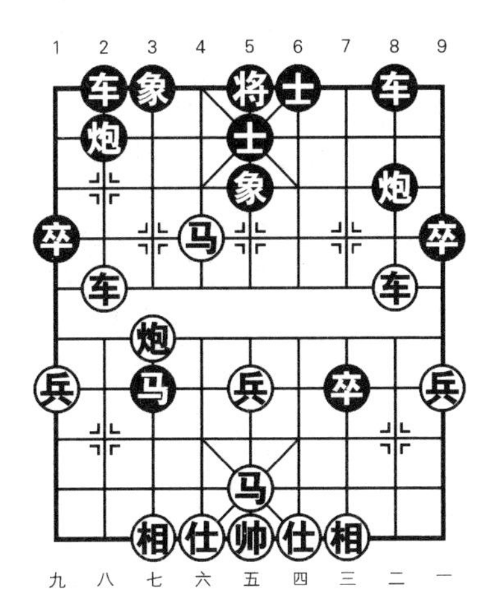

图101

着法(红先胜):

1. 马六进七　　将5平4

2. 车八平六　　士5进4

3. 车二进二!

吃炮欺车叫杀,红胜定。

第102局　奋发图强

着法(红先胜):

1. 车三退一　　士5进6

2. 相七进五　　卒6平5

3. 车九平五　　将5平4

4. 车五平六

连将杀,红胜。

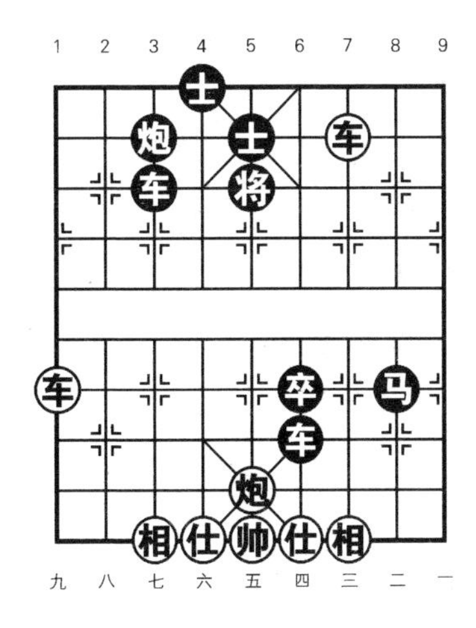

图102

第 103 局　四马攒蹄

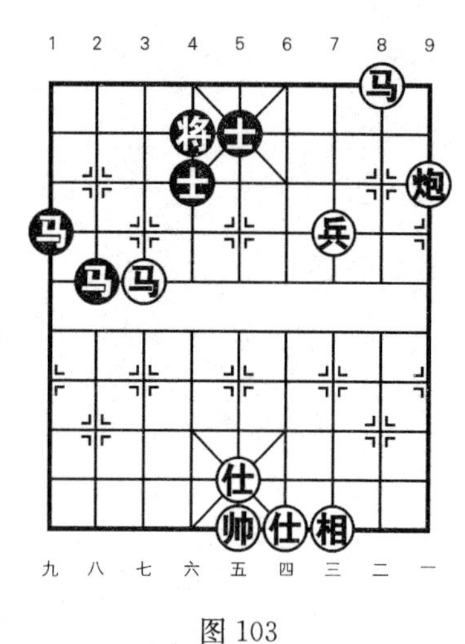

图 103

着法(红先胜)：

1. 马七进五　　将 4 退 1

2. 炮一进二　　士 5 退 6

3. 马二退三　　士 6 进 5

4. 马三进四

连将杀，红胜。

第 104 局　策马飞舆

着法(红先胜)：

1. 车五进一　　将 6 进 1

2. 马七退五　　将 6 进 1

3. 马五退三　　将 6 退 1

黑如改走车 4 平 7，则车五平四杀，红胜。

4. 马三进二　　将 6 进 1

5. 车五平四

连将杀，红胜。

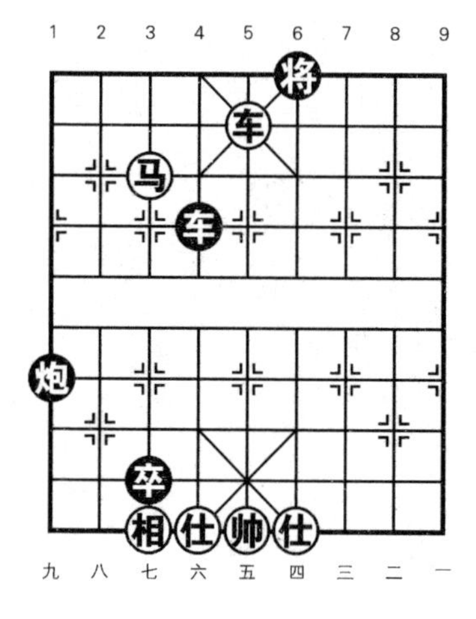

图 104

第105局　任重道远

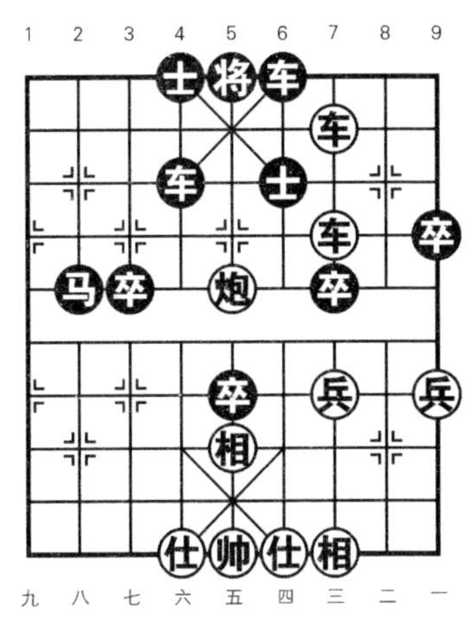

图105

着法(红先胜):

1. 后车平五　　士4进5
2. 车五进二　　将5平4
3. 车五平七

红下一步伏有车七进一的杀着,而黑不成杀,红胜定。

第106局　中流砥柱

着法(红先胜):

1. 兵五进一!　　将5进1
2. 车六进三　　将5退1

黑如改走将5进1,马七进五,将5平6,车六退一,连将杀,红胜。

3. 车六平五!　　将5进1
4. 马七进五

连将杀,红胜。

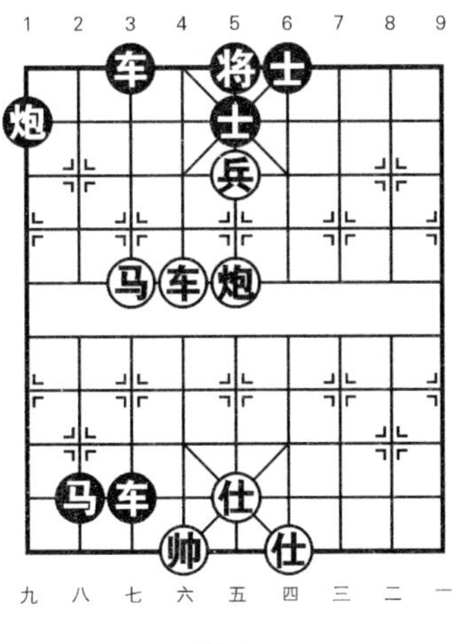

图106

第 107 局　运筹帷幄

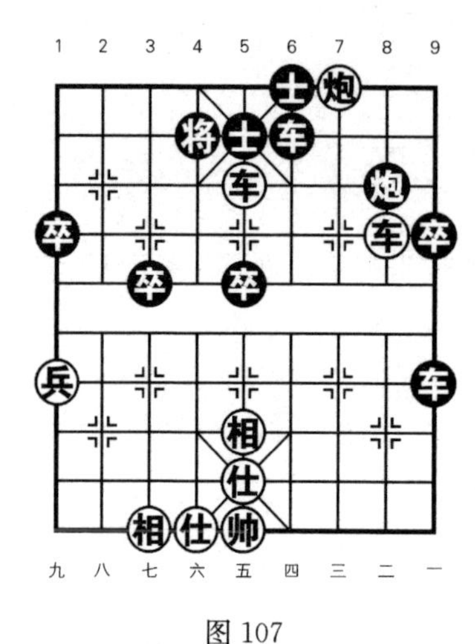

图 107

着法(红先胜):

1. 车二平六　　士 5 进 4
2. 车五平六　　将 4 平 5
3. 后车平五　　炮 8 平 5
4. 车五进一

连将杀,红胜。

第 108 局　坚持不懈

着法(红先胜,图 108):

1. 炮一平三　　将 4 进 1
2. 炮三退一　　士 5 进 4
3. 炮二退一　　将 4 退 1
4. 马六进七

连将杀,红胜。

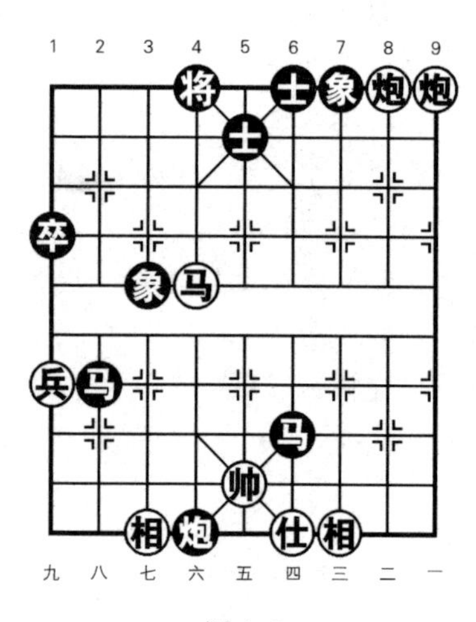

图 108

第109局 兵销革偃

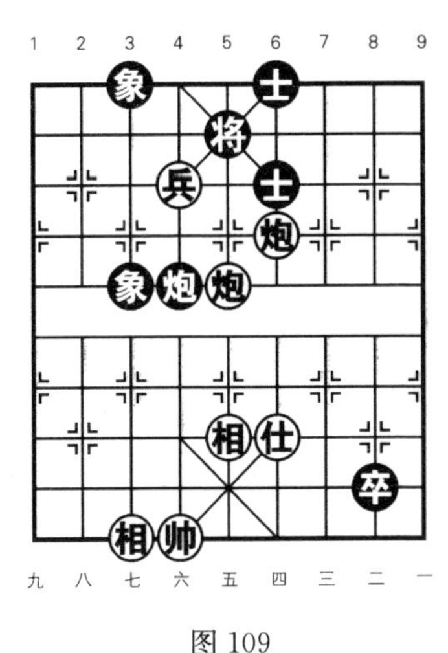

图109

着法(红先胜):

1. 炮四平五　　将5平6
2. 兵六平五！　象3退5
3. 前炮平四　　士6退5
4. 炮五平四

绝杀,红胜。

第110局 兵行诡道

着法(红先胜):

1. 车八进九　　士5退4
2. 车八平六！　将5进1
3. 炮六平五　　将5平6
4. 兵四进一！　将6进1
5. 车六平四　　炮4平6
6. 马七进五

连将杀,红胜。

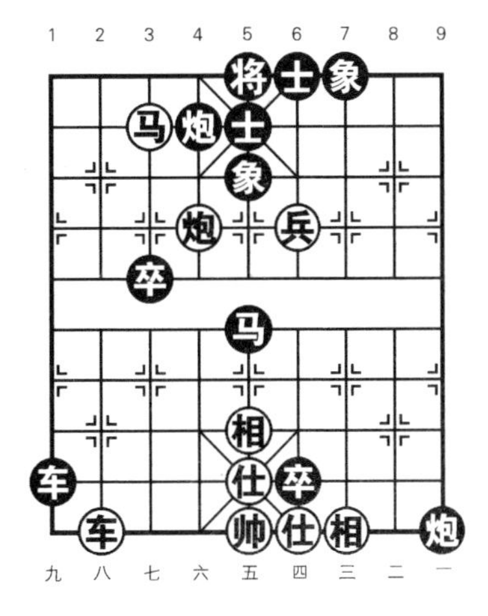

图110

第111局 玉堂金马

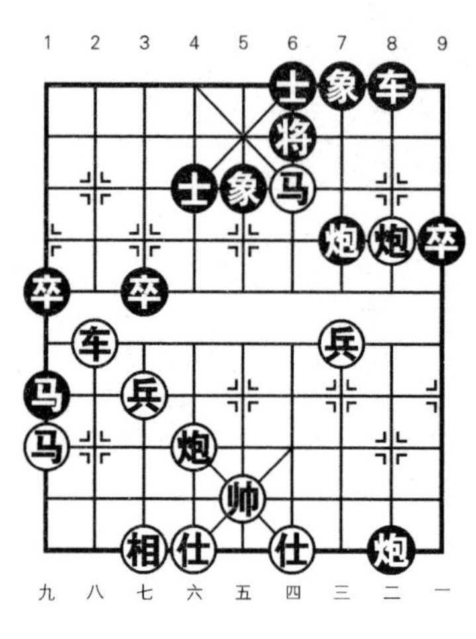

图111

着法(红先胜):

1. 炮六平四!　　炮7平6
2. 车八进四　　士6进5
3. 马四进二　　炮6平7
4. 马二退三　　将6退1
5. 车八进一　　士5退4
6. 车八平六

连将杀,红胜。

第112局 精卫填海

着法(红先胜):

1. 车九平五　　士4进5
2. 车五进二　　将5平4
3. 车五平六　　将4平5
4. 车四平五

连将杀,红胜。

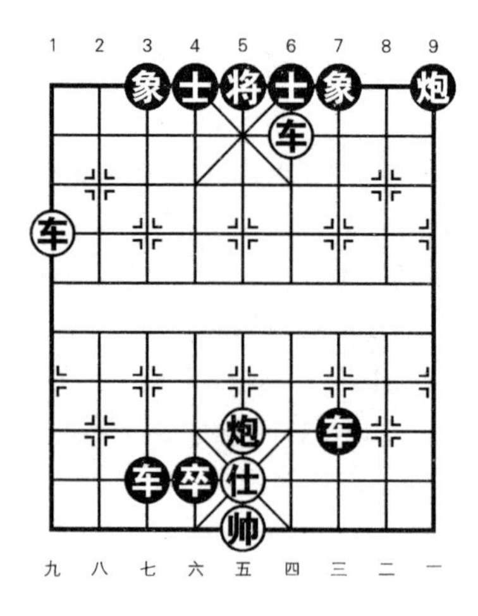

图112

第 113 局　临危不惧

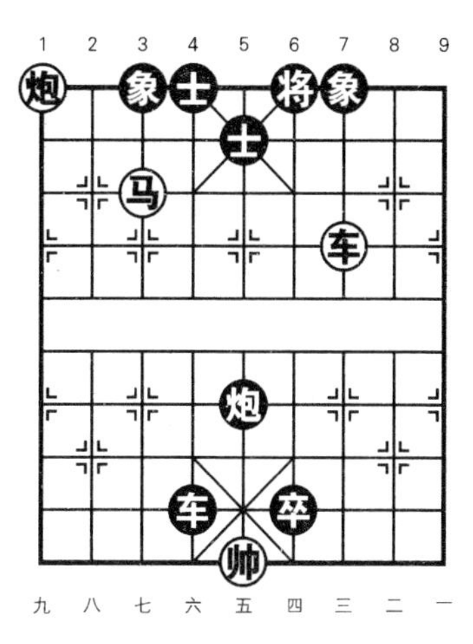
图 113

着法(红先胜):

1. 车三进三　　将 6 进 1
2. 马七退五　　象 3 进 5
3. 车三退一　　将 6 进 1
4. 炮九退二!　　士 5 进 4
5. 马五退三

连将杀,红胜。

第 114 局　持之以恒

着法(红先胜):

1. 炮四平七　　将 5 平 6
2. 车六进七　　将 6 进 1
3. 炮五平四　　将 6 平 5
4. 车六退一

连将杀,红胜。

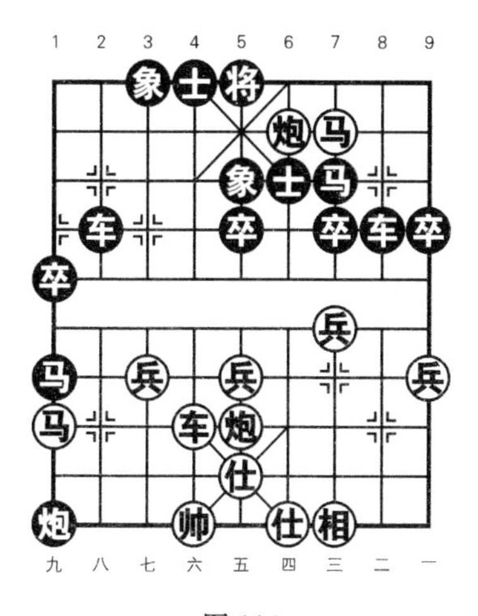
图 114

第115局　行云流水

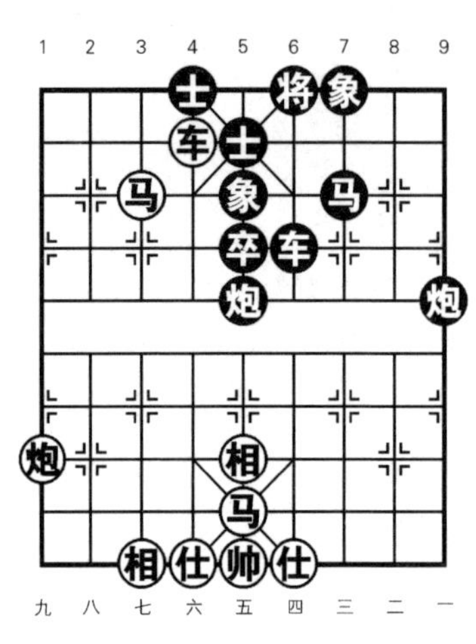

图115

着法(红先胜):

1. 炮九进七　　将6进1
2. 马七进六　　将6进1
3. 炮九退二!　象5进3
4. 车六退一　　象3退5
5. 车六平五

连将杀,红胜。

第116局　地动山摇

着法(红先胜):

1. 炮八进四　　象5退3
2. 前车进四!　士5退4
3. 车六进五　　将5进1
4. 车六平五!

连将杀,红胜。

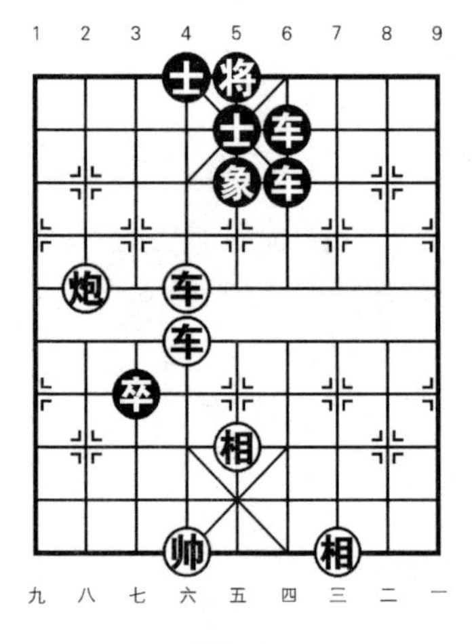

图116

第 117 局　牛马襟裾

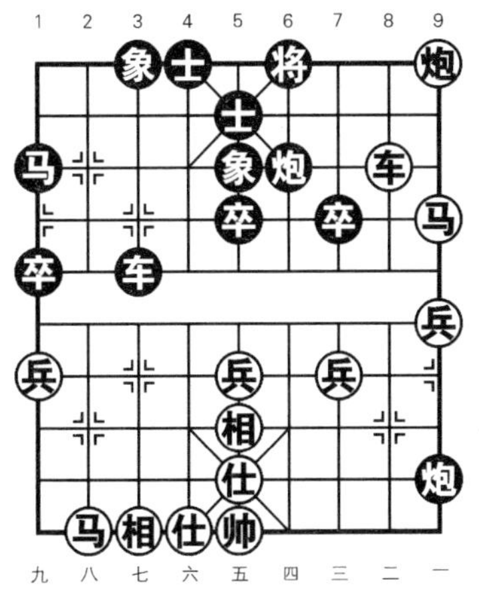

图 117

着法(红先胜)：

1. 马一进三　　将 6 平 5
2. 车二进二　　士 5 退 6
3. 车二平四　　将 5 进 1
4. 车四退二　　炮 9 退 8

黑如改走将 5 平 4,则车四平五,车 3 平 6,马三退五,车 6 退 1(黑如炮 9 退 8,则车五平四,将 4 平 5,车四退二,红得车胜定),炮一退八,红胜定。

5. 车四退三　　将 5 平 4
6. 车四平六　　车 3 平 4
7. 车六进一

绝杀,红胜。

第 118 局　车烦马毙

着法(红先胜)：

1. 马三进四！　车 2 平 6
2. 前车进一　　将 5 进 1
3. 后车进三　　将 5 进 1
4. 前车平五　　士 6 进 5
5. 车五退一

连将杀,红胜。

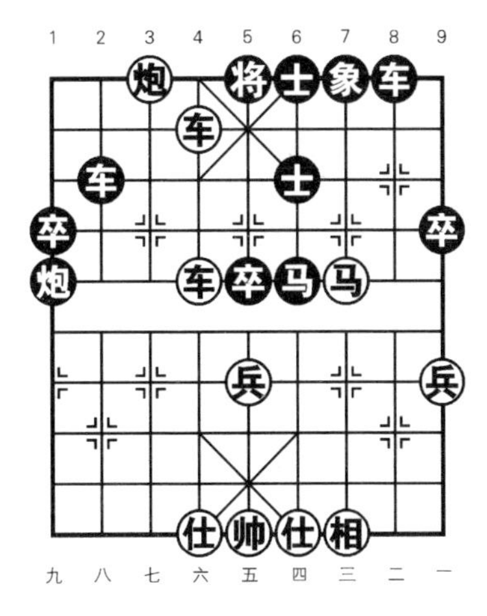

图 118

第119局　走马观花

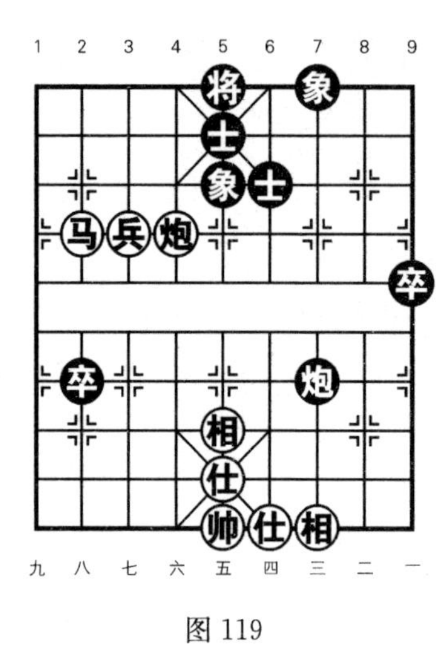

图119

着法(红先胜):

1. 马八进七　　将5平4

2. 炮六退一　　将4进1

3. 马七退六　　士5进4

4. 马六退四

叫将抽炮,红胜定。

第120局　兵不厌诈

着法(红先胜):

1. 兵六进一!　　士5进4

2. 炮一退一　　士4退5

3. 马三退五　　士5进4

4. 马五进四

连将杀,红胜。

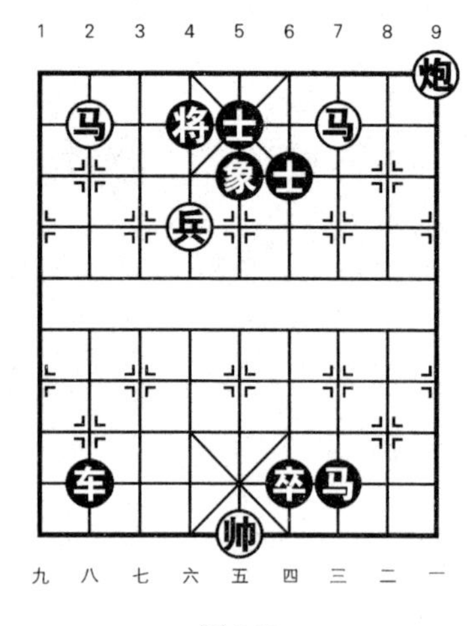

图120

第121局　上兵伐谋

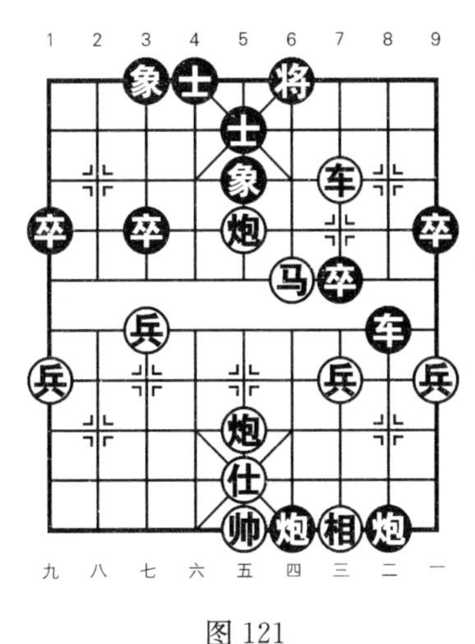

图 121

着法(红先胜):

1. 后炮平四　　车8平6
2. 马四进五　　车6进2

黑如改走车6平5,则车三平四,将6平5,马五进七,双将杀,红速胜。

3. 车三进二　　将6进1
4. 马五退三　　将6进1
5. 车三退二　　将6退1
6. 车三平二　　将6退1
7. 车二进二

连将杀,红胜。

第122局　走马上任

着法(红先胜):

1. 马六进五　　将6平5

黑如改走将6进1,则炮八退二,士4退5,车七进一,士5进4,车七平六,连将杀,红胜。

2. 车七进二　　将5进1
3. 炮八退二　　士4退5
4. 马五进七　　士5进4
5. 马七退六

连将杀,红胜。

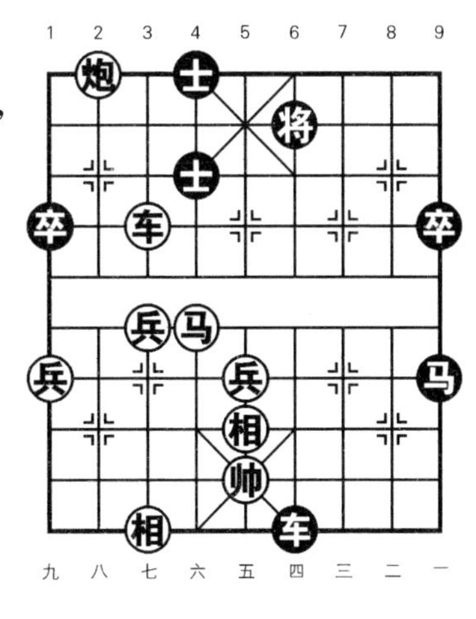

图 122

第123局　鞍前马后

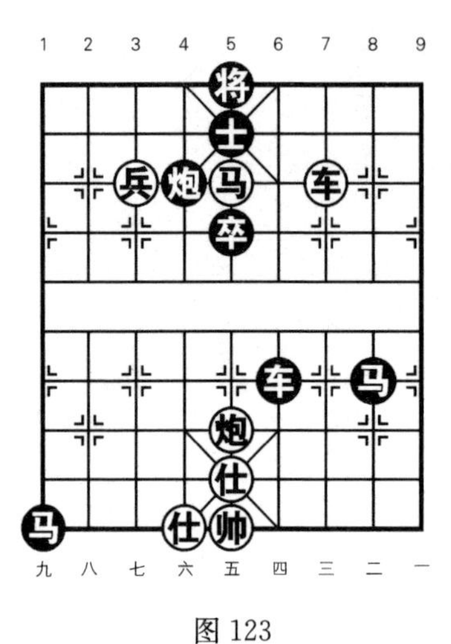

图123

着法(红先胜):

1. 车三进二　　士5退6
2. 马五进三　　将5平4
3. 车三平四!　　车6退6
4. 炮五平六　　炮4平7
5. 兵七平六

连将杀,红胜。

第124局　乌龙取水

着法(红先胜):

1. 炮一进一　　车8退8
2. 车四平五　　车8平9
3. 车五平六!　　车4退7
4. 车七进一

绝杀,红胜。

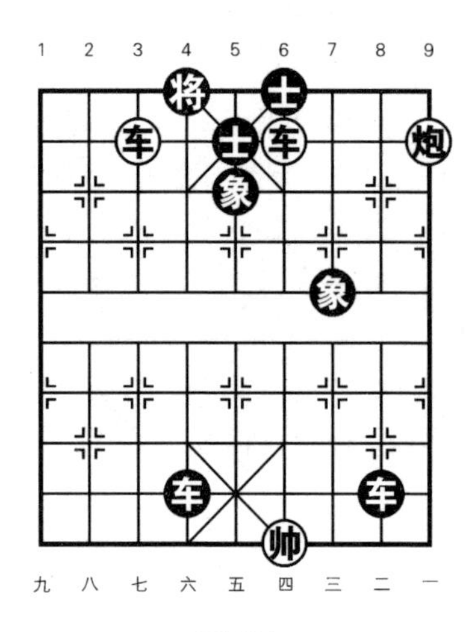

图124

第 125 局　伸缩自如

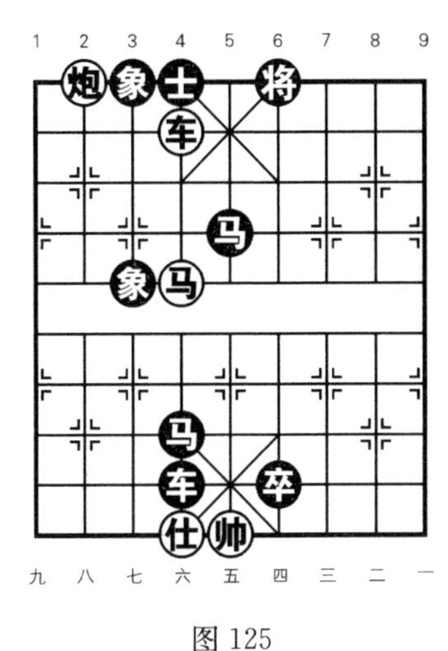

图 125

着法(红先胜):

1. 车六进一　　将 6 进 1

2. 车六平四　　将 6 平 5

3. 马六进七　　将 5 平 4

黑如改走将 5 进 1,则炮八退二杀,红胜。

4. 车四平六

连将杀,红胜。

第 126 局　风云变色

着法(红先胜):

1. 马三进五　　士 4 退 5

黑如改走士 6 退 5,则马五进三,士 5 进 6,兵六平五,士 6 退 5,车四退二,连将杀,红胜。

2. 马五进七　　将 5 平 4

3. 前马退九　　将 4 进 1

4. 炮五平六

连将杀,红胜。

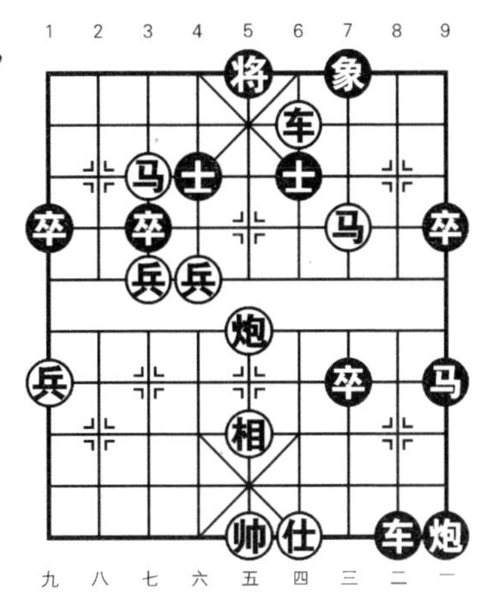

图 126

第 127 局　情急生智

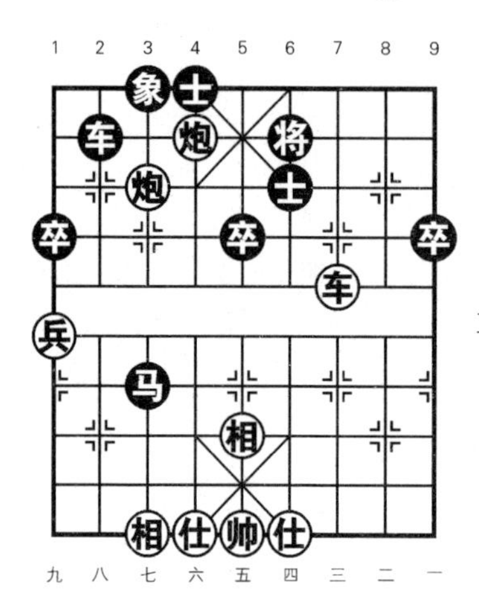

图 127

着法(红先胜):

1. 车三进三　　将 6 退 1
2. 车三进一　　将 6 进 1
3. 炮六平七!　马 3 退 5

黑如改走车 2 平 3,则车三退一,将 6 退 1,车三平七,红得车胜定。

4. 车三退一　　将 6 退 1
5. 后炮进二　　士 4 进 5
6. 车三进一

绝杀,红胜。

第 128 局　摇摇欲坠

着法(红先胜):

1. 车七平六!　马 3 退 4
2. 车六平五　　将 5 平 6
3. 车五进一　　将 6 进 1
4. 车五平四!　将 6 退 1
5. 马七进六　　将 6 进 1
6. 炮九进一　　马 4 进 2
7. 马六退五　　将 6 退 1
8. 马五进三

连将杀,红胜。

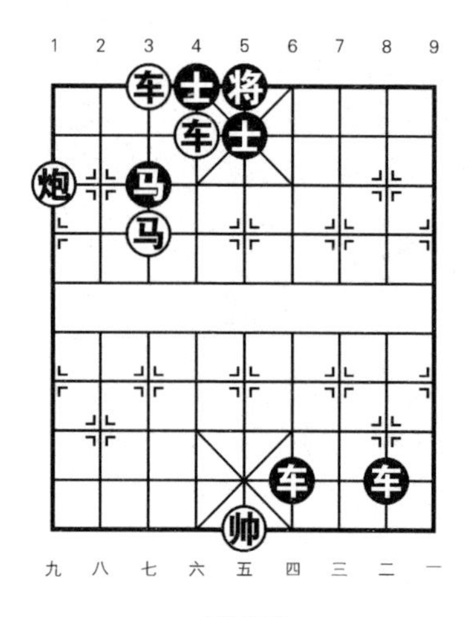

图 128

第129局　滴水穿石

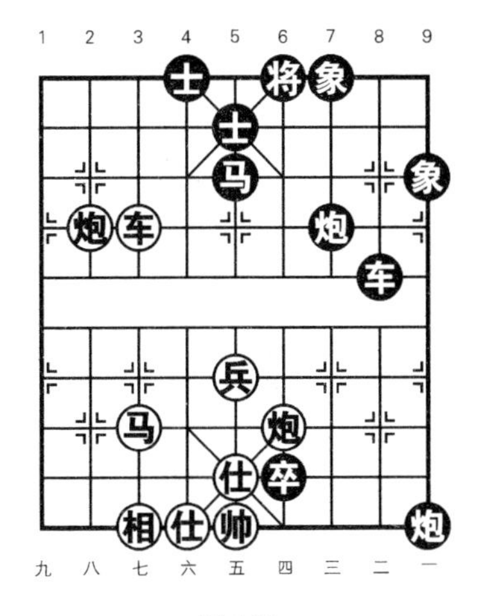

图129

着法(红先胜):

1. 炮八进三　　将6进1
2. 车七平四　　士5进6
3. 车四平三　　士6退5
4. 车三平四　　士5进6
5. 车四平二　　士6退5

黑如改走车8平6,则车二进二杀,红胜。

6. 车二退一

红得车胜定。

第130局　生离死别

着法(红先胜):

1. 兵五平六!　　将4进1
2. 马八进七　　将4进1
3. 马七进八　　将4退1
4. 炮九进七

连将杀,红胜。

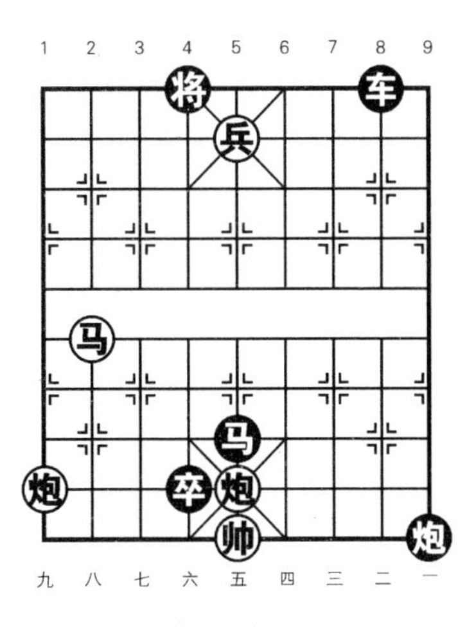

图130

第 131 局　刻不容缓

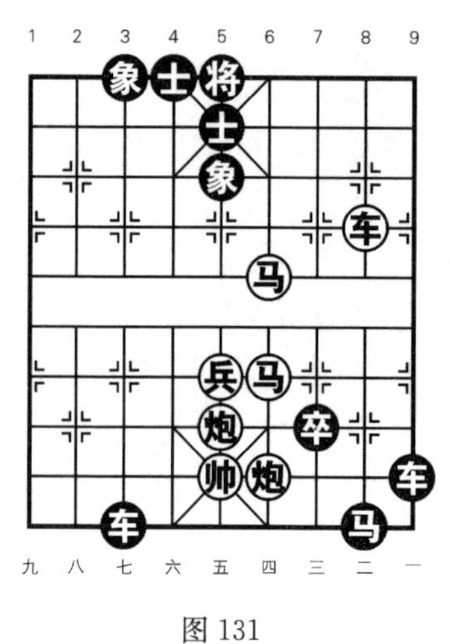

图 131

着法(红先胜)：

1. 车二进三　　士 5 退 6
2. 车二平四！　将 5 平 6

黑如改走将 5 进 1，则前马进六，将 5 平 4，炮五平六，连将杀，红胜。

3. 前马进五　　将 6 平 5
4. 马五进三

连将杀，红胜。

第 132 局　急怒攻心

着法(红先胜)：

1. 车七平五　　将 5 平 4
2. 车二平三　　炮 2 平 5
3. 相三进五

下一步车三平四杀，红胜。

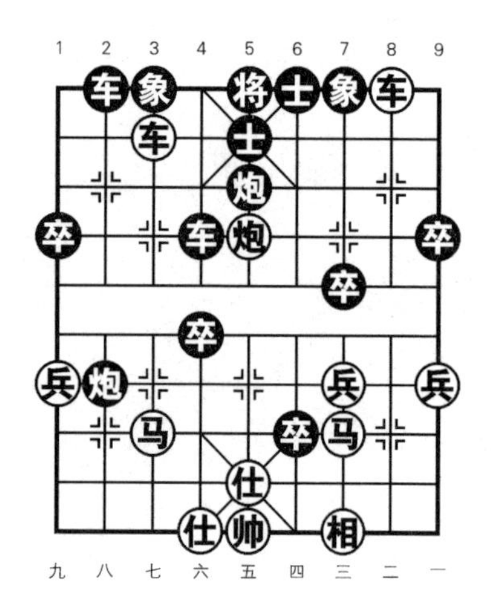

图 132

第133局　懒驴打滚

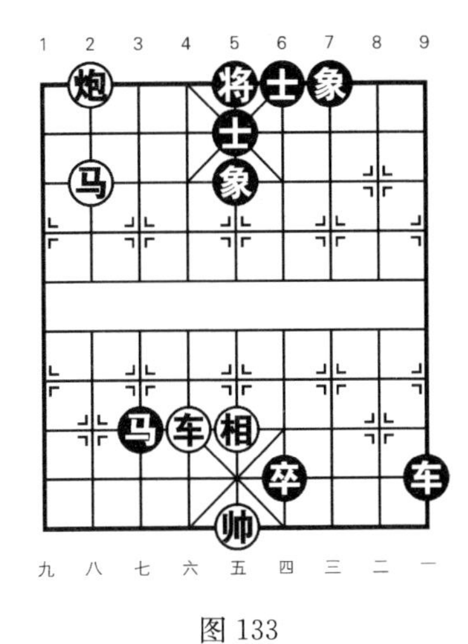

图133

着法(红先胜)：

1. 马八进七　　士5退4
2. 车六进七　　将5进1
3. 车六平五　　将5平4
4. 马七退八　　将4进1
5. 车五平六

连将杀，红胜。

第134局　厚德载物

着法(红先胜)：

1. 马六进七　　将4进1
2. 马七进八　　将4退1
3. 车七进五　　将4进1
4. 车七平五

连将杀，红胜。

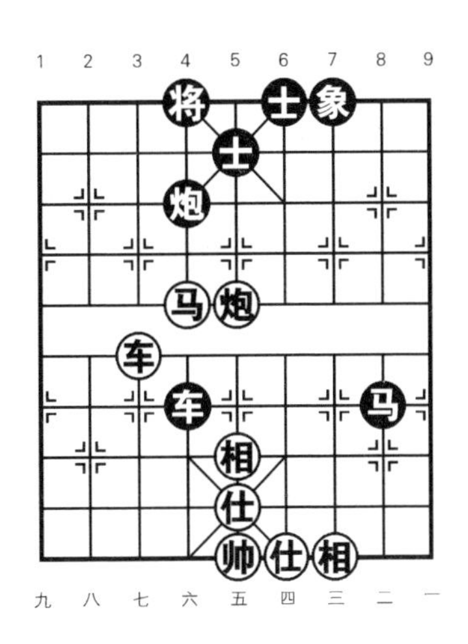

图134

第135局　风弛电掣

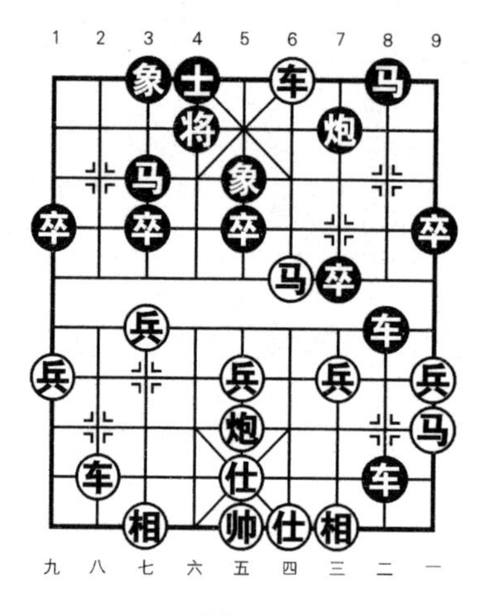

图135

着法(红先胜):

1. 车八平六　　将4平5
2. 马四进六　　将5平4
3. 马六退五　　将4平5
4. 马五进四

连将杀,红胜。

第136局　日暮途穷

着法(红先胜):

1. 炮一进一　　象7进5
2. 车二进三　　象5退7

黑如改走将6进1,则兵三进一,将6进1,车二退二,连将杀,红胜。

3. 车二平三　　将6进1
4. 兵三进一　　将6进1
5. 车三平二

下一步车二退二杀,红胜。

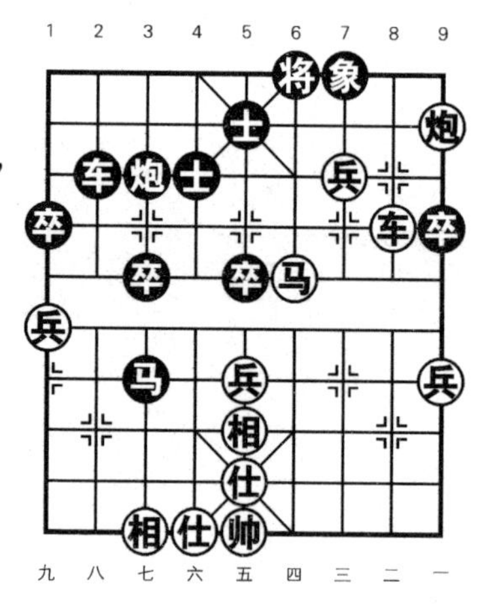

图136

第 137 局　反败为胜

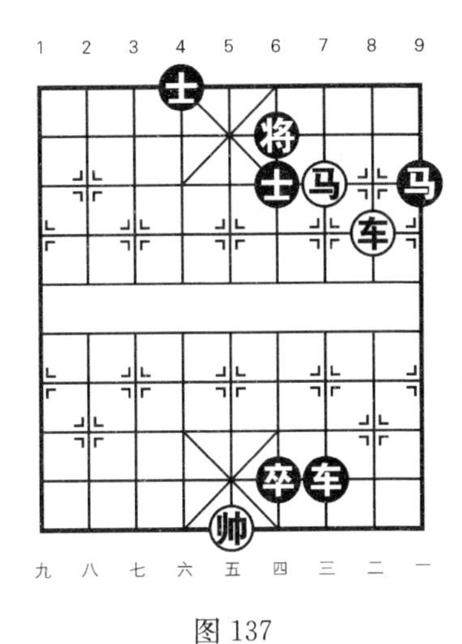

图 137

着法(红先胜)：

1. 车二进二　　马 9 退 7
2. 车二平三　　将 6 退 1
3. 车三进一　　将 6 进 1
4. 车三平四

连将杀，红胜。

第 138 局　面目狰狞

着法(红先胜)：

1. 车六进三　　将 5 退 1
2. 车六进一　　将 5 进 1
3. 车六退一　　将 5 退 1
4. 兵五进一　　将 5 平 6
5. 兵五进一　　炮 5 进 2
6. 车六进一

绝杀，红胜。

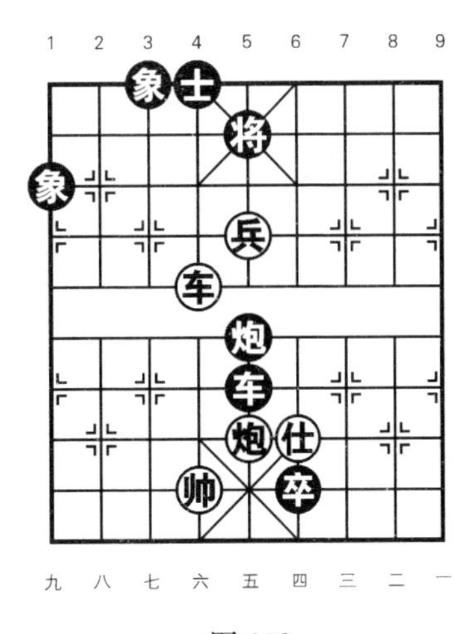

图 138

第139局 处心积虑

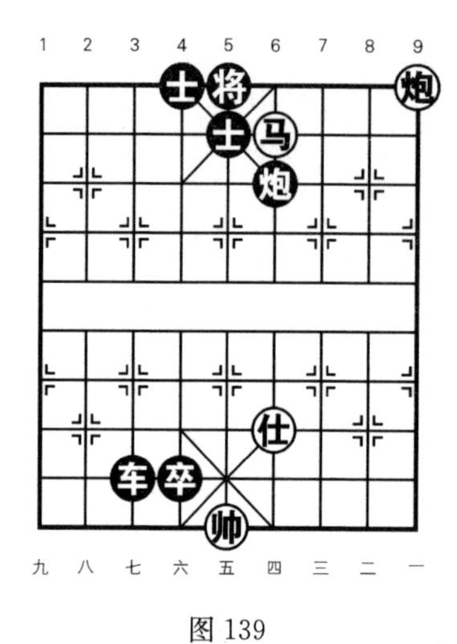

图139

着法(红先胜):

1. 马四进二　　炮6退2
2. 马二退四　　炮6进7
3. 马四进二　　炮6退7
4. 马二退四!

连将杀,红胜。

第140局 驷马难追

着法(红先胜):

1. 马七进六　　马5退4
2. 马六进八　　将4平5
3. 马二进三　　将5平6
4. 炮六平四

连将杀,红胜。

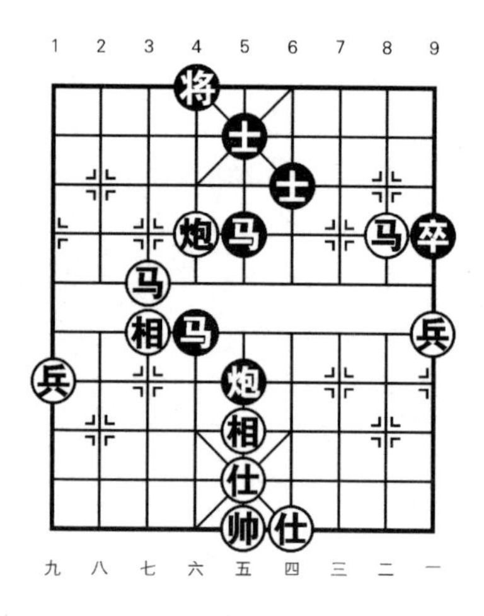

图140

第141局　排山倒海

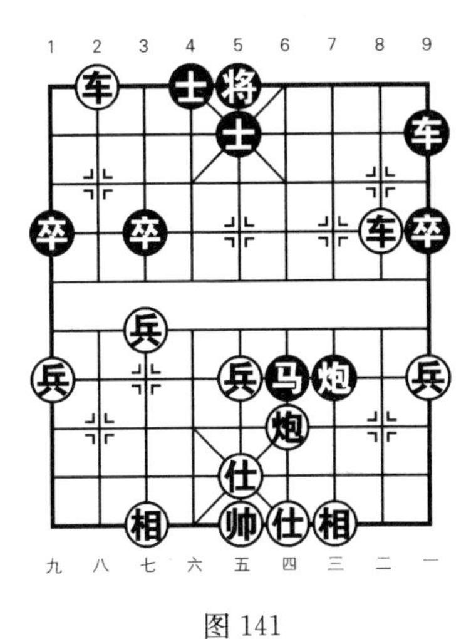

图141

着法(红先胜):

1. 车二进三　　士5退6
2. 车二平四　　将5进1
3. 车八退一　　将5进1
4. 车四退二

连将杀,红胜。

第142局　心照不宣

着法(红先胜):

1. 车五进四　　将5平6
2. 车五进一　　将6进1
3. 马三进五　　将6进1

黑如改走车7平5,则车五退二,红胜定。

4. 马五进六　　将6退1
5. 车五平四

连将杀,红胜。

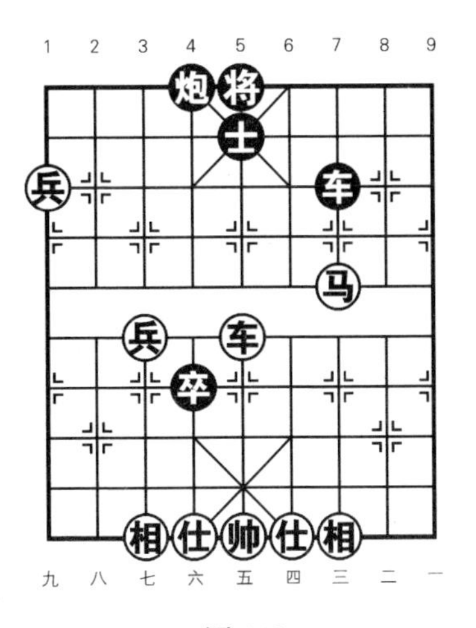

图142

第143局　杀人灭口

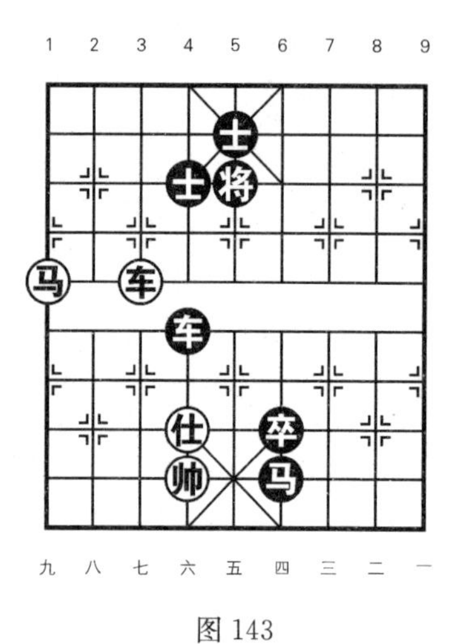

图143

着法(红先胜):

1. 车七平五　　将5平6

2. 车五平四　　将6平5

3. 马九进七　　车4退2

4. 车四进一

捉死车,红胜定。

第144局　言简意赅

着法(红先胜):

1. 兵七进一　　将4退1

2. 车四进一!　马8退6

3. 兵七进一　　将4进1

4. 炮三进八　　士5进6

5. 马五进四

连将杀,红胜。

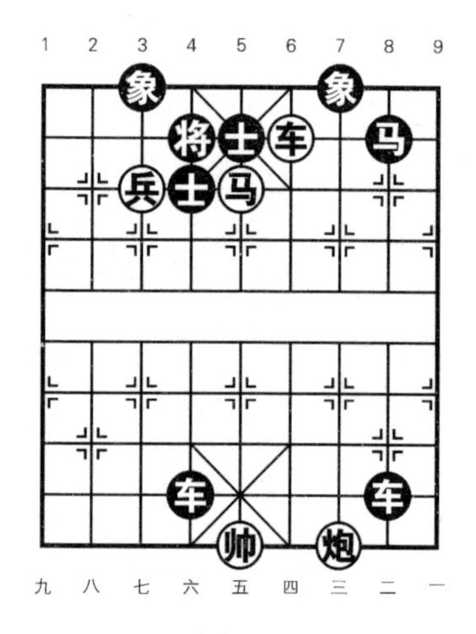

图144

第145局 屏息凝气

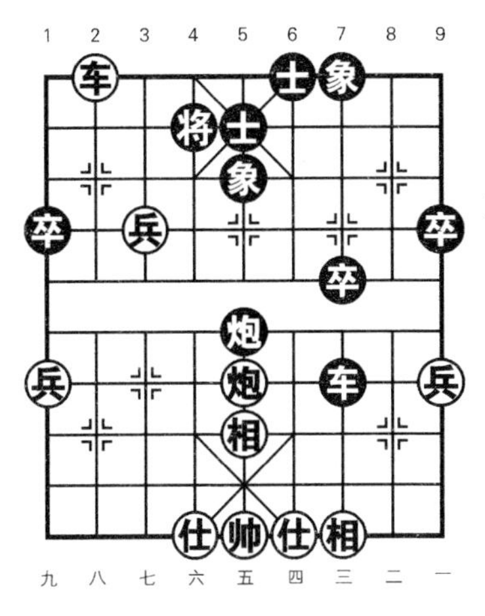

图145

着法(红先胜):

1. 兵七进一　　士5进6

黑如改走车7平5,则兵七进一,将4进1,车八退二杀,红胜。

2. 兵七平六!　　将4平5
3. 车八退一　　将5退1
4. 兵六进一　　车7平5
5. 车八进一

绝杀,红胜。

第146局 雷厉风行

着法(红先胜):

1. 炮五平六　　炮5平4

黑如改走将4平5,则马六进七,将5平4,车三平六,士5进4,车六进一,连将杀,红胜。

2. 马六进四　　炮4平5
3. 车三平六　　士5进4
4. 车六进一

连将杀,红胜。

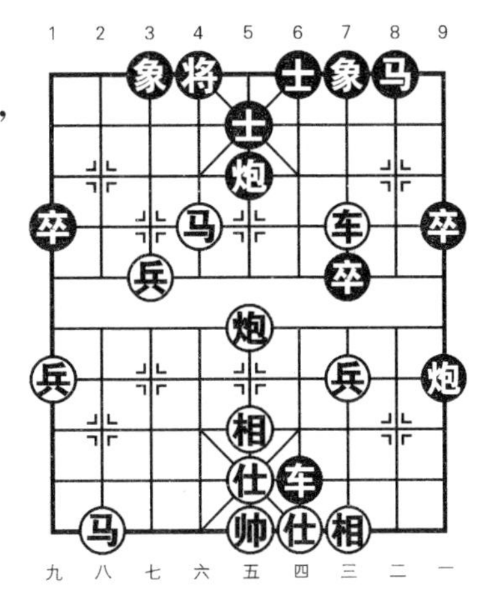

图146

第 147 局 暴风骤雨

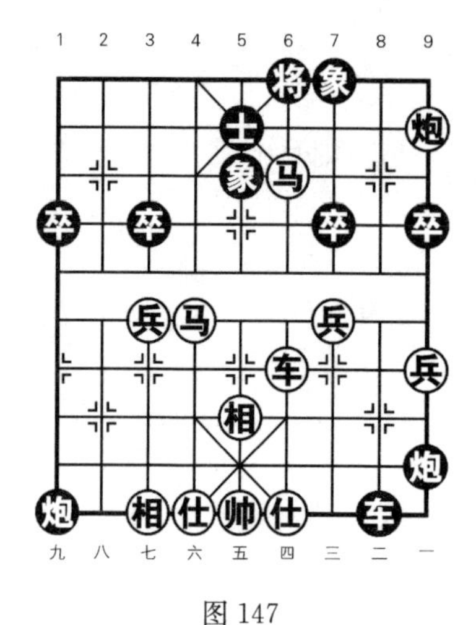

图 147

着法(红先胜):

1. 马四进二　　将 6 平 5

2. 炮一进一　　士 5 退 6

3. 车四进六　　将 5 进 1

4. 炮一退一

连将杀,红胜。

第 148 局 戮力以赴

着法(红先胜):

1. 车四平五　　士 4 进 5

黑如改走士 6 进 5,则马三进四,将 5 平 6,炮八平四,连将杀,红胜。

2. 马三进四　　将 5 平 4

3. 车五平六　　士 5 进 4

4. 车六进二

连将杀,红胜。

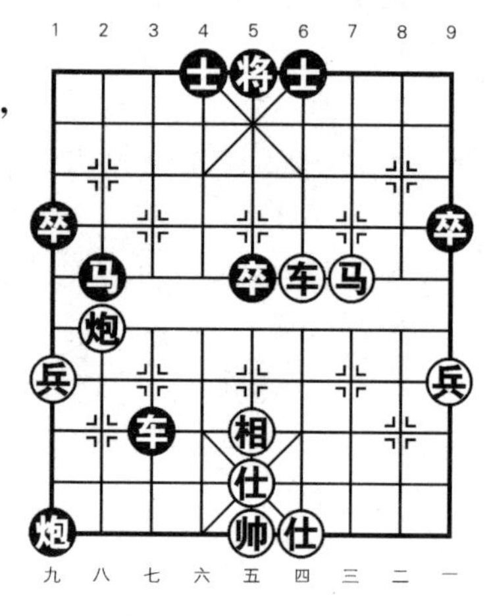

图 148

第 149 局　铁牛耕地

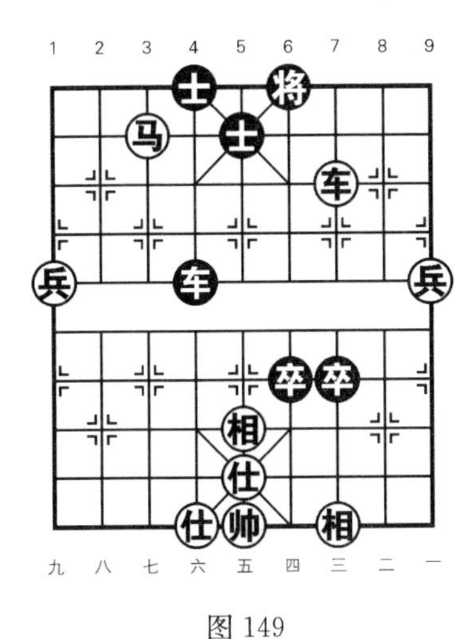

图 149

着法(红先胜)：

1. 马七退五！　车 4 退 2
2. 车三进二　将 6 进 1
3. 马五退三　将 6 进 1
4. 车三退二　将 6 退 1
5. 车三进一　将 6 进 1
6. 车三平四

绝杀，红胜。

第 150 局　勇往直前

着法(红先胜)：

1. 兵四进一！　将 6 平 5
2. 车二退一　将 5 退 1
3. 兵四进一　士 4 进 5
4. 车二进一　士 5 退 6
5. 车二平四

绝杀，红胜。

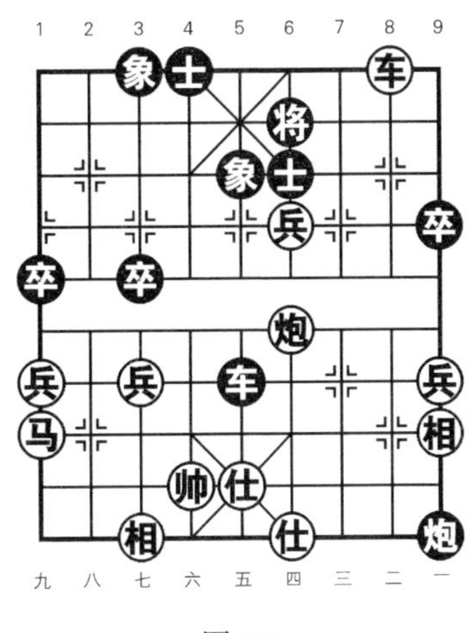

图 150

第151局　骇人听闻

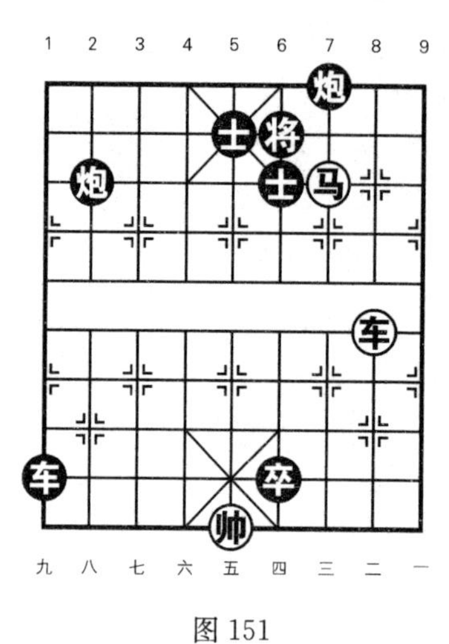

图151

着法(红先胜)：

1. 车二进四　　炮7进1
2. 车二平三　　将6退1
3. 车三进一　　将6进1
4. 车三平四！　士5退6
5. 马三进二

连将杀，红胜。

第152局　幸不辱命

着法(红先胜)：

1. 车六平五　　将5平4
2. 车五平四　　马3退5
3. 车四进一　　将4进1
4. 车四平六

绝杀，红胜。

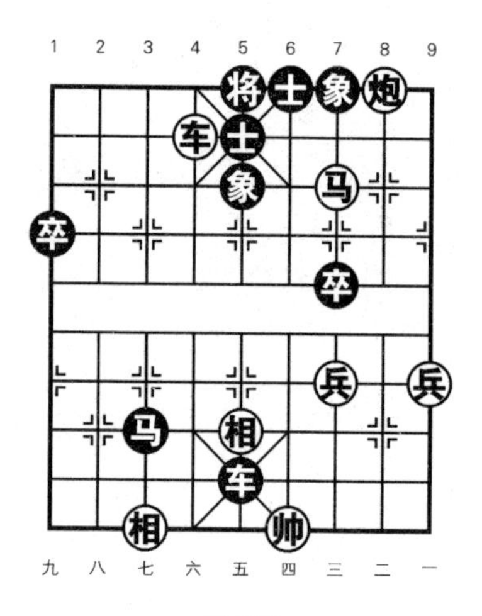

图152

第153局　壮士扼腕

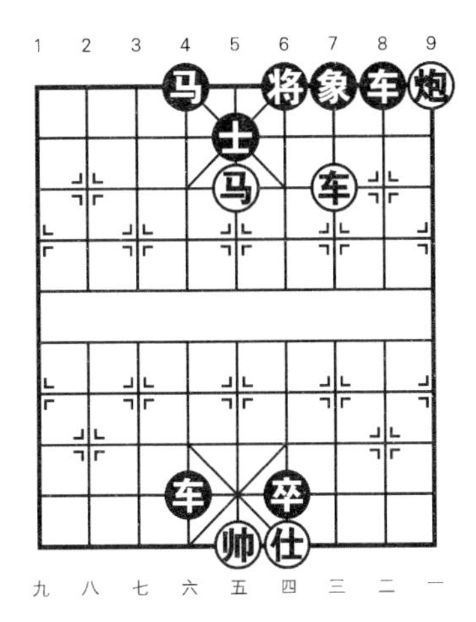

图153

着法(红先胜)：

1. 车三进二　　将6进1
2. 马五退三　　将6进1
3. 车三退二　　将6退1
4. 车三平二

连将杀,红胜。

第154局　流星赶月

着法(红先胜)：

1. 炮七进一！　象5退3
2. 马九进七　　将5平6
3. 车六平四　　士5进6
4. 车四进一

连将杀,红胜。

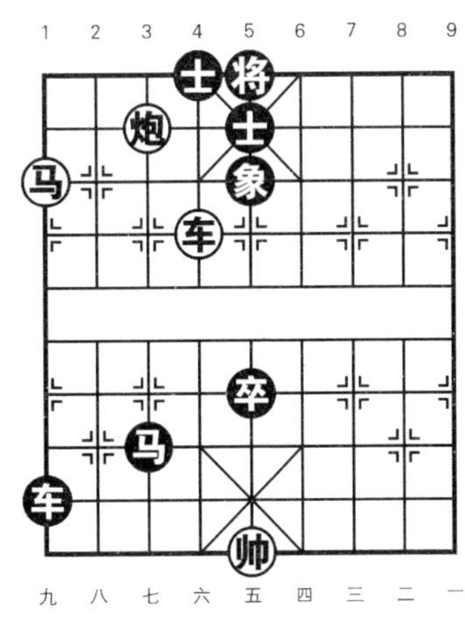

图154

第 155 局　一箭双雕

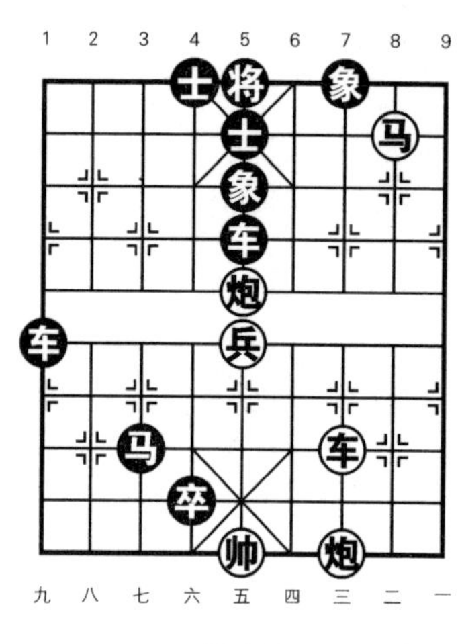

图 155

着法(红先胜)：

1. 车三进七！　象 5 退 7
2. 马二退四　将 5 平 6
3. 炮三平四　车 5 平 6
4. 马四进二

连将杀，红胜。

第 156 局　杖击白猿

着法(红先胜)：

1. 车九进四　士 5 退 4
2. 车九平六　将 5 进 1
3. 车六退一　将 5 退 1
4. 马六进四　士 6 进 5
5. 车六平五　将 5 平 6
6. 马四进六

双叫杀，红胜定。

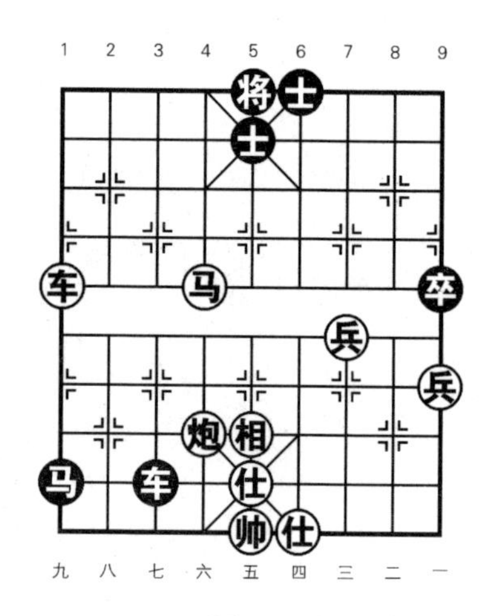

图 156

第157局　纵马疾冲

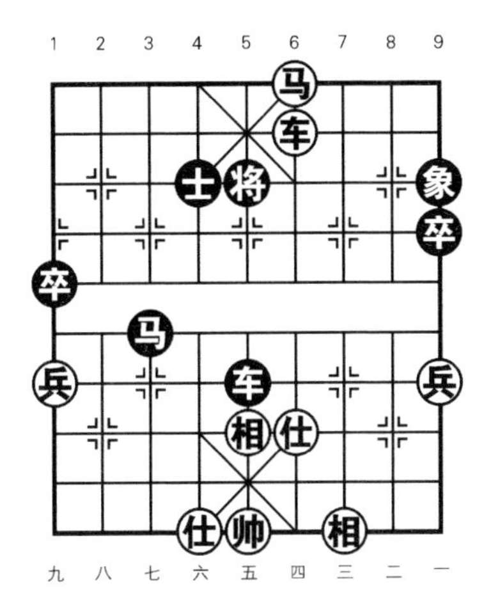

图157

着法(红先胜):

1. 车四平七　　将5平6
2. 马四退二　　将6平5
3. 马二退三　　将5平6
4. 车七平四

连将杀,红胜。

第158局　雕车竞驻

着法(红先胜):

1. 车二进三　　将5进1
2. 马一进二　　将5进1
3. 炮三进二　　士6退5
4. 炮一退一

连将杀,红胜。

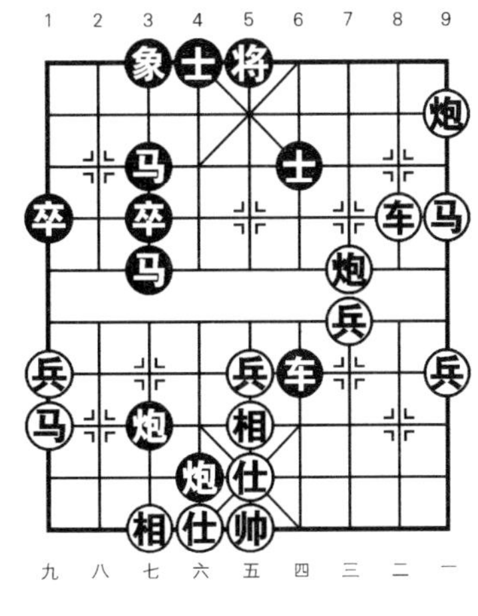

图158

第159局　萍水相逢

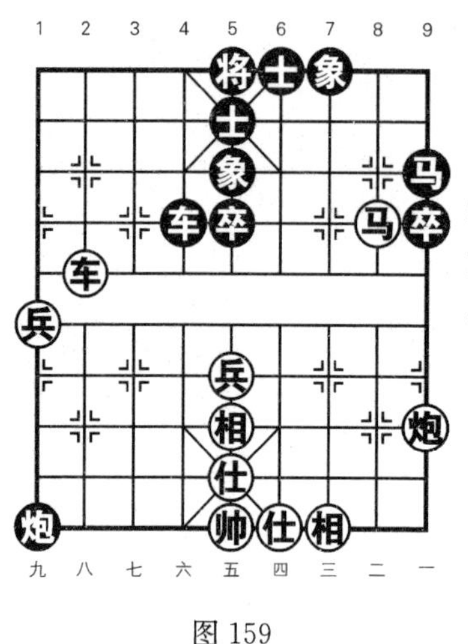

图159

着法(红先胜):

1. 炮一进五　　象7进9

黑如改走将5平4,则车八进四,将4进1,炮一进一,士5进6,马二进三,士6退5,仕五进六,卒5进1,马三退五,士5进6,车八退一,将4进1,马五进四,下一步车八退一杀,红胜。

2. 车八进四　　士5退4

3. 马二进三　　将5进1

4. 车八退一　　车4退2

5. 马三退四　　将5退1

6. 车八平六

红得车胜定。

第160局　强弱已判

着法(红先胜):

1. 车五平六　　士5进4

2. 兵四平五　　将4退1

3. 兵五进一

下一步车六进一杀,红胜。

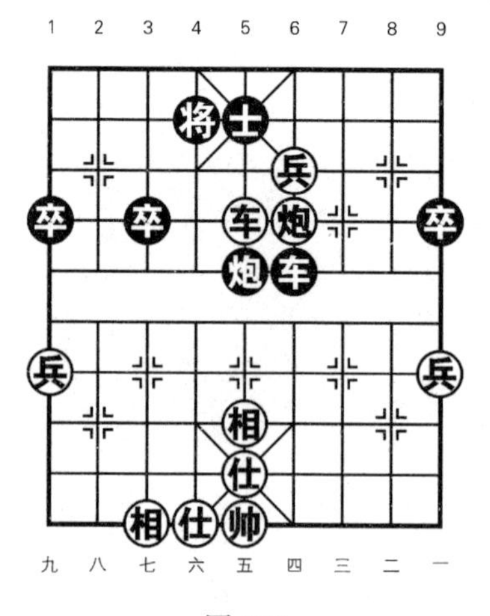

图160

第161局 青蛇寻穴

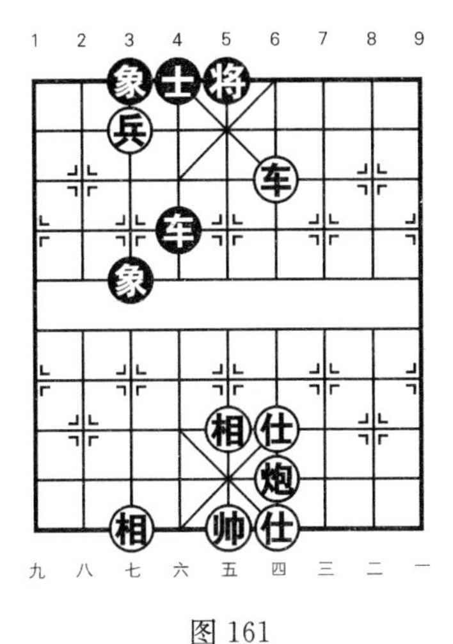

图161

着法(红先胜):

1. 车四进二　　将5进1

2. 车四退一　　将5进1

黑如改走将5退1,则兵七平六,黑只有弃车砍兵,红胜定。

3. 炮四平五　　将5平4

4. 车四平六

连将杀,红胜。

第162局 奋不顾身

着法(红先胜):

1. 前车进一　　士5退4

黑如改走将6进1,则前车退一,炮5平6,炮五平四,炮6平5,仕六进五,车8进2,炮三平四,将6进1,前车平五,车1平2,炮四退五,下一步车六平四杀,红胜。

2. 车六平四　　炮5平6

3. 车四进五　　将6平5

4. 车四进一

下一步炮三平五杀,红胜。

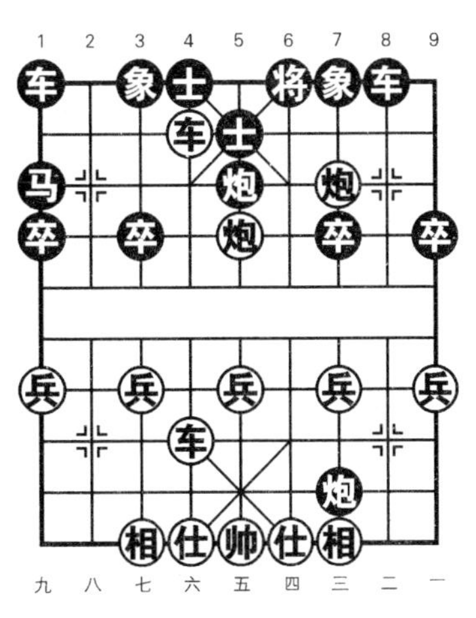

图162

第 163 局　马不停蹄

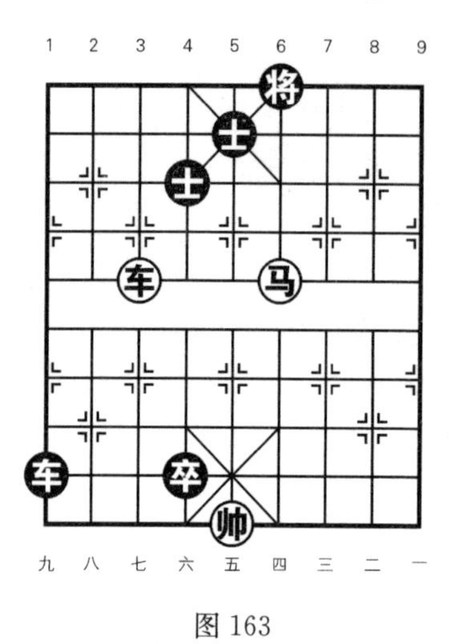

图 163

着法(红先胜):

1. 马四进三　　将 6 进 1
2. 车七平四　　士 5 进 6
3. 马三进二　　将 6 退 1
4. 车四进二
连将杀,红胜。

第 164 局　呼风唤雨

着法(红先胜):

1. 炮八进二!　　士 5 退 4
2. 马八进七　　将 5 进 1
3. 车六进二　　将 5 退 1
4. 车六平四
连将杀,红胜。

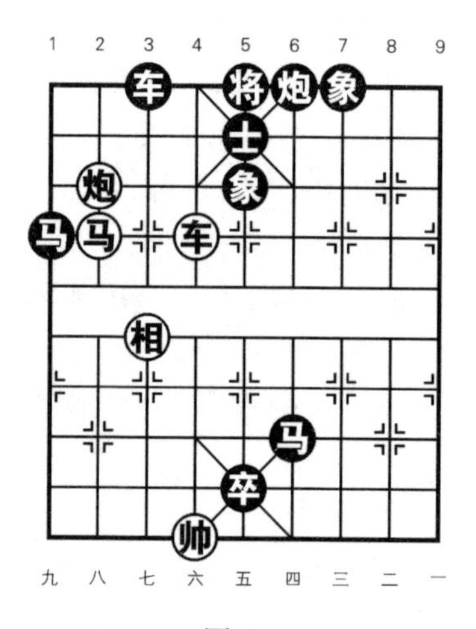

图 164

第 165 局 鱼贯而出

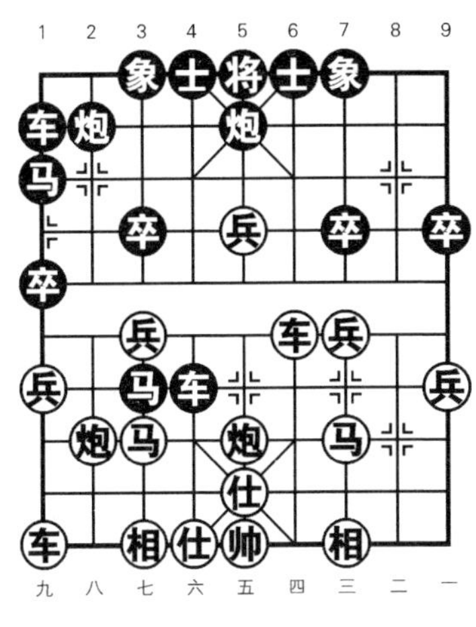

图 165

着法(红先胜):

1. 帅五平四!　　炮 5 进 6
2. 炮八平五　　象 7 进 5
3. 兵五进一　　士 4 进 5
4. 车四进五

绝杀,红胜。

第 166 局 十拿九稳

着法(红先胜):

1. 车六平五　　士 6 进 5
2. 车五平七　　炮 5 退 2
3. 车七退四

红得车胜定。

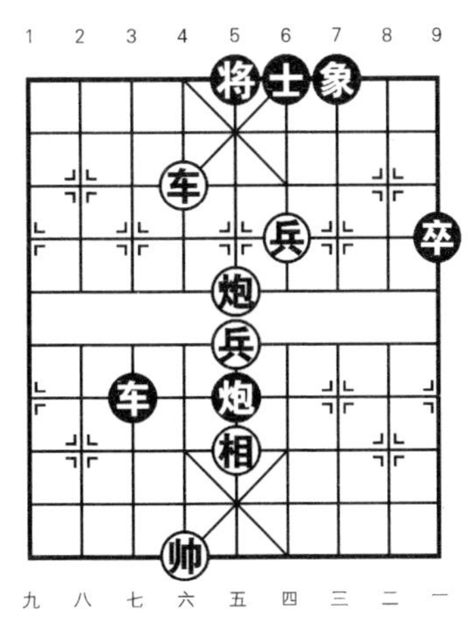

图 166

第 167 局　惊天动地

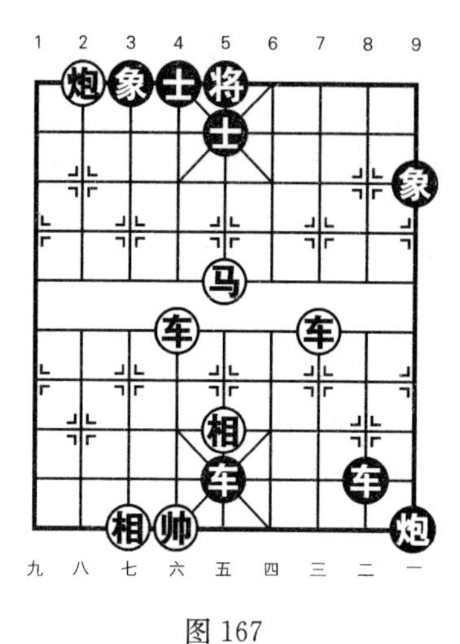

图 167

着法(红先胜):

1. 车六进五!　　士 5 退 4
2. 马五进六　　将 5 进 1
3. 车三进四　　将 5 进 1
4. 炮八退二

连将杀,红胜。

第 168 局　雷霆万钧

着法(红先胜):

1. 车六进一!　　将 5 平 4
2. 车八平七　　将 4 进 1
3. 车七退一　　将 4 退 1
4. 车七平五

连将杀,红胜。

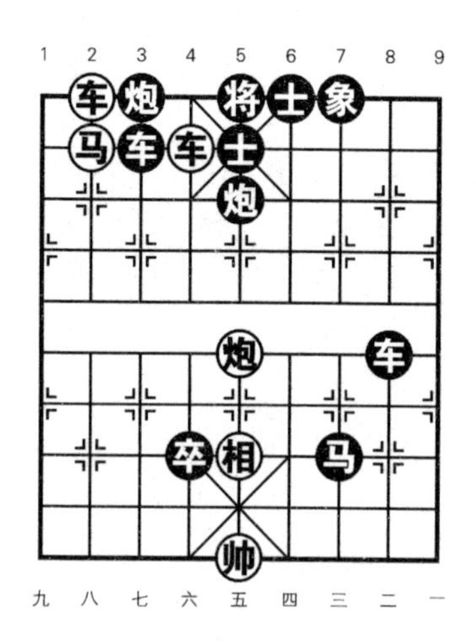

图 168

第169局　连珠箭发

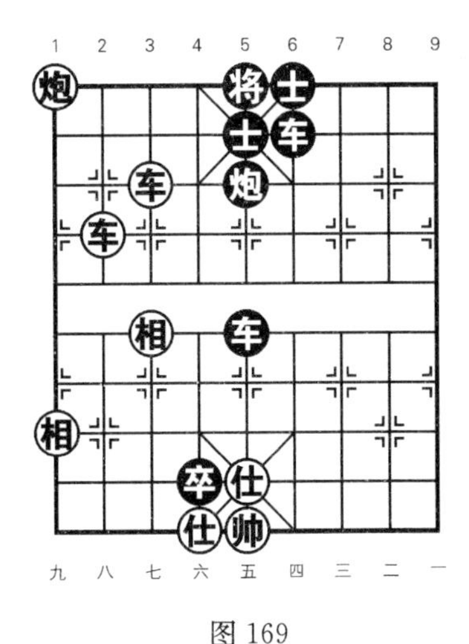

图169

着法(红先胜):

1. 车八进三　　士5退4
2. 车八退一　　士4进5
3. 车七进二　　士5退4
4. 车八平五！　将5进1
5. 车七退一

连将杀,红胜。

第170局　挡者立毙

着法(红先胜):

1. 马八进六　　炮3平4
2. 马六进七　　炮4平1
3. 马七退六　　炮1平4
4. 马六进七

连将杀,红胜。

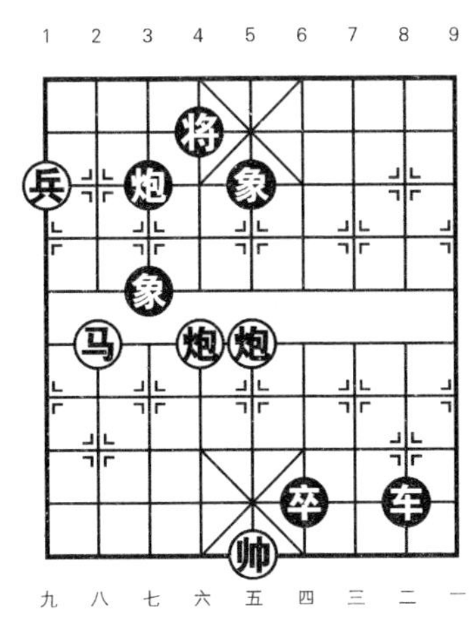

图170

第171局 情势紧急

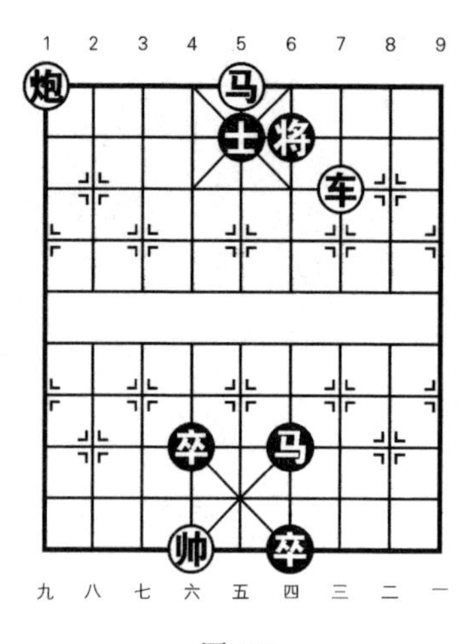

图171

着法(红先胜):

1. 炮九退一　　士5退4

黑如改走士5进4,则车三平四,将6平5,马五退七,连将杀,红胜。

2. 马五退六　　将6平5

3. 马六进八　　将5退1

4. 车三进二

连将杀,红胜。

第172局 改过迁善

着法(红先胜):

1. 马四进六　　将5平6

2. 炮五平四　　马4进6

3. 车八进三　　士5退4

4. 车八平六

连将杀,红胜。

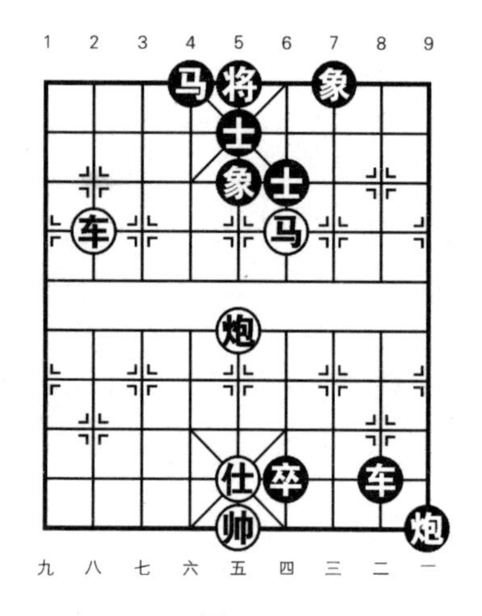

图172

第173局 始料不及

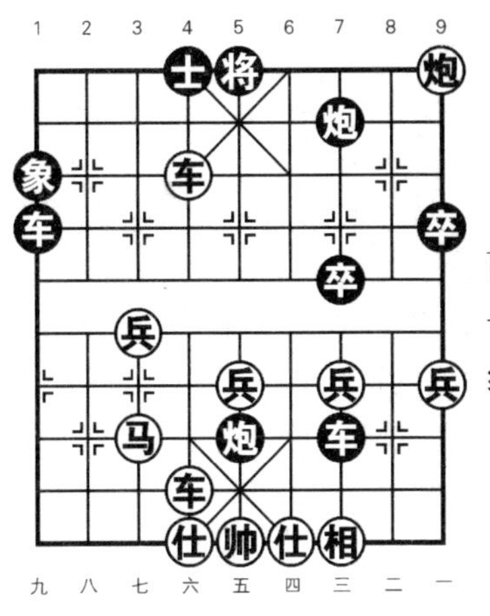

图173

着法(红先胜):

1. 前车进二　　将5进1
2. 炮一退一　　炮7进5

黑如改走炮7进1,则后车进七,将5进1,前车平五,将5平6,车五平三,炮7进4,车六退一,将6退1,车三退一,将6退1,车六进二杀,红胜。

3. 后车进七　　将5进1
4. 前车平五　　将5平6
5. 车五平二

下一步车二退二杀,红胜。

第174局 快马加鞭

着法(红先胜):

1. 马六进四　　士5进6
2. 马四进三　　士6退5
3. 后马退四　　士5进6
4. 马四进二　　士6退5
5. 马二进四

连将杀,红胜。

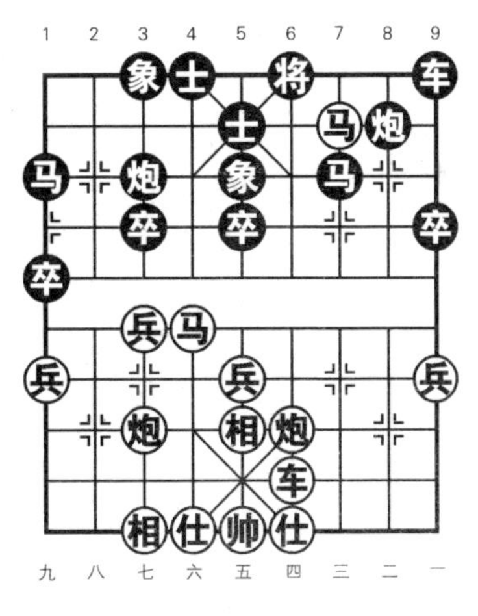

图174

第 175 局　害群之马

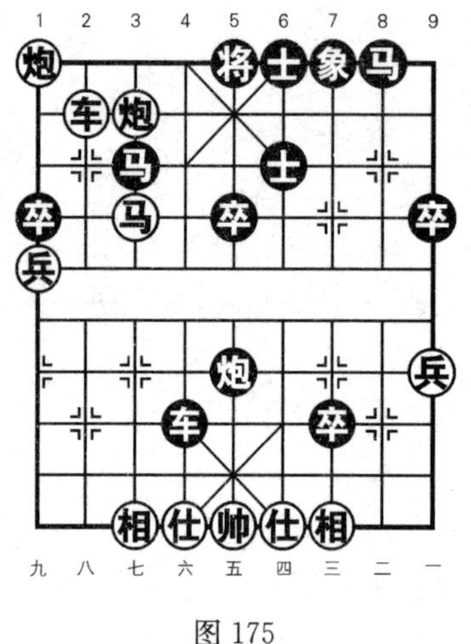

图 175

着法(红先胜):

1. 炮七进一　　马 3 退 2

2. 炮七退一!　将 5 进 1

黑如改走马 2 进 4,则车八进一杀,红速胜。

3. 马七进六!　将 5 进 1

黑如改走将 5 平 4,则炮七退一,将 4 进 1,炮九退二,连将杀,红胜。

4. 车八退一　　车 4 退 5

5. 马六进四　　将 5 退 1

6. 车八平六

红得车胜定。

第 176 局　兵贵神速

着法(红先胜):

1. 兵七平六　　将 4 平 5

2. 兵六进一　　将 5 退 1

3. 车六平九

下一步车九进三杀,红胜。

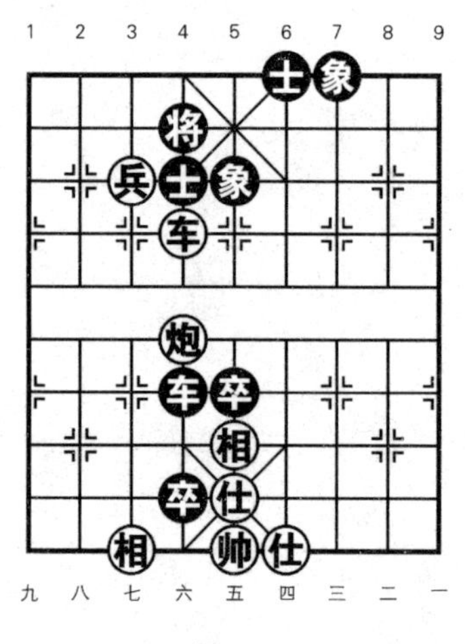

图 176

第 177 局　人仰马翻

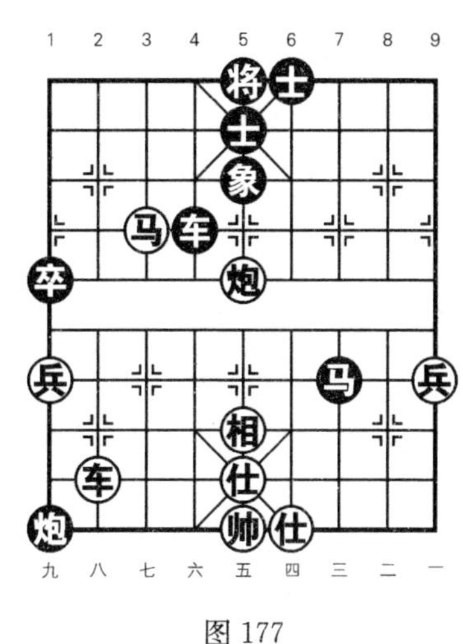

图 177

着法(红先胜):

1. 车八进八　　车 4 退 3
2. 马七进八!　　车 4 平 2
3. 马八退六　　将 5 平 4
4. 炮五平六

绝杀,红胜。

第 178 局　苍鹰搏兔

着法(红先胜):

1. 炮二平五　　象 7 进 5

黑如改走士 5 进 4,则后炮进四杀,红速胜。

2. 车六平五!　　将 5 平 4

黑如改走将 5 进 1,则车二进八,炮 7 退 1,车二平三,连将杀,红胜。

3. 车五进一　　将 4 进 1
4. 车二进八　　士 6 进 5
5. 车二平五　　将 4 进 1
6. 前车平六

连将杀,红胜。

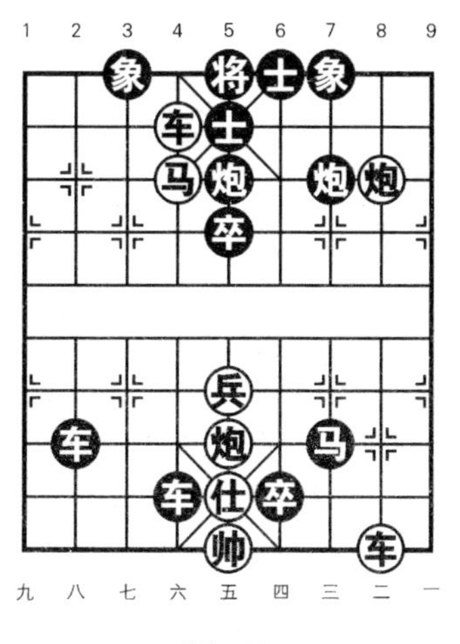

图 178

第179局 反守为攻

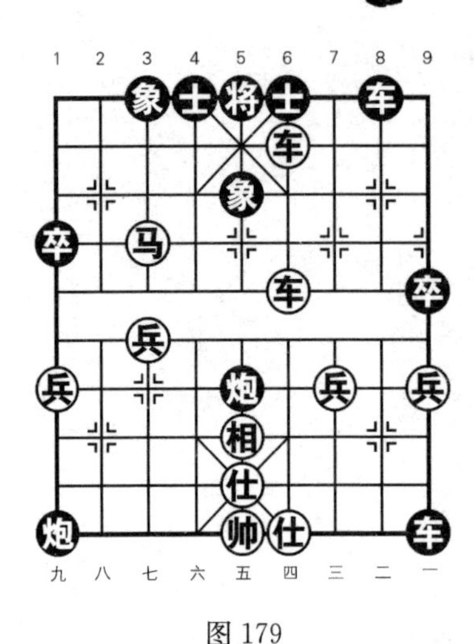

图179

着法(红先胜):

1. 马七进八　　士4进5
2. 后车平六　　炮5平2
3. 车六进四　　士5退4
4. 马八退六

绝杀,红胜。

第180局 残害无辜

着法(红先胜):

1. 车四平五　　将5平6
2. 车五进一　　将6进1
3. 车九退一　　士4进5
4. 车九平五　　将6进1
5. 前车平四

连将杀,红胜。

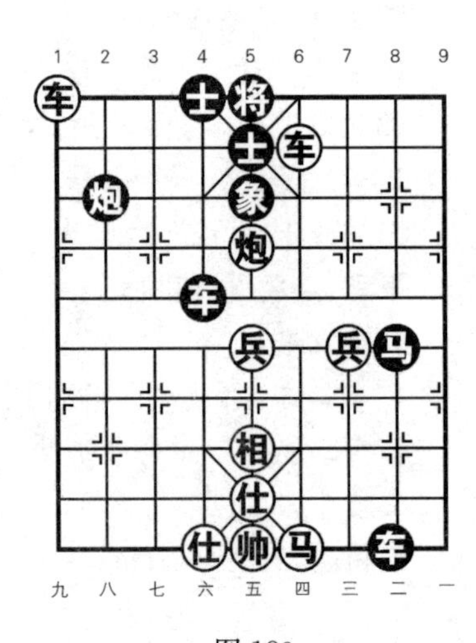

图180

第181局 各显神通

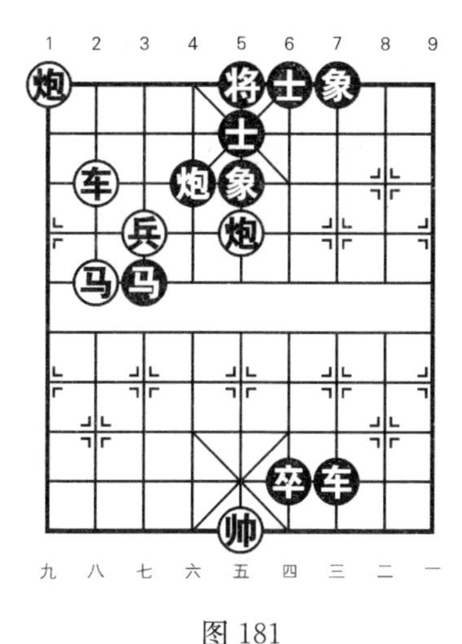

图181

着法(红先胜):

1. 车八进二　　炮4退2
2. 车八平六!　将5平4
3. 马八进七　　将4进1
4. 马七进八　　将4进1
5. 兵七进一

连将杀,红胜。

第182局 卧虎藏龙

着法(红先胜):

1. 马四进三　　将5进1

黑如改走将5退1,则车六平五,士4进5,马三进二,连将杀,红胜。

2. 马三进四　　将5退1
3. 车六平五　　炮8平5
4. 车五进三

连将杀,红胜。

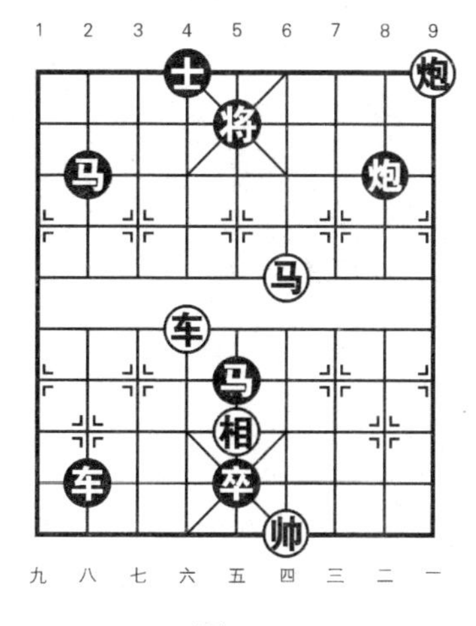

图182

第183局　铁蹄翻飞

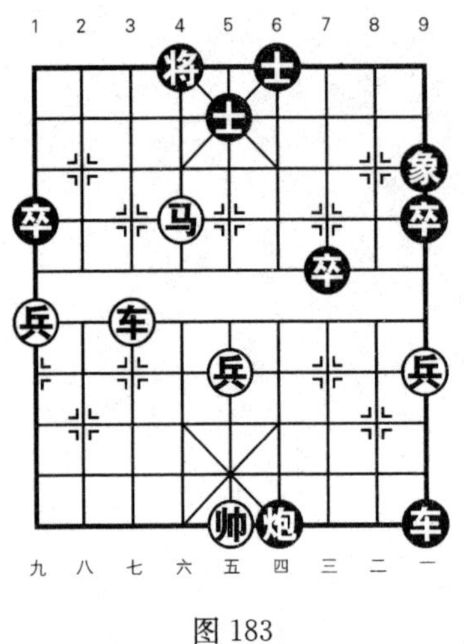

图183

着法(红先胜):

1. 车七进五　　将4进1
2. 马六进八　　将4进1
3. 车七退二　　将4退1
4. 车七退一　　将4进1
5. 马八进七　　将4退1

黑如改走将4平5,则车七进一,士5进4,车七平六,连将杀,红胜。

6. 车七平六　　士5进4
7. 车六进一

连将杀,红胜。

第184局　厉兵秣马

着法(红先胜):

1. 马六进五　　士4进5
2. 马五进三　　将5平6
3. 炮五平四　　士5进6
4. 兵四进一

连将杀,红胜。

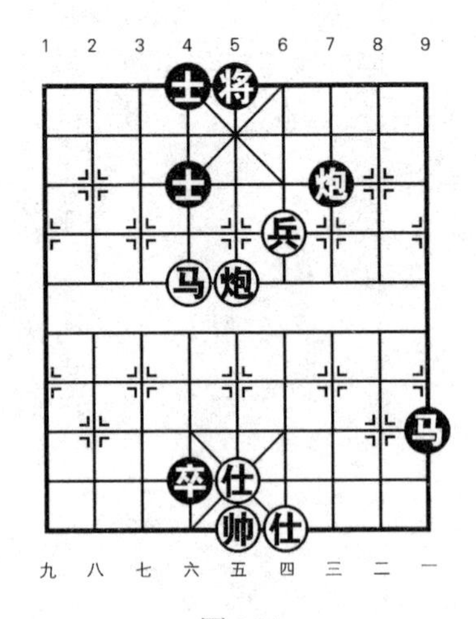

图184

第185局 心思缜密

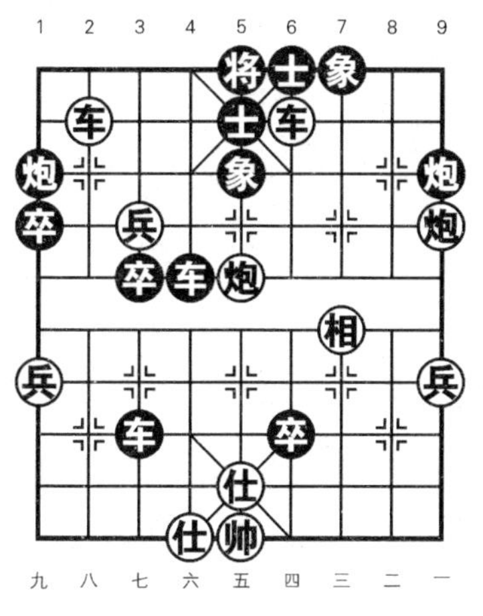

图 185

着法(红先胜)：

1. 炮一平五！　将5平4
2. 前炮进二！　士6进5

黑如改走炮9退2，则车八进一，象5退3(黑如将4进1，则前炮进一，士6进5，车四平五，将4进1，车八退二杀，红胜)，车八平七，将4进1，前炮退二，士6进5，车四平五，将4进1，兵七进一杀，红胜。

3. 车四平五　象5退3
4. 车八平七　车4进5
5. 仕五退六　炮1平5
6. 炮五平六　车3平5
7. 仕六进五

黑不成杀，红胜。

第186局 兵强马壮

着法(红先胜)：

1. 兵七平六　将5平6
2. 车三退一　将6退1

黑如改走将6进1，则马七退五，将6平5，车三退一，连将杀，红胜。

3. 马七进五　士4退5
4. 车三进一　将6进1
5. 马五退三　将6进1
6. 车三退二　将6退1
7. 车三平二　将6退1
8. 车二进二

连将杀，红胜。

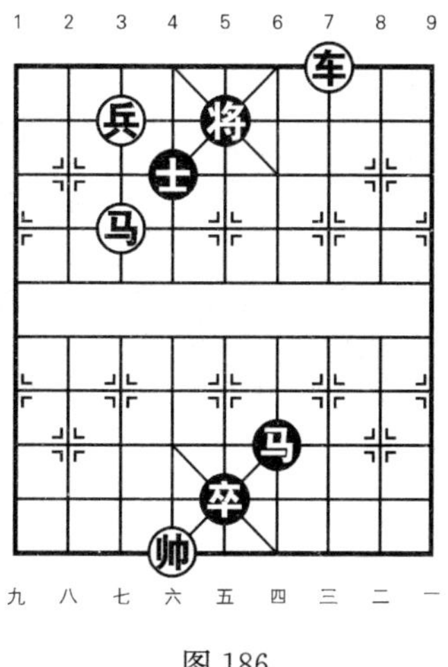

图 186

第187局　绝尘而去

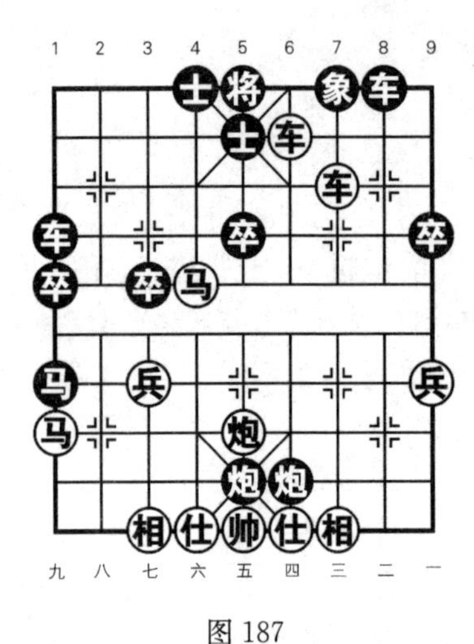
图187

着法(红先胜):

1. 马六进五　　车1退2
2. 马五进三　　车8进1
3. 车四平五!　将5平6
4. 车三平四

绝杀,红胜。

第188局　钟鼓齐鸣

着法(红先胜):

1. 车七平五　　将5平4
2. 马六进四　　炮4平5
3. 车五进二　　士4进5

黑如改走车2退1,则车五进二,将4进1,马四退五,将4退1,马五进七,将4进1,车五退二杀,红胜。

4. 车五平八　　士5进6
5. 车八进一

红得车胜定。

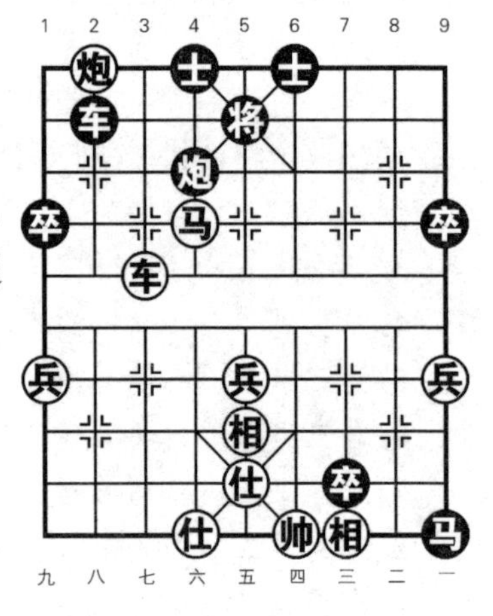
图188

第189局　快如闪电

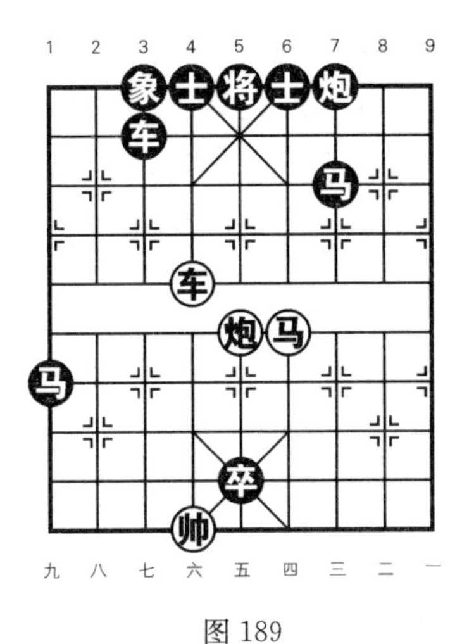

图189

着法（红先胜）：

1. 车六进四　　将5进1
2. 马四进五　　象3进5
3. 马五进三　　将5平6
4. 车六平四

连将杀，红胜。

第190局　偷天换日

着法（红先胜）：

1. 马五进四！　将5平4
2. 车五平六　　士5进4
3. 车六进三！　车3平4
4. 车八平七

连将杀，红胜。

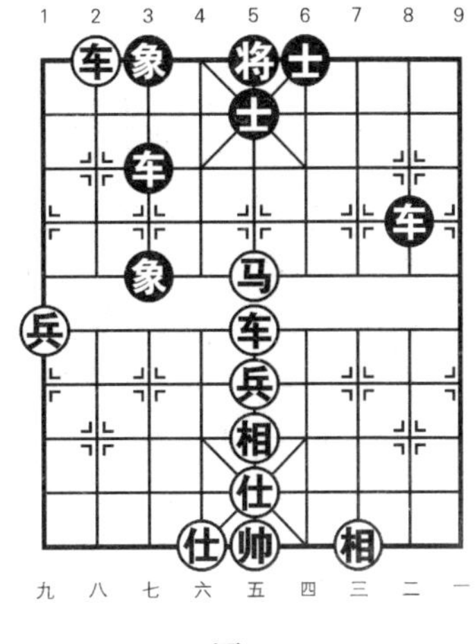

图190

第191局　知难而退

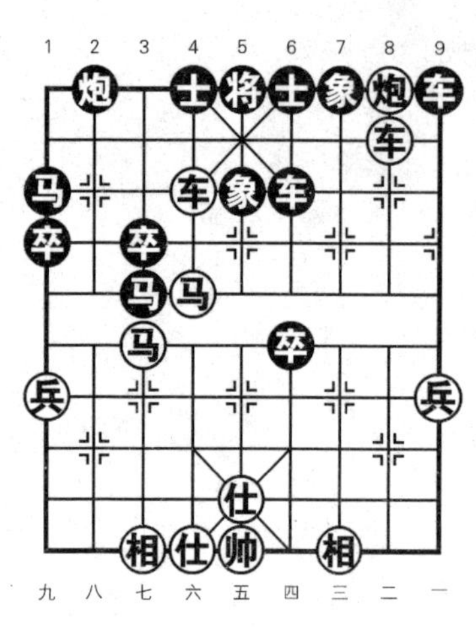

图191

着法(红先胜)：

1. 车六进二！　将5平4

2. 马六进七　马1退3

黑如改走将4平5,则车二平五连将杀,红速胜。

3. 车二平七　马3退5

4. 车七进一　将4进1

5. 车七平六

绝杀,红胜。

第192局　骏马争驰

着法(红先胜)：

1. 马五退六　士5进4

2. 马六进八　士4退5

3. 马八进六　士5进4

4. 马六进四　士4退5

5. 马七退六　士5进4

6. 马六退八　士4退5

7. 马八进七

连将杀,红胜。

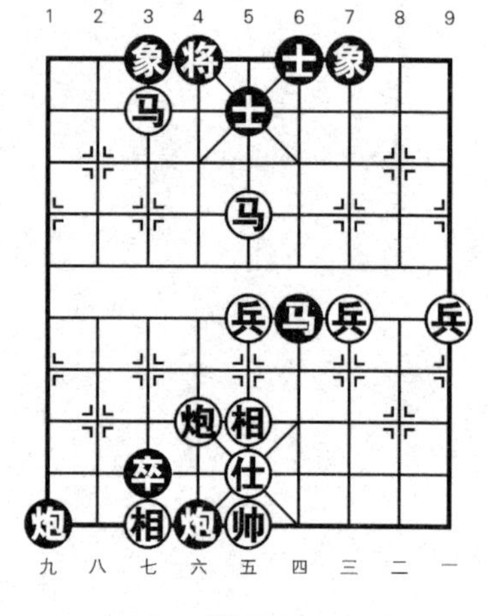

图192

第193局 剥皮拆骨

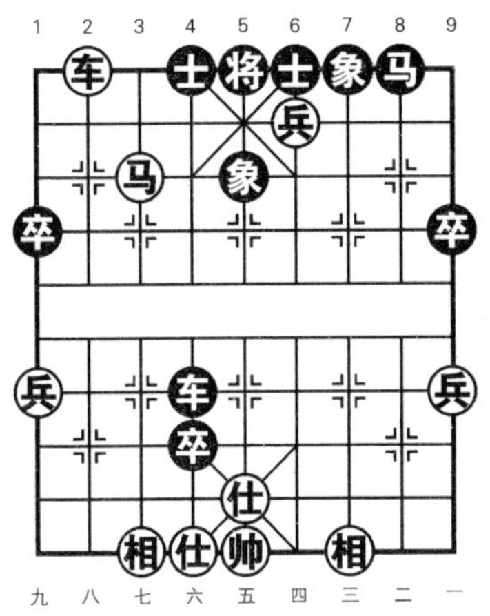

图193

着法(红先胜):

1. 马七进六!　车4退6

黑如改走士6进5,则马六退七,士5退4,兵四平五,将5平6,马七进六,下一步退马杀,红胜。

2. 兵四进一　将5平6

3. 车八平六

红得车胜定。

第194局 神龙摆尾

着法(红先胜):

1. 马五进六　车6平5

2. 马六进四　车5退2

3. 马四进三　将5进1

4. 车七进二

绝杀,红胜。

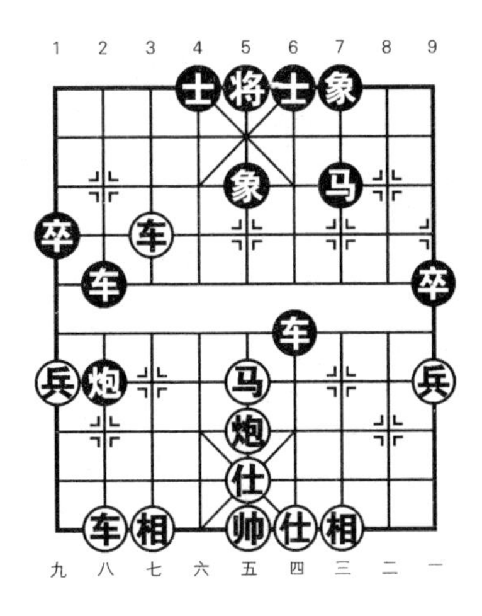

图194

第 195 局　智穷力竭

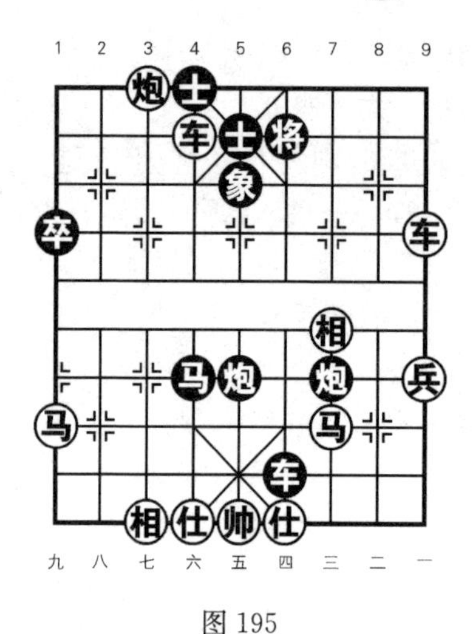

图 195

着法(红先胜):

1. 车一进二　　将 6 进 1
2. 炮七退二　　象 5 进 3

黑如改走士 5 进 4,则车六平四杀,红速胜。

3. 车六退一　　象 3 退 5
4. 车六退四　　象 5 退 3
5. 车六平五

下一步车五进四杀,红胜。

第 196 局　海燕掠波

着法(红先胜):

1. 马八退六!　士 5 进 4

黑如改走将 5 平 4,则车八进九,象 5 退 3,车八平七,将 4 进 1,马五进七,将 4 进 1,车七退二,将 4 退 1,车七进一,将 4 进 1,车七平六,连将杀,红胜。

2. 车八进九　　将 5 进 1
3. 车八退一　　将 5 退 1
4. 马五进六　　将 5 平 4
5. 车八平三

红得车胜定。

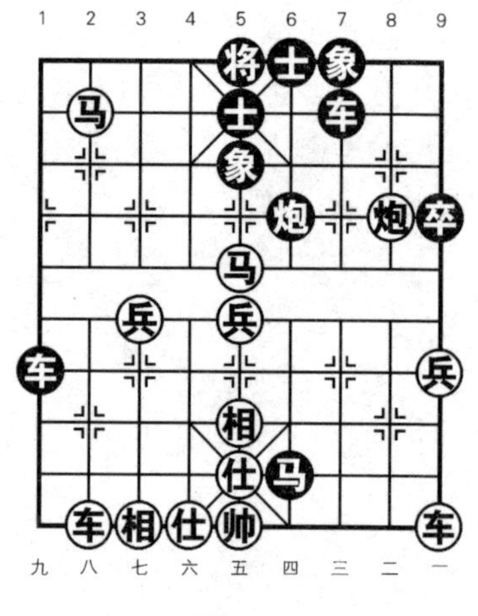

图 196

第197局　尊卑有别

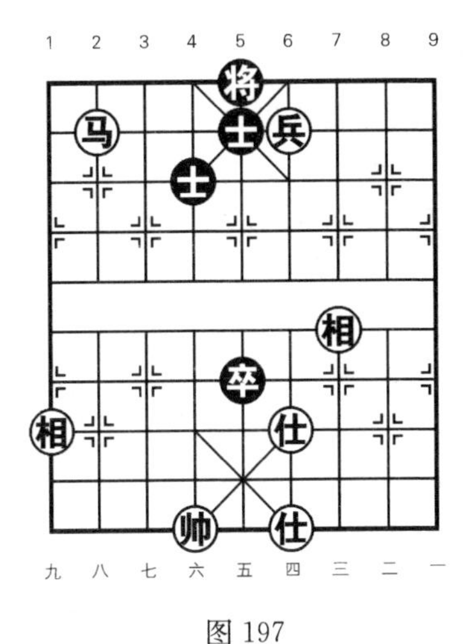

图197

着法(红先胜)：

1. 帅六平五！　士5退6

黑如改走卒5平6，则马八退六，将5平4，兵四平五，下一步马六进八杀，红胜。

2. 马八退六　将5平4
3. 马六退五　将4进1
4. 兵四进一　将4平5

黑如改走将4退1，则马五进四，下一步兵四平五杀，红胜。

5. 马五退七

捉死卒，红胜定。

第198局　愈战愈勇

着法(红先胜)：

1. 炮七平四　士6退5
2. 马三退四　士5进6
3. 马四进六　士6退5
4. 车五平四　士5进6
5. 车四进一

连将杀，红胜。

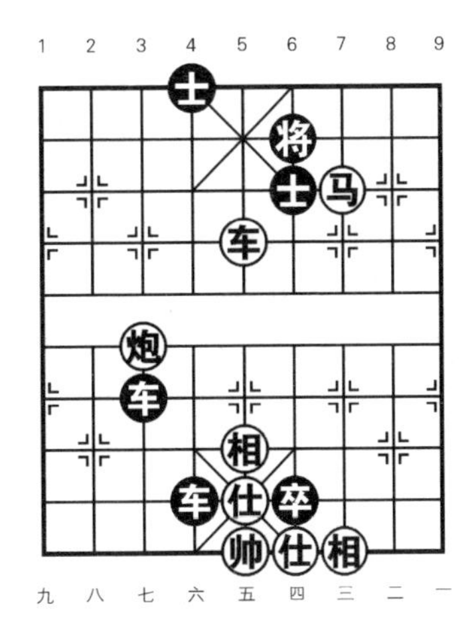

图198

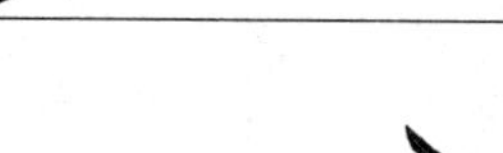

第199局　云天高义

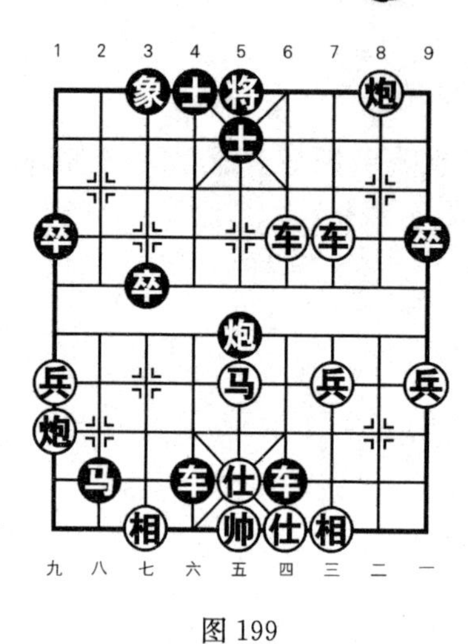

图199

着法(红先胜)：

1. 车三进三　　士5退6
2. 车四平五　　象3进5
3. 车五进一　　士4进5
4. 车三退一

连将杀，红胜。

第200局　熟极而流

着法(红先胜)：

1. 兵七进一　　将4退1
2. 炮一进九　　士5退6
3. 马二退三　　士6进5
4. 马三进四

连将杀，红胜。

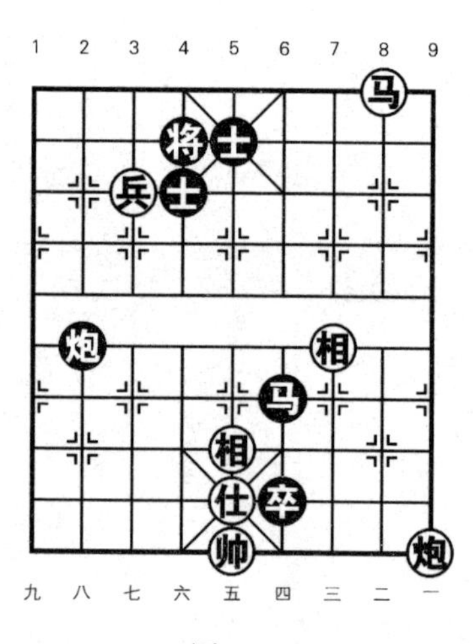

图200

第201局 风云不测

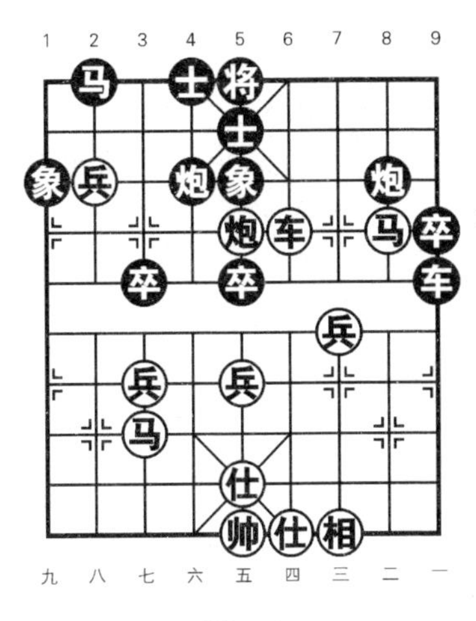

图201

着法（红先胜）：

1. 车四进一！　车9平8

黑如改走炮4平6，则马二进四，将5平6，炮五平四，连将杀，红胜定。

2. 车四平二　　将5平6
3. 车二进二　　将6进1
4. 车二退一　　将6退1
5. 炮五平四

黑只有弃车砍马，红胜定。

第202局 大闹禁宫

着法（红先胜）：

第一种攻法：

1. 马八进七　　炮4退1

黑如改走将5平4，车六进二！士5进4，炮二平六，士4退5，炮九平六，连将杀，红胜。

2. 车六进三　　士5进4
3. 车六退一　　将5进1
4. 炮九进三

绝杀，红胜。

第二种攻法：

1. 车六进二！　士5进4
2. 马八进七　　将5平4
3. 炮二平六　　士4退5
4. 炮九平六

绝杀，红胜。

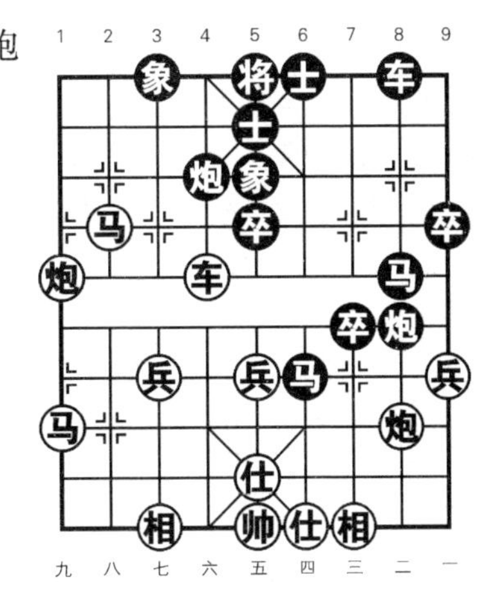

图202

第 203 局 鸳鸯戏水

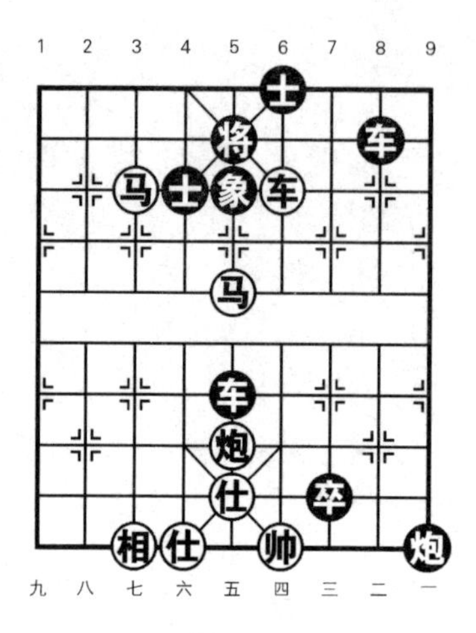

图 203

着法(红先胜):

1. 车四平五! 将 5 平 4

黑如改走将 5 进 1,则马五进七杀,红速胜。

2. 车五平六 将 4 平 5

3. 车六进二 将 5 进 1

4. 马五进七

连将杀,红胜。

第 204 局 天马行空

着法(红先胜):

1. 车七进四 将 4 进 1

2. 马五退七 将 4 进 1

3. 车七退二 将 4 退 1

4. 车七平八 将 4 退 1

5. 车八进二

连将杀,红胜。

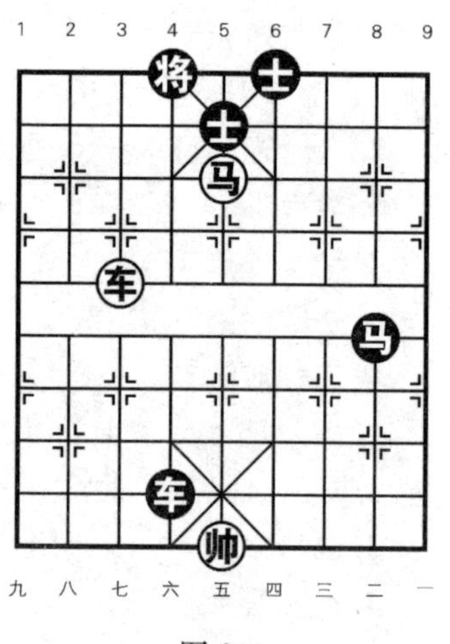

图 204

第205局 车载船装

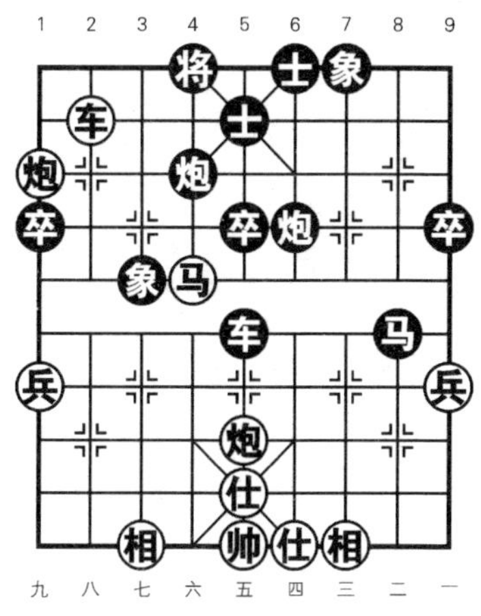

图205

着法(红先胜):

1. 马六进七　　将4平5
2. 车八进一　　炮4退2

黑如改走士5退4,则车八平六,将5进1,车六退二,象3退1(黑如将5平6,则车六平四),车六退三,将5平6,车六平五,红得车胜定。

3. 炮九进二　　士5进4
4. 车八退一　　炮4进1
5. 车八平六　　象3退1
6. 车六退一　　……

红也可改走马七进九,黑如接走士6进5,则马九进七,士5退4,马七退六,士4进5,车六进一!将5平4,炮五平六,车5平4,马六进七,双将杀,红胜。

6. ……　　将5进1
7. 帅五平六　　将5平6
8. 马七进六　　将6平5
9. 车六进一　　将5进1
10. 车六平四

绝杀,红胜。

第206局 勤修苦练

着法(红先胜):

1. 车八平六　　将5平6

黑如改走士4进5,则炮八进一,象3进5,车六进三杀,红胜。

2. 炮八进一!　　车7退4
3. 车六进三　　将6进1
4. 车六平四

绝杀,红胜。

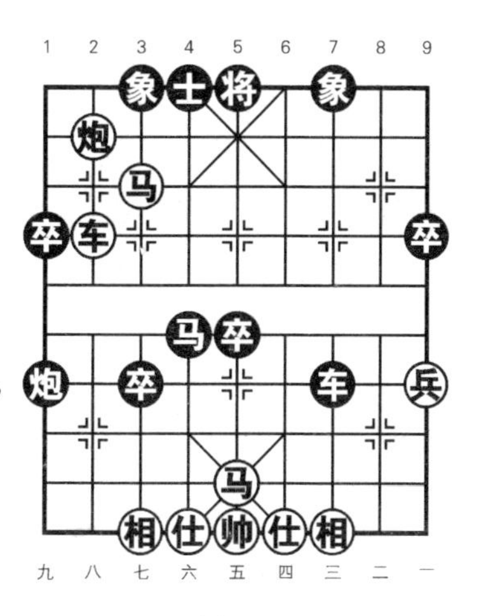

图206

第 207 局　用之不竭

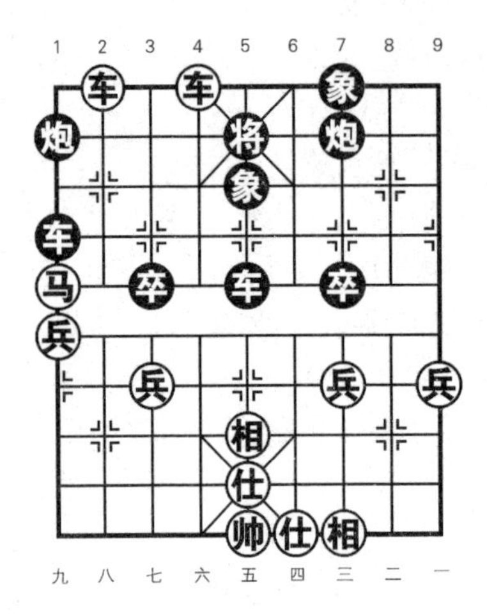

图 207

着法(红先胜)：

1. 车六平五　　将 5 平 6
2. 车五平四　　将 6 平 5
3. 车八平五　　将 5 平 4
4. 车四退三！　车 1 平 6
5. 马九进八　　将 4 进 1
6. 车五平六　　炮 1 平 4
7. 车六退一

绝杀，红胜。

第 208 局　车炮仕相全巧胜车士象全

着法(红先胜)：

1. 仕五退六！　将 5 平 6
2. 炮五平四　　将 6 进 1
3. 车六退二　　象 5 进 7
4. 炮四进七　　将 6 进 1
5. 车六平四　　将 6 平 5
6. 车四平三　　象 7 退 9
7. 车三进一　　士 5 进 6
8. 车三平一

红得象胜定。

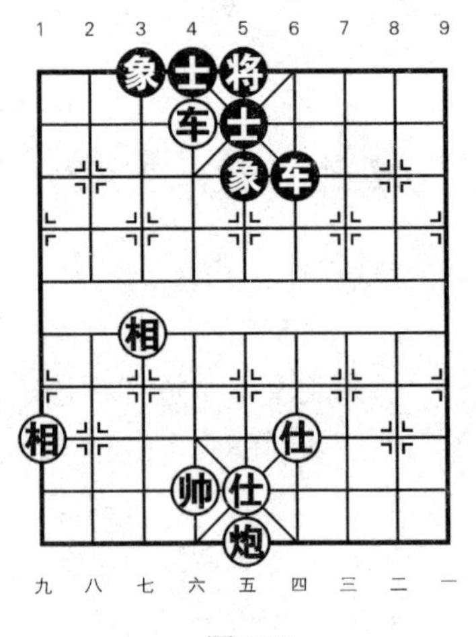

图 208

第209局　神不外游

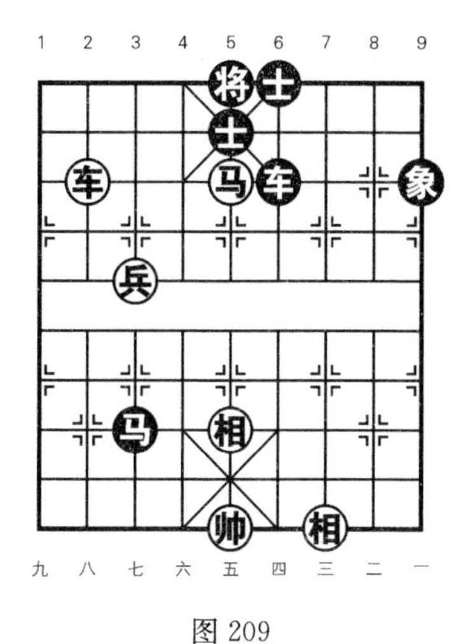

图209

着法(红先胜):

1. 车八进二　　士5退4
2. 马五进七　　将5进1
3. 马七退六　　车6平4
4. 车八平六

捉死车,红胜定。

第210局　宁死不屈

着法(红先胜):

1. 车三进二　　士5退6
2. 车三平四!　将5进1
3. 炮一退一　　将5进1
4. 车四平五　　士4进5
5. 车五退一　　将5平4
6. 车五退二

连将杀,红胜。

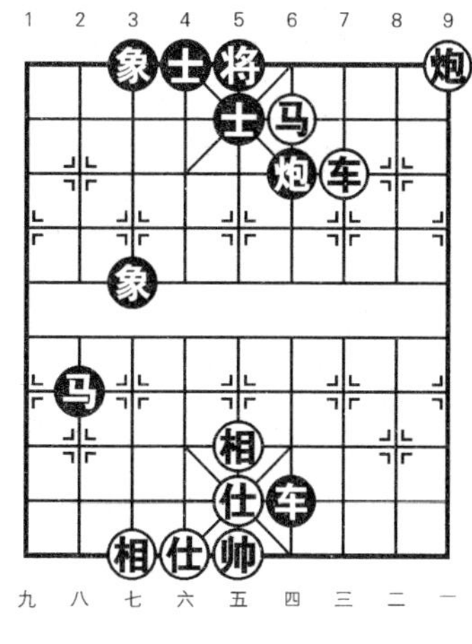

图210

第211局　高山夹峙

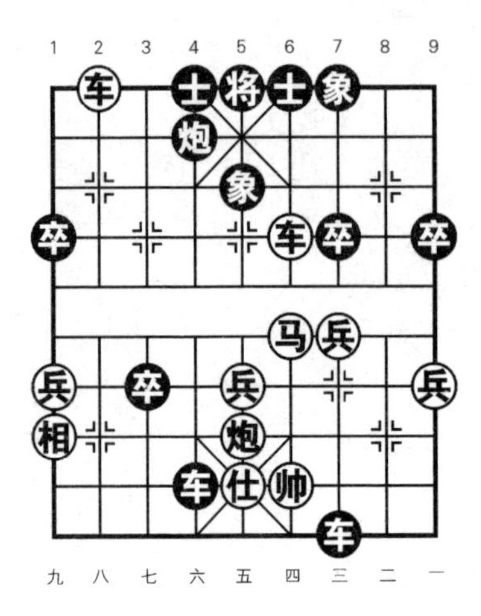

图 211

着法(红先胜):

1. 车八平六!　　将 5 进 1

2. 车四进三　　炮 4 进 2

3. 车四平五　　将 5 平 6

4. 车六退一　　将 6 进 1

5. 车五平四

绝杀,红胜。

第212局　能屈能伸

着法(红先胜):

1. 车八退一　　将 4 退 1

2. 炮六进一!　　将 4 平 5

3. 车八进一　　将 5 进 1

4. 炮七进一

绝杀,红胜。

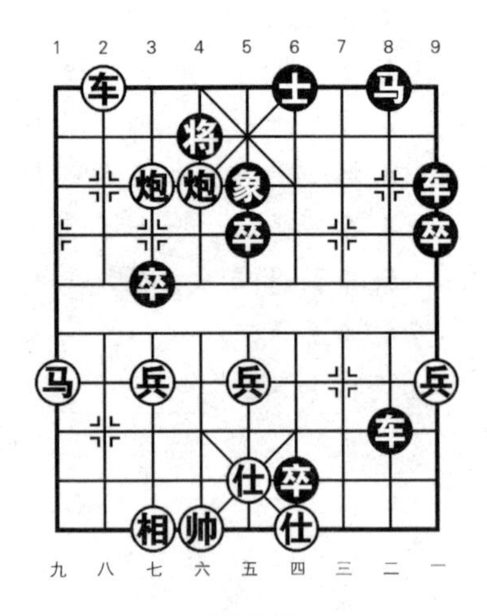

图 212

第213局　停马不前

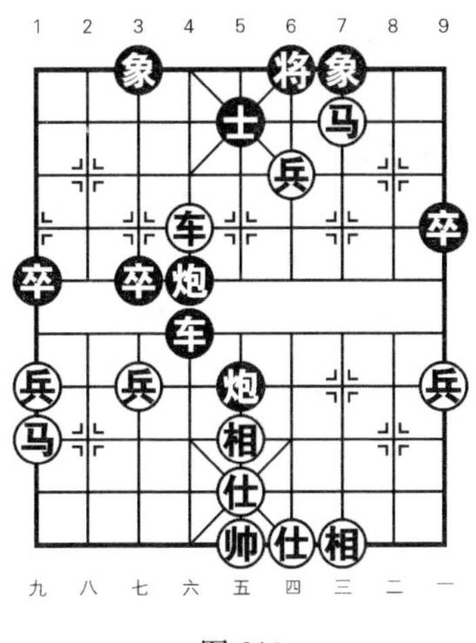

图 213

着法(红先胜):

1. 车六平四　　炮 4 退 2

黑如改走炮 4 退 3,则兵四平五,士 5 进 6,车四进一,炮 4 平 6,兵五进一,下一步车四进一杀,红胜。

2. 兵四平五　　士 5 进 6
3. 兵五平四　　炮 5 退 5
4. 兵四平五　　炮 5 平 6
5. 兵五进一　　炮 4 退 1
6. 兵五平四　　将 6 平 5
7. 车四平五　　将 5 平 4
8. 兵四平五　　炮 4 平 7
9. 车五平四

下一步车四进三杀,红胜。

第214局　兵革满道

着法(红先胜):

1. 炮八进一　　马 2 进 4
2. 兵六进一　　将 5 退 1
3. 兵六平五!　将 5 平 4
4. 兵五进一

连将杀,红胜。

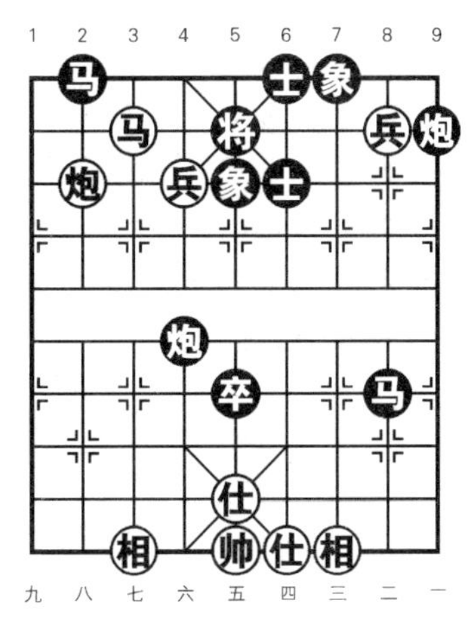

图 214

第215局 单兵孤城

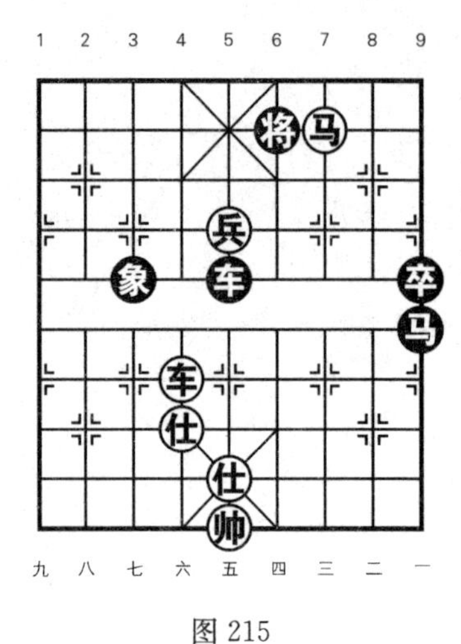

图215

着法(红先胜):

1. 车六平四　　将6平5
2. 兵五进一!　　象3退5

黑如改走车5退2,则马三退五,象3退5,车四平五,马9退7,仕五进四,捉死象,红胜定。

3. 马三退四　　将5退1
4. 马四进六　　将5进1
5. 马六退五

红得车胜定。

第216局 养兵千日

着法(红先胜):

1. 炮八进四　　象1退3
2. 车五进三　　将5平6
3. 车五进一　　将6进1
4. 兵四进一!　　将6进1
5. 车五平四

连将杀,红胜。

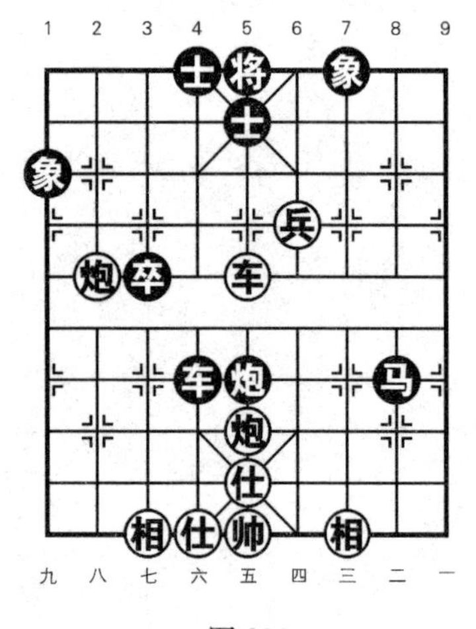

图216

第217局　立足不稳

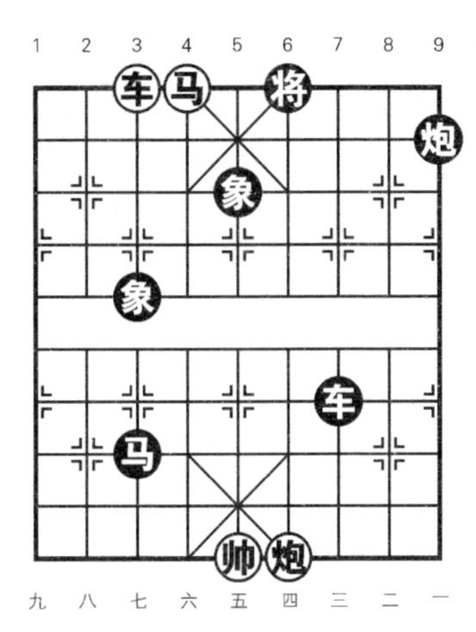

图217

着法(红先胜):

1. 马六退五　　将6进1

2. 马五退四　　车7平6

3. 车七平四!　　将6退1

4. 马四进三

连将杀,红胜。

第218局　长途疾驰

着法(红先胜):

1. 兵五平六　　将4平5

2. 兵六进一!　　将5平4

3. 马二退四　　将4平5

4. 马四退六　　将5平4

5. 马六进八　　将4平5

6. 马八进七　　将5平4

7. 车四退一　　将4退1

8. 炮八退一　　将4退1

9. 车四进二

连将杀,红胜。

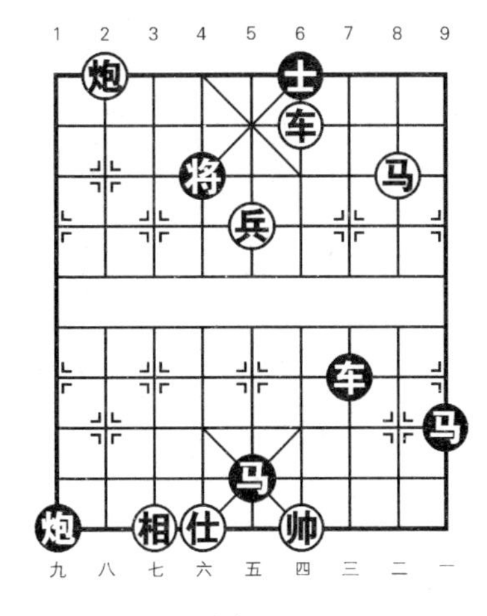

图218

第219局 双蛟出洞

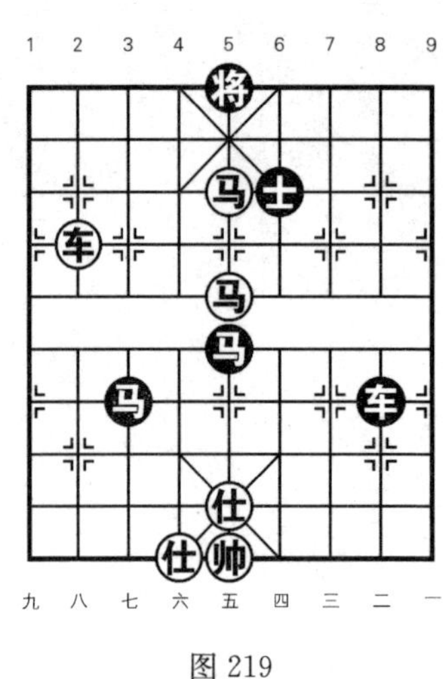

图219

着法(红先胜):

1. 后马进四 将5进1
2. 马四进三! 将5平4
3. 马五退七 将4退1
4. 车八进三

连将杀,红胜。

第220局 风雨不透

着法(红先胜):

1. 马八进六 将5平6
2. 炮五平四 炮6平8

黑如改走士5进6,则马二进一!炮6进3,马一退三杀,红胜。

3. 马二进四 炮8平6
4. 马四进二 炮6平7
5. 兵五平四 士5进6
6. 兵四进一

连将杀,红胜。

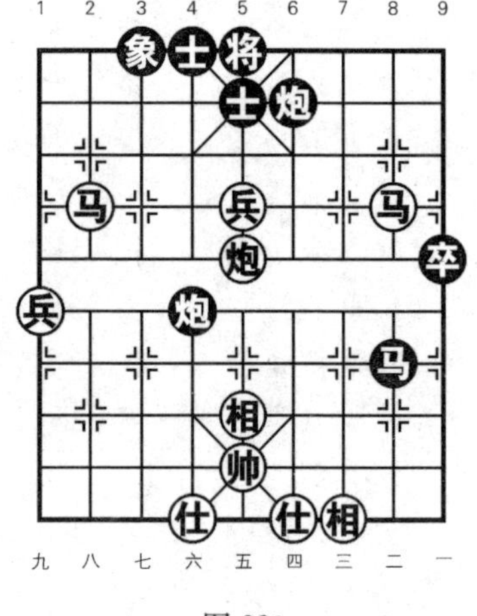

图220

第221局 怒发冲冠

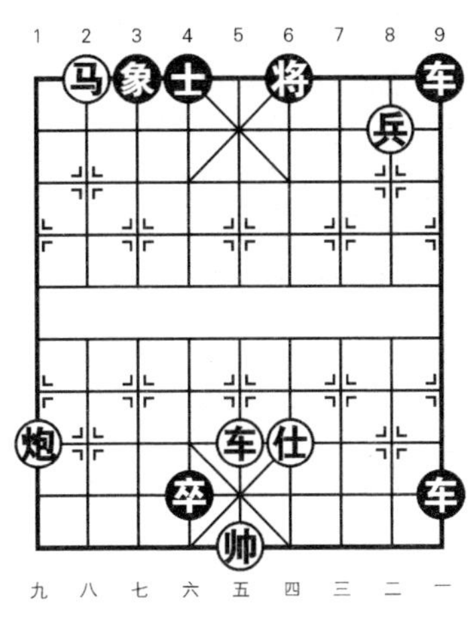

图221

着法(红先胜):

1. 车五进七　　将6进1
2. 兵二平三　　将6进1
3. 车五退二!　　象3进5
4. 马八退六　　士4进5
5. 炮九进五　　象5进3
6. 马六退八!　　象3退1
7. 马八退六

连将杀,红胜。

第222局 心不在焉

着法(红先胜):

1. 兵四进一!　　将5平6
2. 车六进七　　将6进1
3. 马四进三　　将6进1
4. 车六平四

连将杀,红胜。

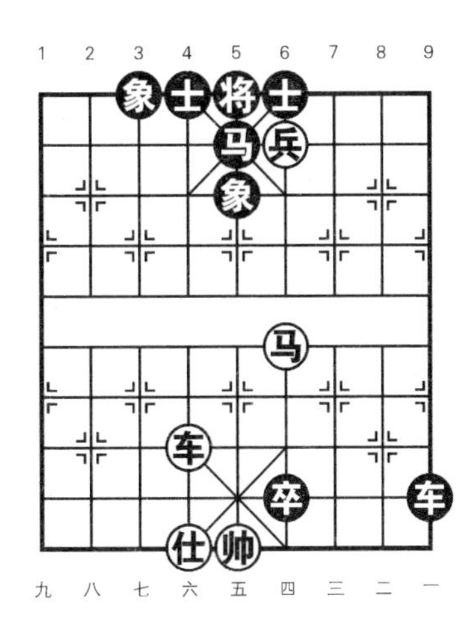

图222

第223局 痛彻心扉

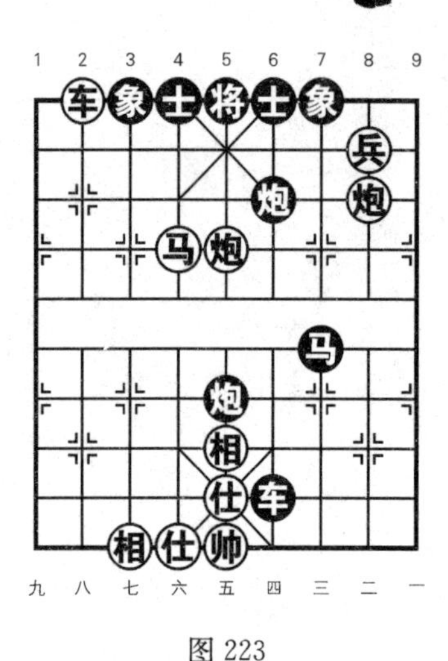

图223

着法(红先胜):

1. 马六进七　　将5进1
2. 马七退五!　 将5平4
3. 车八退一　　将4进1
4. 马五进四　　象3进5
5. 车八退一

连将杀,红胜。

第224局 单刀破枪

着法(红先胜):

1. 车六平五!　 将5平6
2. 车五进一　　将6进1
3. 炮八进六　　士4退5
4. 车五退一　　将6退1
5. 车五平四

连将杀,红胜。

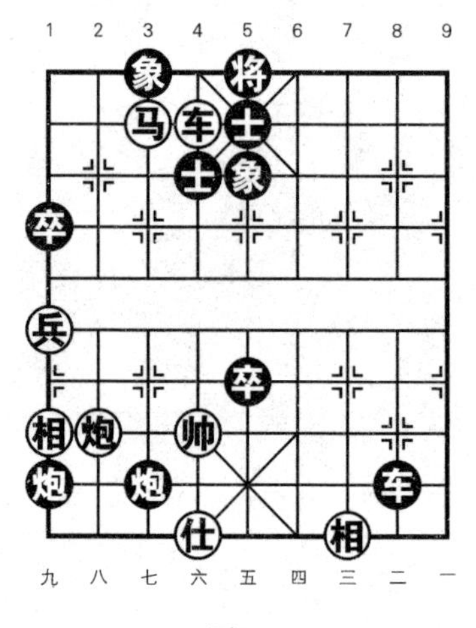

图224

第225局　不怒自威

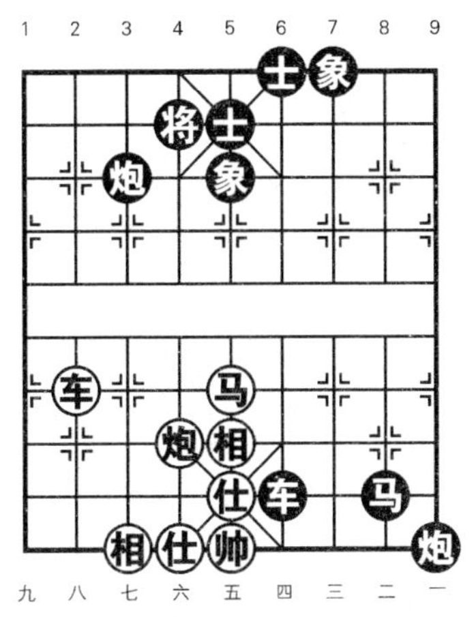

图 225

着法(红先胜)：

1. 马五进六　　炮 3 平 4

黑如改走士 5 进 4，则马六进四，士 4 退 5，车八平六，炮 3 平 4，车六进四，连将杀，红胜。

2. 马六进七　　炮 4 进 7
3. 车八进五　　将 4 进 1
4. 马七退六

连将杀，红胜。

第226局　化单为双

着法(红先胜)：

1. 车二进三　　象 5 退 7
2. 车二平三　　将 6 进 1
3. 马五进三　　炮 3 平 7
4. 车三退二　　车 6 退 2
5. 车三进一　　将 6 进 1
6. 马七进六！　将 6 平 5
7. 车三退一　　士 5 进 6
8. 车三平四！

绝杀，红胜。

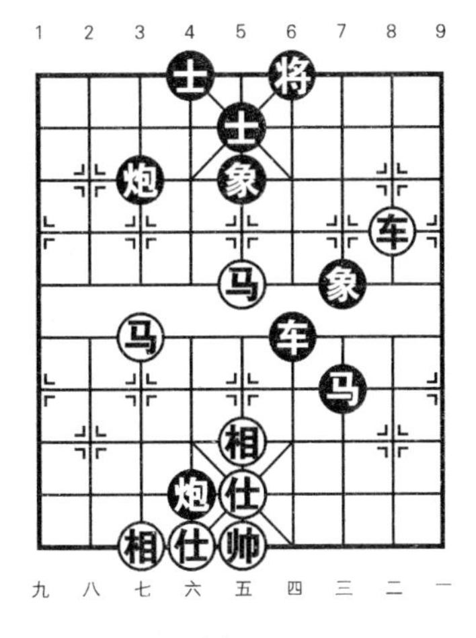

图 226

第227局　无功受禄

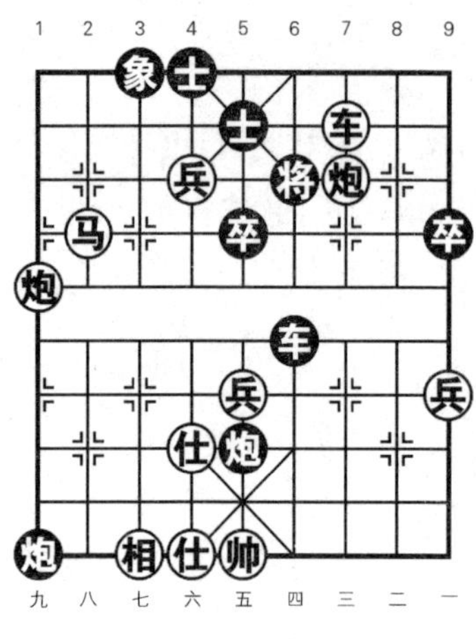

图227

着法(红先胜):

1. 炮九进二!　　象3进1
2. 兵六平五!　　将6平5
3. 马八退六　　将5平6
4. 马六退四

红得车胜定。

第228局　飞身而起

着法(红先胜):

1. 车七退一　　将5退1
2. 炮三进七　　士6进5
3. 车七进一　　士5退4
4. 车七平六　　将5进1
5. 后车进一

连将杀,红胜。

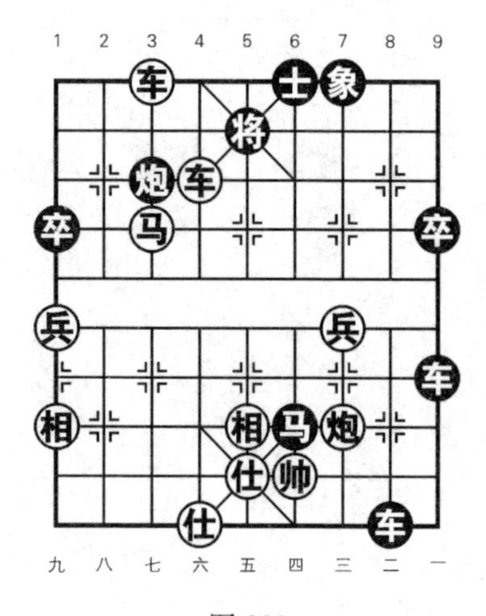

图228

第229局 称贺不绝

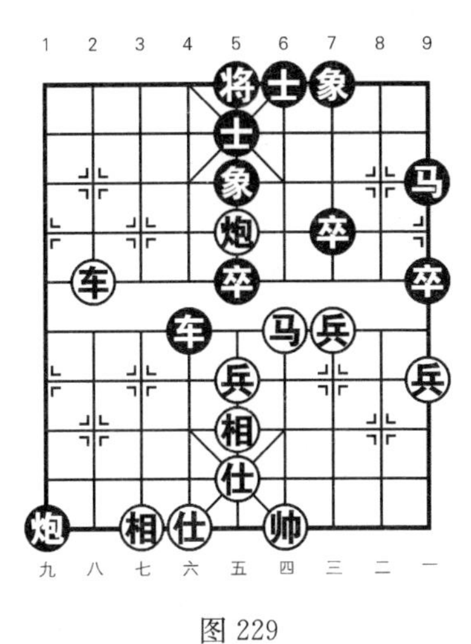

图229

着法(红先胜):

1. 马四进六　　将5平4

2. 马六进七　　将4进1

3. 车八进三　　将4进1

4. 炮五平八　　车4平2

5. 炮八进一　　车2退3

6. 车八退一

红得车胜定。

第230局 天涯海角

着法(红先胜):

1. 马四进六　　炮2平4

2. 相五退三　　将5平6

3. 车五进五

下一步车五进一杀,红胜。

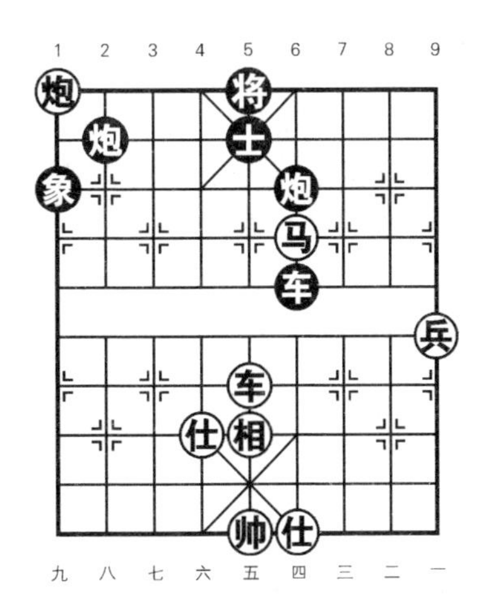

图230

第231局　鸡鸣犬吠

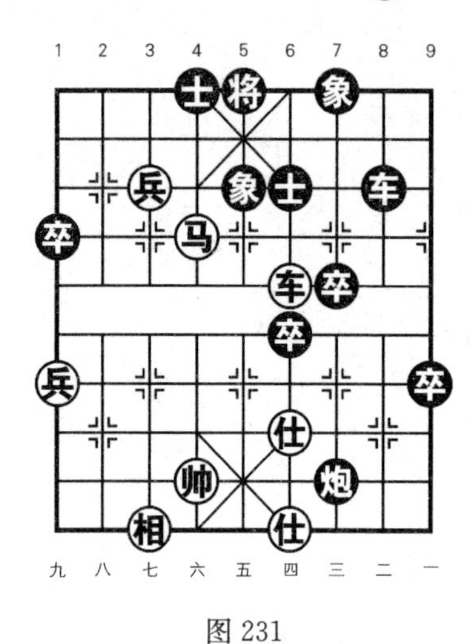

图231

着法(红先胜)：

1. 马六进四　　将5进1

黑如改走将5平6，则马四进三，将6平5，马三退二，红得车胜定。

2. 兵七平六　　象5进3
3. 兵六进一　　将5进1
4. 马四退三

捉车叫杀，红胜定。

第232局　马到成功

着法(红先胜)：

1. 车六进三　　将5进1
2. 车六退一　　将5退1
3. 马七进五

红伏有马五进四的杀着，黑如接走士6进5，则车六进一杀，红胜。

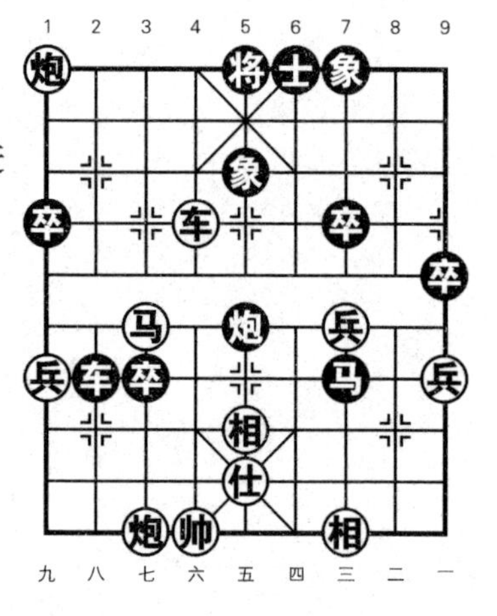

图232

第 233 局　先礼后兵

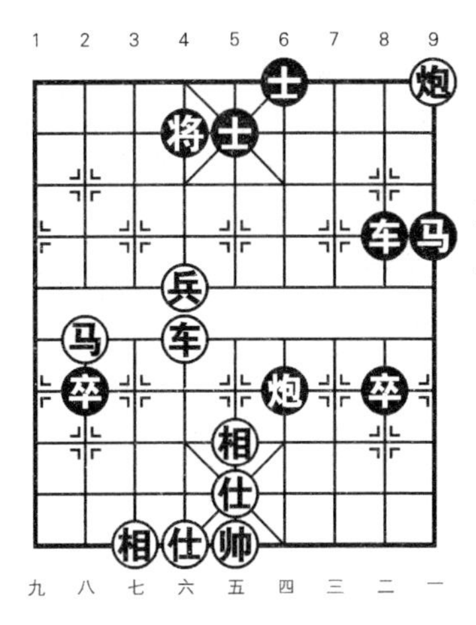

图 233

着法(红先胜):

1. 马八进七!　　车 8 平 3

黑如改走将 4 进 1,则兵六平七,车 8 平 4,车六进二,将 4 平 5,车六平五,将 5 平 4,车五进一,连将杀,红胜。

2. 兵六平七　　士 5 进 4

3. 兵七进一

红得车胜定。

第 234 局　笑语解颐

着法(红先胜):

1. 前车进三!　　将 4 进 1

2. 后车平六　　士 5 进 4

3. 车四退一　　将 4 退 1

4. 车六进二

连将杀,红胜。

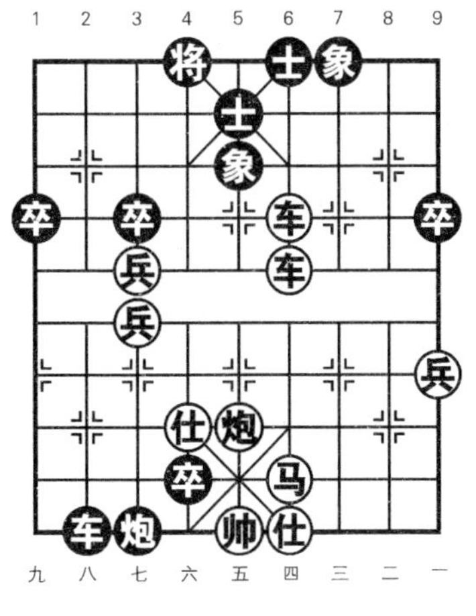

图 234

第 235 局 兵连祸深

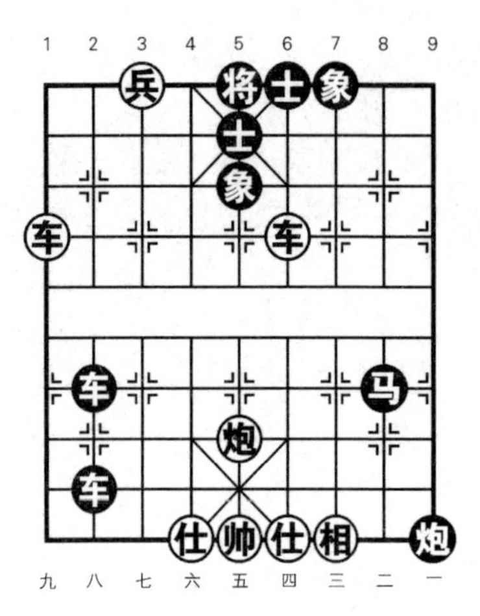

图 235

着法(红先胜):

1. 兵七平六! 将 5 平 4
2. 车四进三! 将 4 进 1
3. 车九平六 士 5 进 4
4. 车六进一 将 4 进 1
5. 车四平六

连将杀,红胜。

第 236 局 潢池弄兵

着法(红先胜):

1. 马一进二 将 6 退 1
2. 马二退三 将 6 进 1
3. 兵六平五! 士 4 进 5
4. 马三进二

连将杀,红胜。

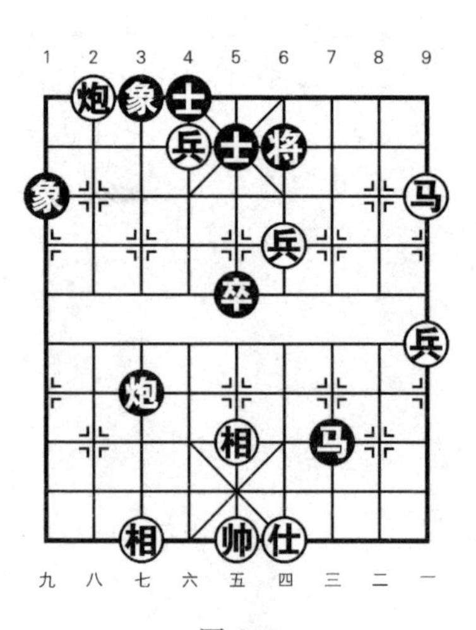

图 236

第 237 局　雅俗共赏

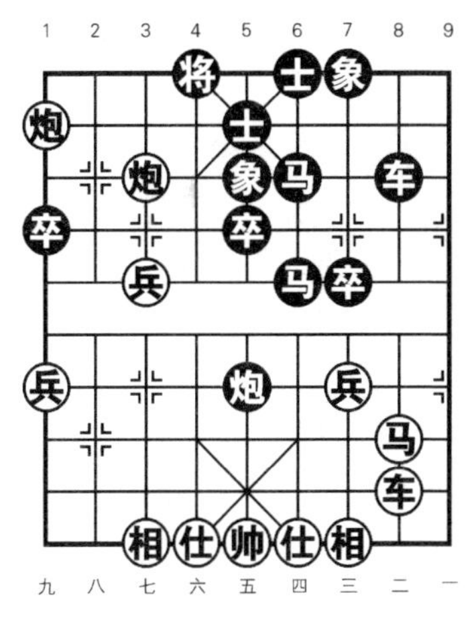

图 237

着法(红先胜):

1. 车二平六　　士 5 进 4

黑如改走将 4 平 5,则炮九进一,炮 5 平 2,车六平八,前马进 4,车八进二,马 4 进 2,炮七进二,绝杀,红胜。

2. 车六平八　　将 4 平 5

3. 炮九进一　　象 5 进 3

4. 车八进七!　　后马退 4

5. 车八平六

下一步炮七进二杀,红胜。

第 238 局　泰然自若

着法(红先胜):

1. 车九进一　　将 4 进 1

2. 仕五进六　　士 5 进 4

3. 车九退二　　士 6 进 5

黑如改走车 6 退 4,则车九平六,将 4 平 5,车六平五杀,红胜。

4. 车九进一　　将 4 退 1

5. 兵四平五

下一步车九平六杀,红胜。

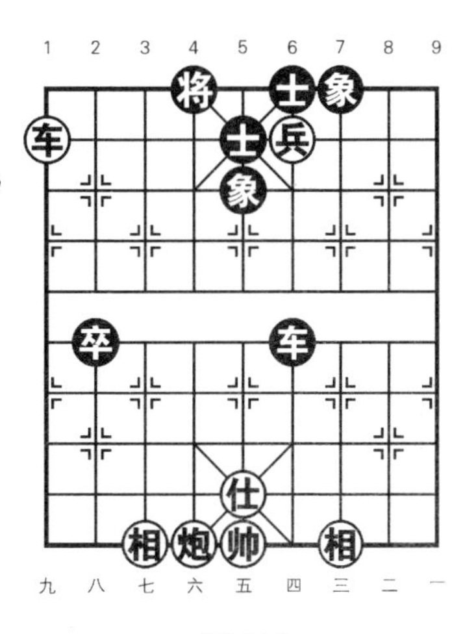

图 238

第 239 局　精雕细刻

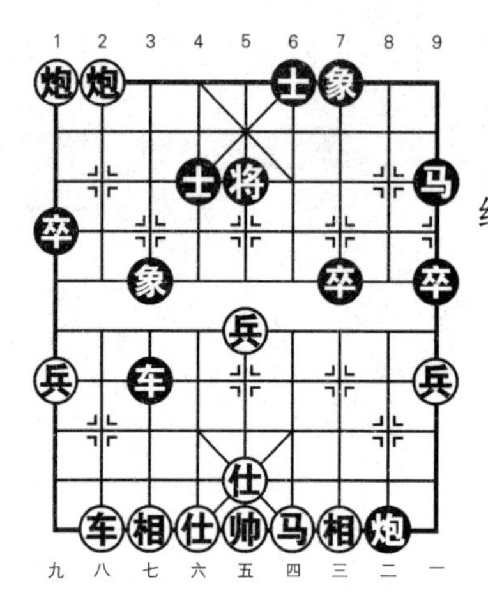

图 239

着法(红先胜):

1. 炮八退二　　将 5 退 1

黑如改走士 4 退 5,则炮九平七捉车叫杀,红胜定。

2. 炮八平七!　　象 3 退 1

3. 车八进八　　将 5 退 1

4. 炮七进二

绝杀,红胜。

第 240 局　弯弓射雕

着法(红先胜):

1. 车六平五　　将 5 平 6

2. 车五进一　　将 6 进 1

3. 兵四进一!　　将 6 进 1

4. 车五平四

连将杀,红胜。

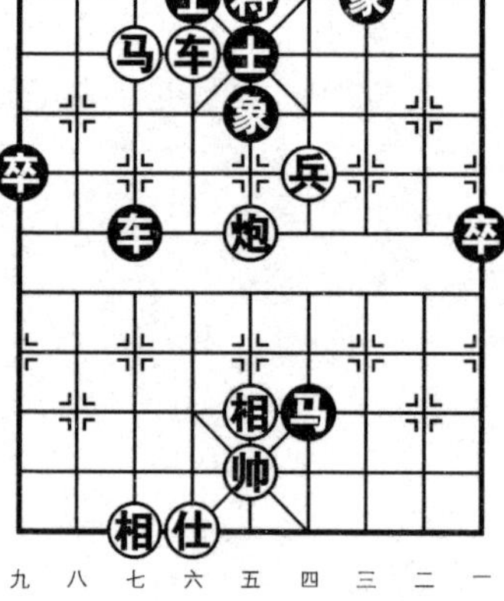

图 240

第 241 局　屡败屡战

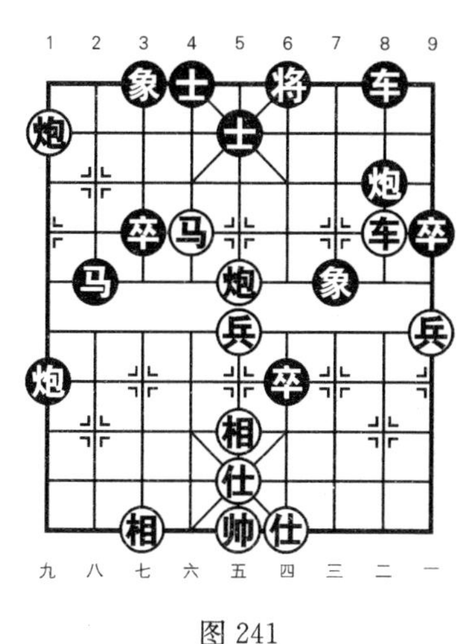

图 241

着法(红先胜)：

1. 车二平四　　炮 8 平 6
2. 车四进一！　士 5 进 6
3. 炮五平四　　将 6 平 5
4. 马六进七

连将杀，红胜。

第 242 局　悲欢离合

着法(红先胜)：

1. 炮九退一　　车 2 进 1

黑如改走士 4 进 5，则车五退一，将 6 进 1，车五平四，连将杀，红胜。

2. 马六退五　　将 6 进 1
3. 马五退三！　车 7 退 5
4. 车五退二

连将杀，红胜。

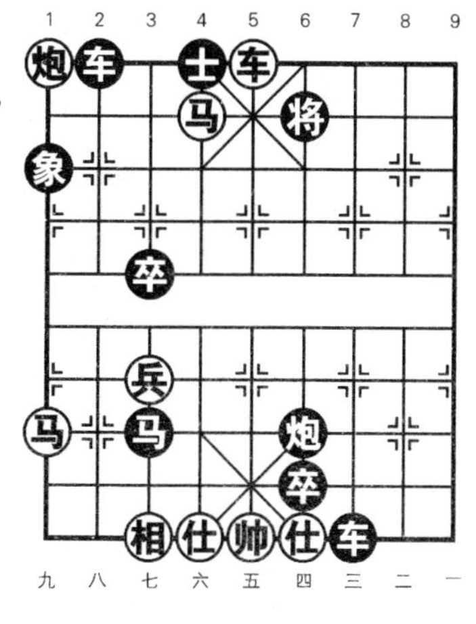

图 242

第243局　嫉恶如仇

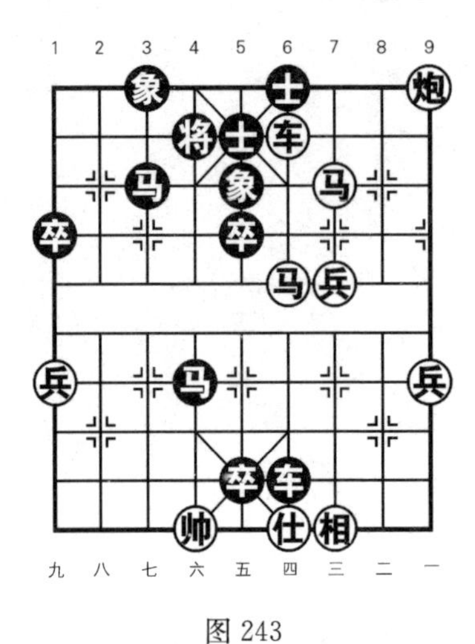

图243

着法(红先胜):

1. 马三进四　　将4进1
2. 炮一退二!　象5进3
3. 车四退一　　象3退5
4. 车四平五

连将杀,红胜。

第244局　大漠风沙

着法(红先胜):

1. 马四退六　　将5进1
2. 马六退四　　将5进1
3. 马四进三　　将5平4
4. 车四平六

连将杀,红胜。

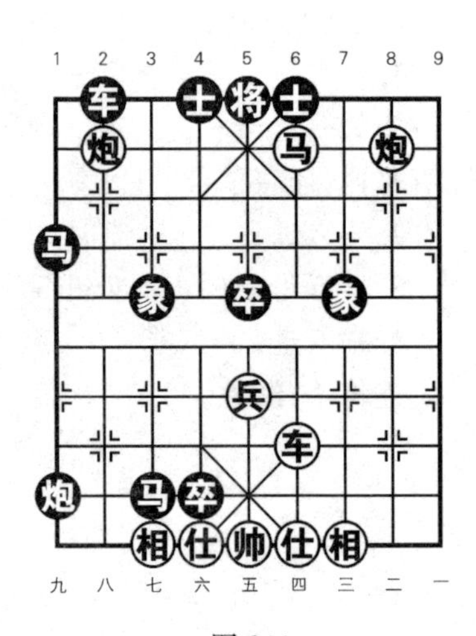

图244

第245局　夕阳西照

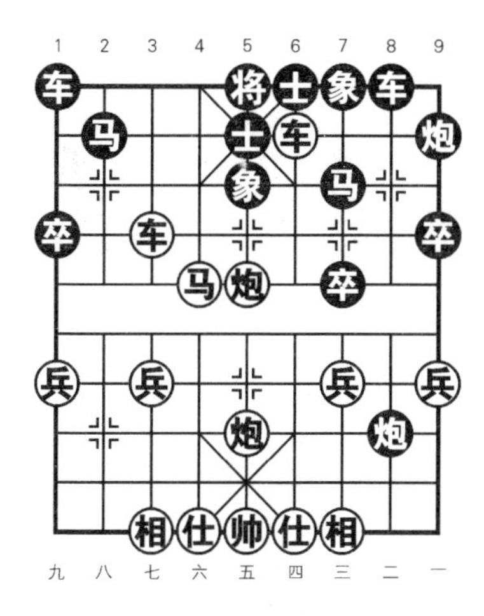

图245

着法(红先胜)：

1. 后炮进五　　将5平4
2. 车七平六　　马2进4
3. 车六进一！　士5进4
4. 马六进七

连将杀,红胜。

第246局　鸳鸯二炮

着法(红先胜)：

1. 炮七进七　　将5进1
2. 马七退八　　炮4进8
3. 炮七退一　　将5退1
4. 马八进六　　马2退4
5. 炮七进一　　士4进5
6. 炮八进一

连将杀,红胜。

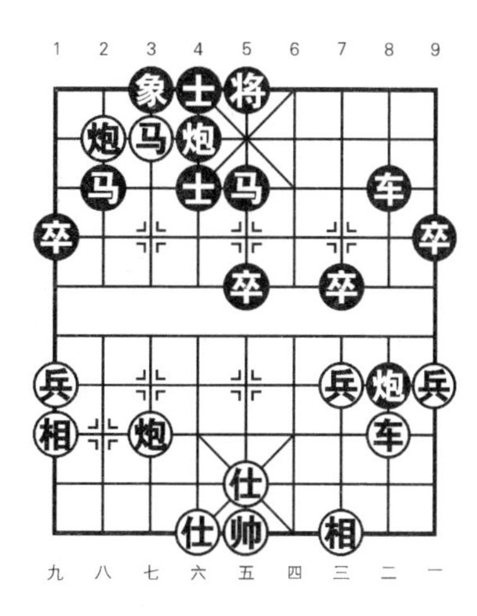

图246

第247局　湍流险滩

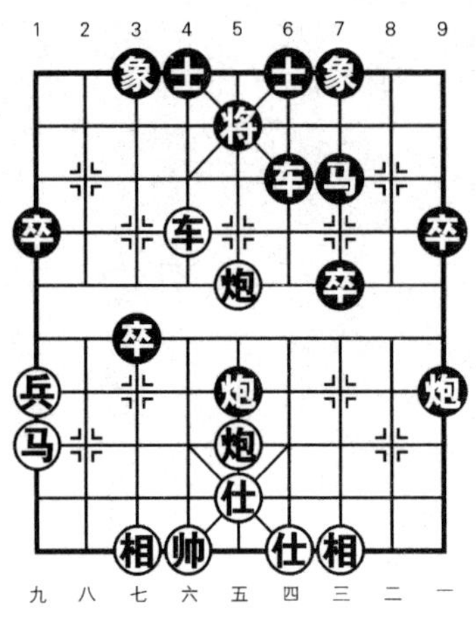

图 247

着法(红先胜)：

1. 车六进二　　将 5 退 1

黑如改走将 5 进 1，则车六退一，将 5 退 1，车六平四，红得车胜定。

2. 前炮进三！　卒 3 平 4

3. 车六退四　　象 7 进 5

4. 前炮退五　　士 6 进 5

5. 车六进五

绝杀，红胜。

第248局　锦囊妙计

着法(红先胜)：

1. 车八进六　　象 5 退 3

黑如改走士 5 退 4，则车二平六，士 6 进 5，炮七进一杀，红胜。

2. 车八平七　　士 5 退 4

3. 车二平六　　士 6 进 5

4. 车七平八　　将 5 平 6

黑如改走马 3 退 1，则炮七退四，红得车胜定。

5. 车六平五！　马 3 退 5

6. 车八平六

绝杀，红胜。

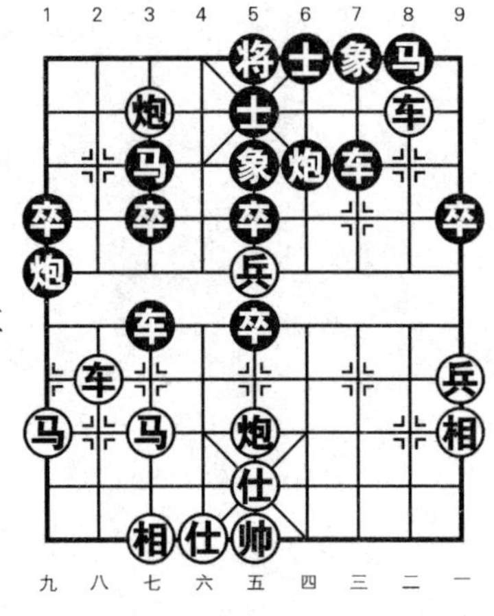

图 248

第 249 局　哀兵必胜

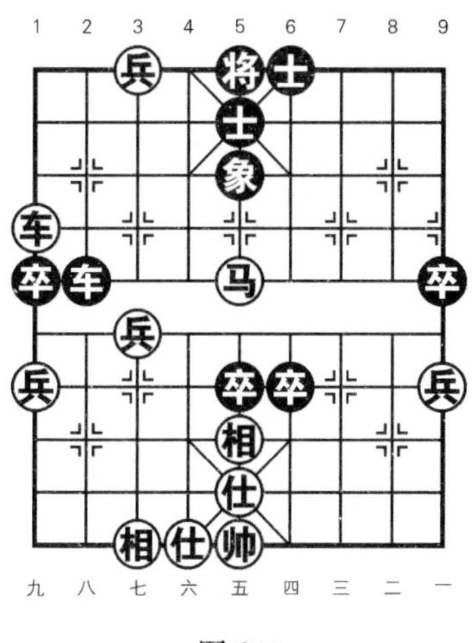

图 249

着法(红先胜):

1. 前兵平六!　　将 5 平 4

黑如改走士 5 退 4,则马五进六,将 5 进 1,车九进二,车 2 退 3,车九平八,连将杀,红胜。

2. 车九进三　　象 5 退 3

3. 车九平七　　将 4 进 1

4. 马五进七　　将 4 进 1

5. 车七退二　　将 4 退 1

6. 车七进一　　将 4 进 1

7. 车七平六

连将杀,红胜。

第 250 局　一马平川

着法(红先胜):

1. 马三进五!　　车 5 退 1

2. 炮七进七!　　象 1 退 3

3. 马五进七

绝杀,红胜。

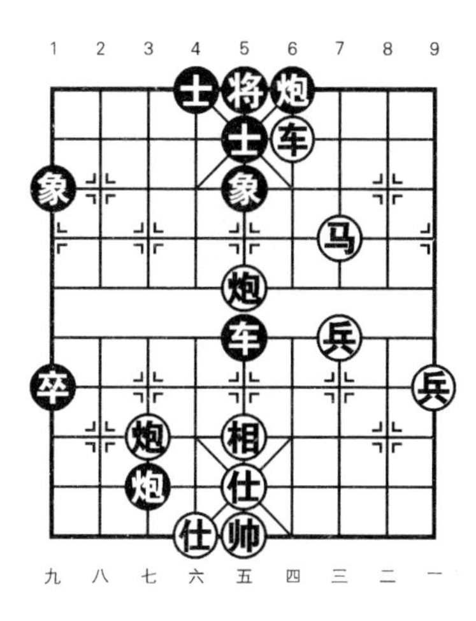

图 250

第251局 威震四方

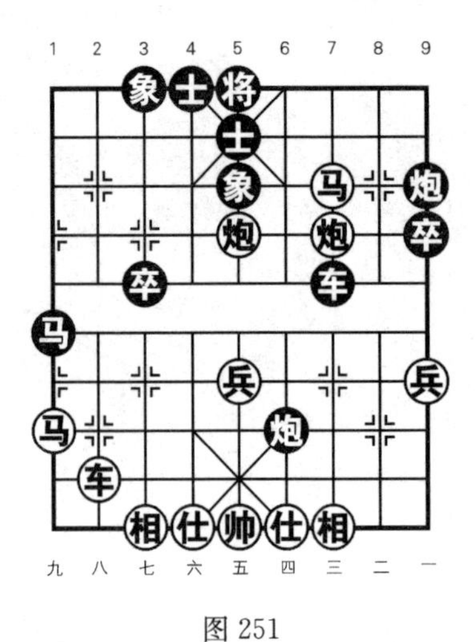

图251

着法(红先胜):

1. 车八平二　　炮6退7
2. 车二进八　　车7平6
3. 马三进四　　车6退4
4. 炮三进三　　车6进3
5. 炮三平六　　车6退3
6. 炮六平四

红胜定。

第252局 老马识途

着法(红先胜):

1. 马七退八　　将4平5
2. 兵五进一!　　将5进1
3. 车一平五　　将5平4
4. 马八进七　　将4退1
5. 车五平六

连将杀,红胜。

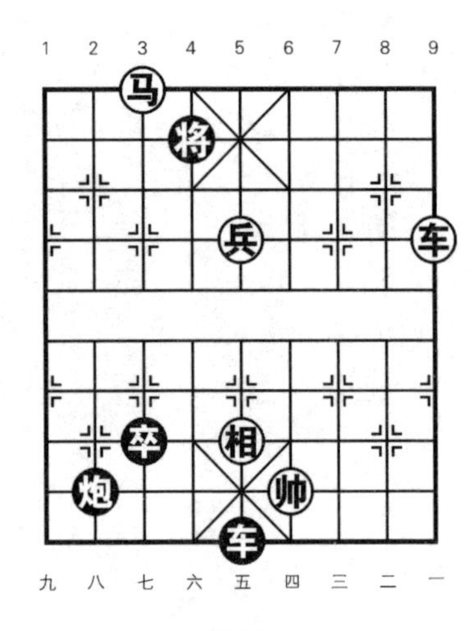

图252

第253局　乌焉成马

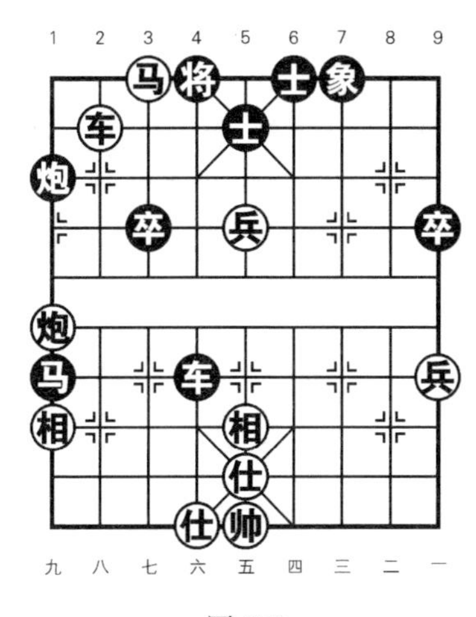

图253

着法(红先胜):

1. 车八进一　　炮1平3

黑如改走将4进1,则马七退八,将4进1,车八退一,下一步车八平六杀,红胜。

2. 炮九进五　　炮3退1
3. 车八退一　　将4进1
4. 车八平七　　将4进1
5. 车七平五

绝杀,红胜。

第254局　风雪惊变

着法(红先胜):

1. 前车进一!　　将6进1
2. 炮四平二　　士5进6
3. 炮二进二　　将6退1
4. 车四进四　　车2平6
5. 车四进一　　将6平5
6. 车四退二

连将杀,红胜。

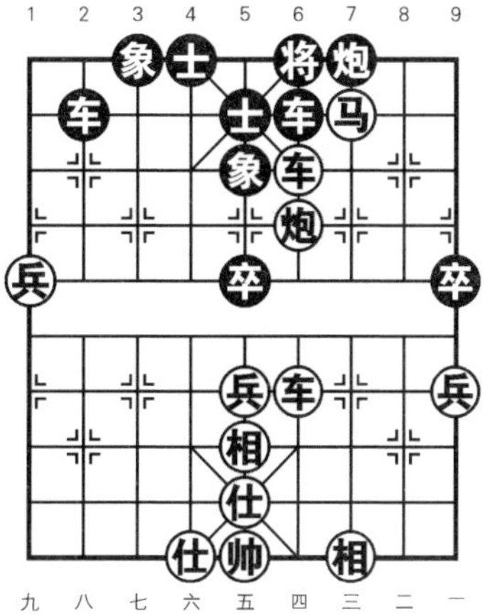

图254

第 255 局　密密层层

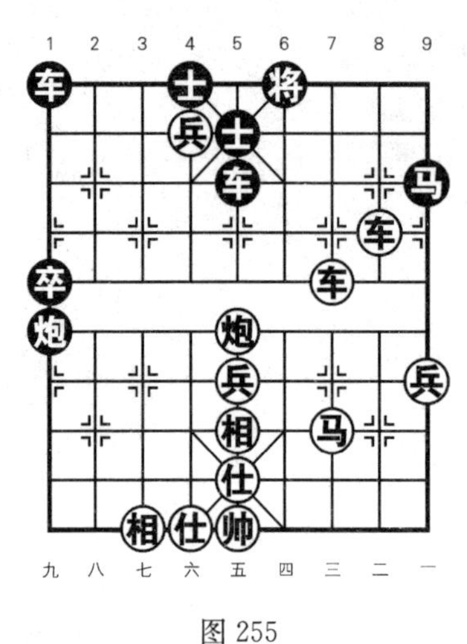

图 255

着法(红先胜):

1. 车三进四　　将 6 进 1
2. 车二进二　　马 9 退 7
3. 车三退一　　将 6 退 1
4. 车三进一

连将杀,红胜。

第 256 局　悬崖勒马

着法(红先胜):

1. 马八进九　　士 6 进 5
2. 马九进七　　士 5 退 4
3. 马七退六　　将 5 进 1
4. 车七进四

绝杀,红胜。

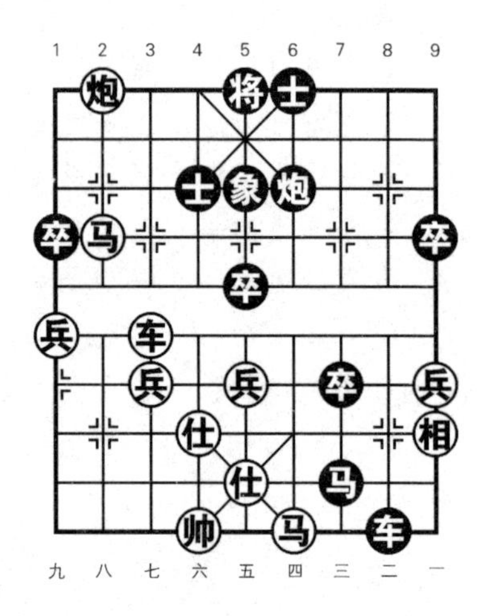

图 256

第257局 闯关万里

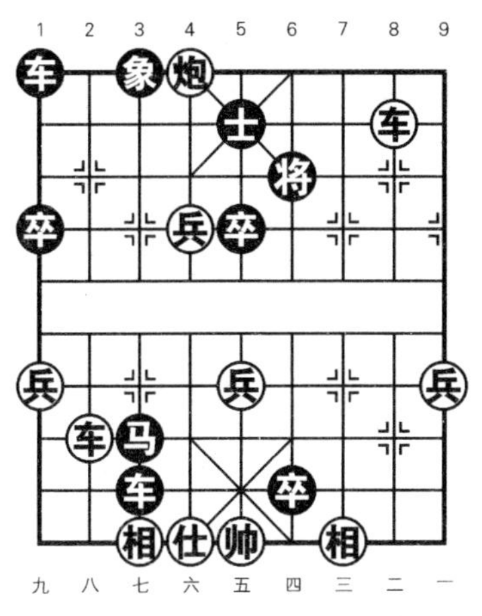

图 257

着法(红先胜):

1. 车八进五　　象3进5

黑如改走士5进4,则车八平六,象3进5,车二退一,将6退1,车六进一,将6退1,车二进二,象5进7,车二平三,连将杀,红胜。

2. 车八平五!　　将6平5
3. 兵六平五　　将5平6

黑如改走将5平4,则车二平五,双叫杀,红胜定。

4. 前兵平四　　将6平5
5. 车二退一　　士5进6
6. 兵四进一　　将5平4
7. 兵四平五　　将4退1
8. 车二进一　　将4退1
9. 前兵进一

下一步车二进一杀,红胜。

第258局 天下无敌

着法(红先胜):

1. 前车进三!　　士5退4
2. 车六进四　　将5进1
3. 马五进三　　将5平6
4. 车六平四

连将杀,红胜。

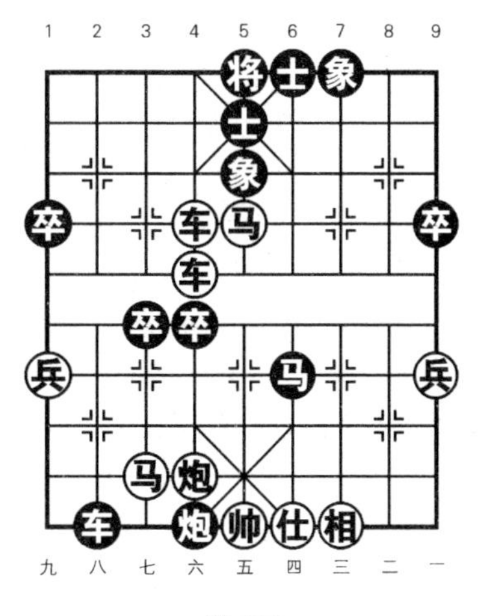

图 258

第259局 蛛丝马迹

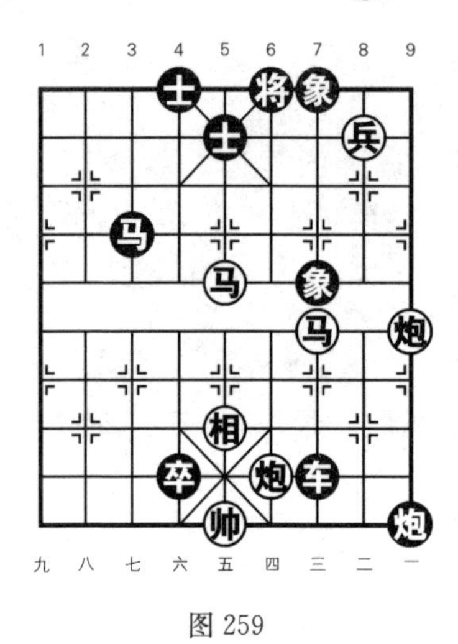

图259

着法(红先胜):

1. 炮一进五　　象7进5
2. 马五进四!　　车7平6
3. 马四进三　　将6进1
4. 前马退二　　将6进1
5. 炮一退二!　　象7退9
6. 马三进二

连将杀,红胜。

第260局 指鹿为马

着法(红先胜):

1. 马六进五　　将6进1

黑另有以下两种着法:

(1)士4进5,车一进二,将6进1,马五退三,将6进1,车一退二,连将杀,红胜。

(2)将6平5,马五进七,将5进1,车一进一,连将杀,红胜。

2. 车一进一　　将6进1
3. 马五进六

下一步车一平四杀,红胜。

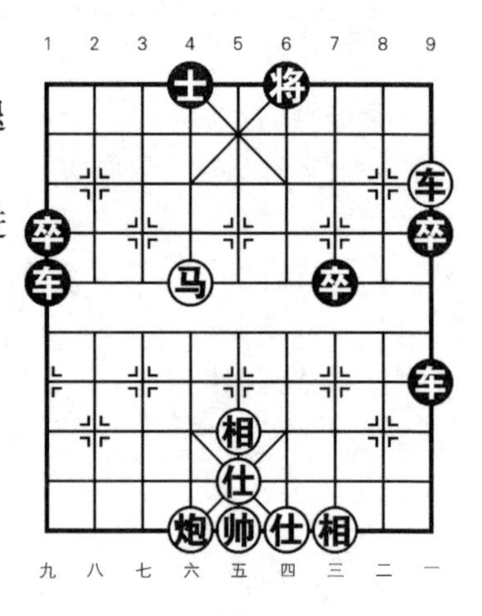

图260

第 261 局　撒豆成兵

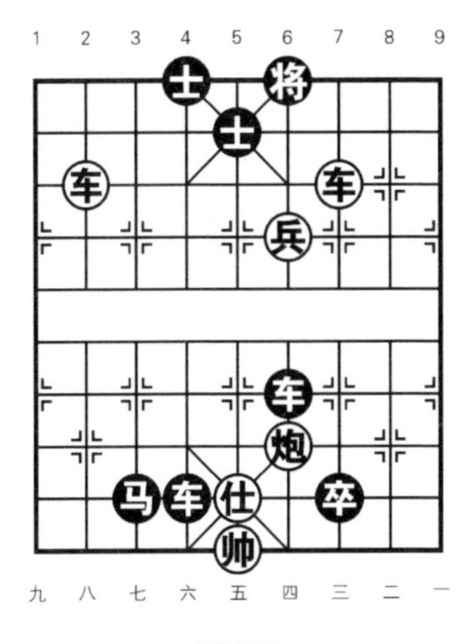

图 261

着法(红先胜):

1. 车三进二　　将 6 进 1
2. 兵四进一!　　士 5 进 6
3. 车八平四　　将 6 平 5
4. 车三退一!　　将 5 退 1
5. 车四平五　　士 4 进 5
6. 车五进一　　将 5 平 4
7. 车三进一　　车 6 退 6
8. 车三平四

连将杀,红胜。

第 262 局　龙马精神

着法(红先胜):

1. 马三退五　　士 5 进 6
2. 车七进二　　将 4 进 1
3. 马五进四

下一步车七退一或车七平六杀,红胜。

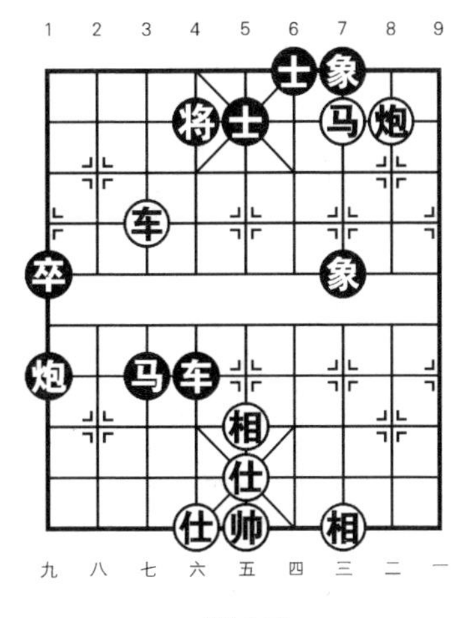

图 262

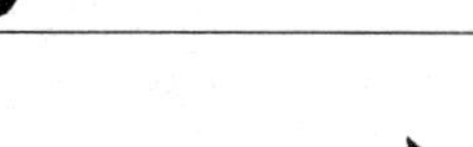

第263局　人困马乏

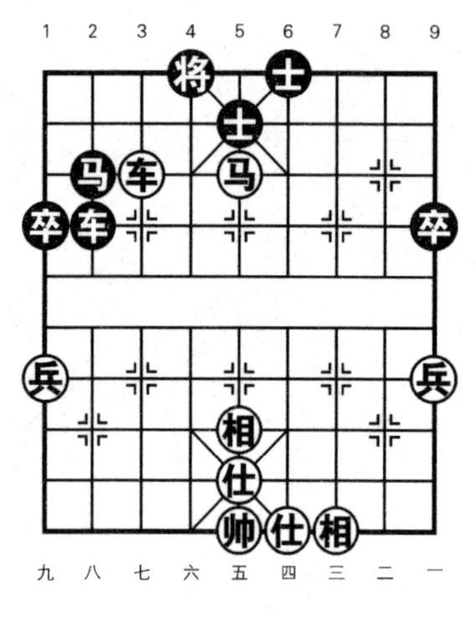

图263

着法(红先胜)：

1. 车七平六　　马2退4
2. 帅五平六　　车2退2
3. 车六平七　　车2退1
4. 车七进一　　将4平5
5. 马五进三　　将5平4
6. 车七平六

绝杀，红胜。

第264局　牛头马面

着法(红先胜)：

1. 炮三平四　　炮6平3
2. 马二进四　　炮7平6
3. 马四进三

叫将抽车，红胜定。

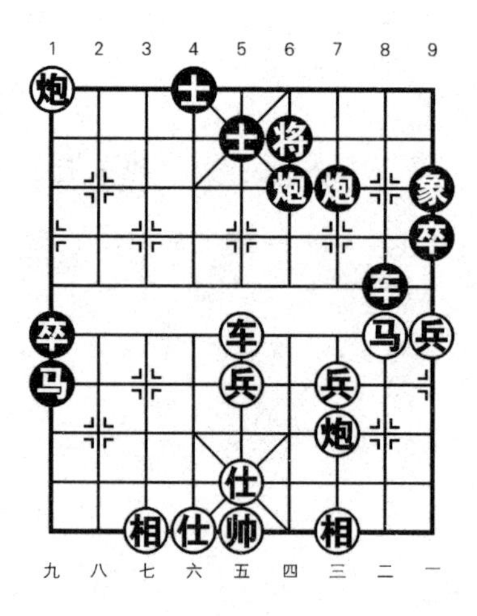

图264

第265局 坚韧不拔

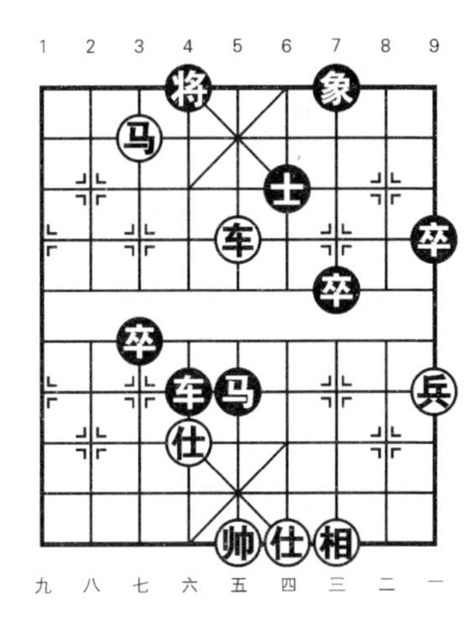

图265

着法(红先胜):

1. 车五进三　　将4进1
2. 马七退九　　士6退5
3. 马九退七　　将4进1
4. 车五退一

下一步车五平六杀,红胜。

第266局 霜浓风寒

着法(红先胜):

1. 炮二进一!　　将5进1

黑如改走士6进5,则马三进四!将5平6,炮二退三,将6进1,炮二平四,连将杀,红胜。

2. 车一退一　　将5进1
3. 马三进四　　将5平4
4. 车一平六

连将杀,红胜。

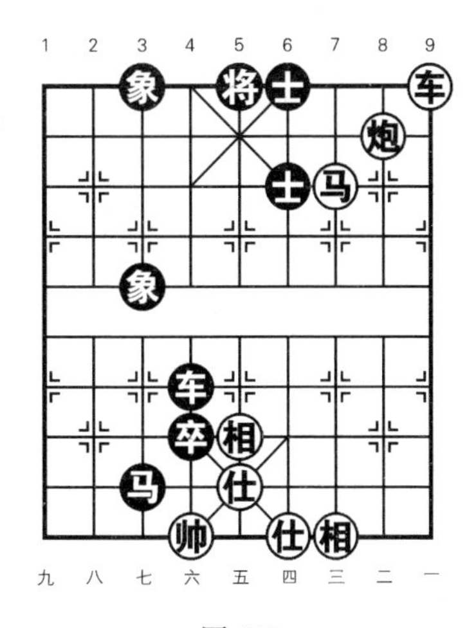

图266

第267局　寻花觅柳

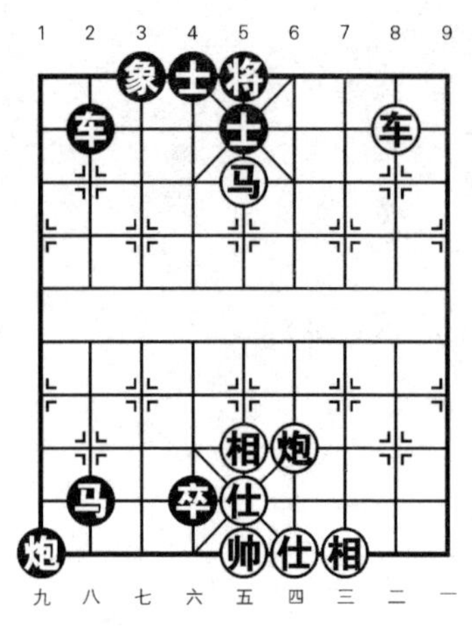

图267

着法(红先胜):

1. 马五进三　　将5平6

2. 马三退四　　士5进6

黑如改走将6平5,则车二进一,士5退6,车二平四,连将杀,红胜。

3. 马四进六　　士6退5

4. 车二进一

连将杀,红胜。

第268局　厉兵秣马

着法(红先胜):

1. 炮九退一　　将5退1

2. 兵六进一　　士6进5

3. 炮九进一

下一步有马八进六、兵六进一等杀着,红胜。

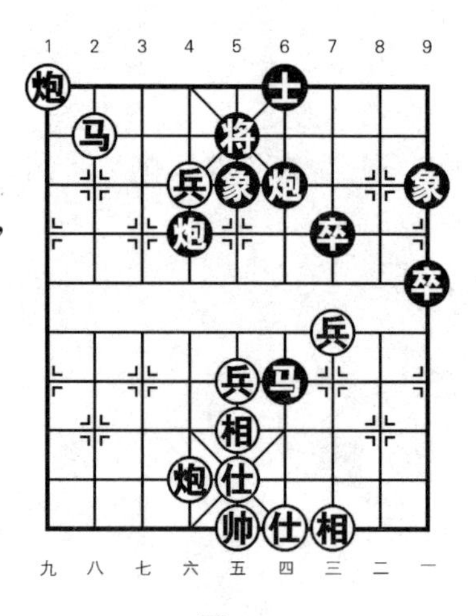

图268

第 269 局 励精图治

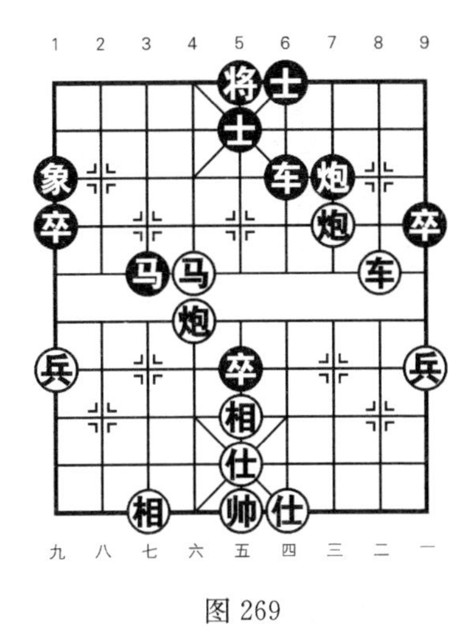

图 269

着法(红先胜):

1. 炮三平五　　士 5 进 4
2. 炮六平五　　将 5 平 4
3. 马六进七　　将 4 进 1
4. 前炮平六　　将 4 平 5
5. 车二平五　　车 6 平 5
6. 马七进六　　将 5 退 1
7. 马六退五

红得车胜定。

第 270 局 一苇渡江

着法(红先胜):

1. 马一进三　　将 5 平 6
2. 炮一平四　　车 9 平 6
3. 兵四进一!　将 6 平 5
4. 兵四进一!

连将杀,红胜。

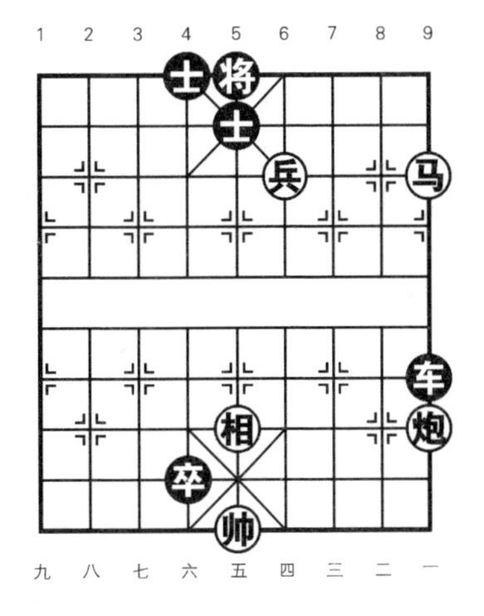

图 270

第 271 局　权衡利弊

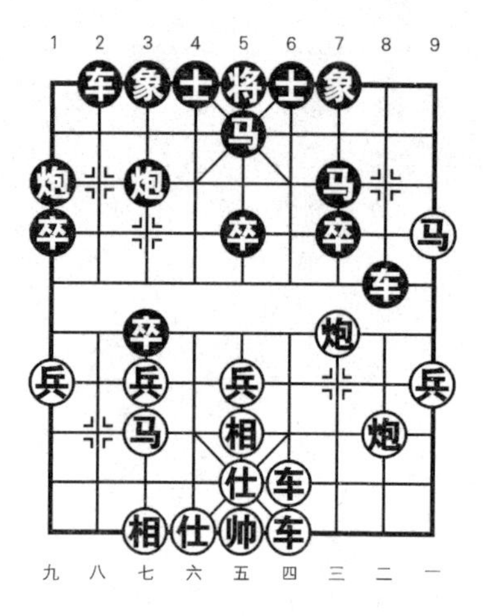

图 271

着法(红先胜)：

1. 炮三进三　　马 5 进 7
2. 马一进三　　炮 1 平 7
3. 前车进八　　将 5 进 1
4. 后车进八　　将 5 进 1
5. 前车平五　　将 5 平 4
6. 车五平六　　将 4 平 5
7. 车六平五　　将 5 平 4
8. 车四平五

下一步前车平六杀，红胜。

第 272 局　见风是雨

着法(红先胜)：

1. 马六退四　　将 5 进 1
2. 车四平五　　士 4 退 5
3. 车五退一　　将 5 平 4
4. 车五退三

连将杀，红胜。

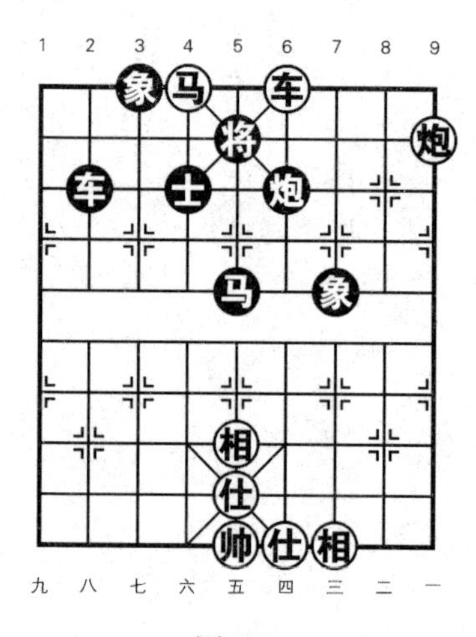

图 272

第273局 耀武扬威

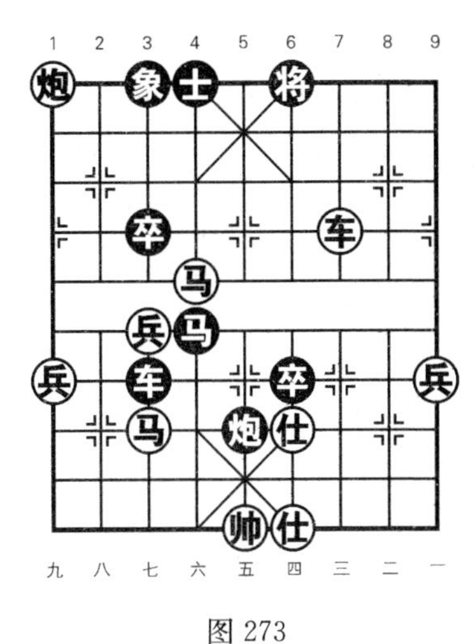

图273

着法(红先胜):

1. 马六进五　　将6进1
2. 马五进六　　将6平5
3. 马六退七　　将5平6
4. 车三平四

连将杀,红胜。

第274局 痛改前非

着法(红先胜):

1. 车八平五!　将5进1
2. 车六进六　　将5退1
3. 车六进一　　将5进1
4. 车六退一

连将杀,红胜。

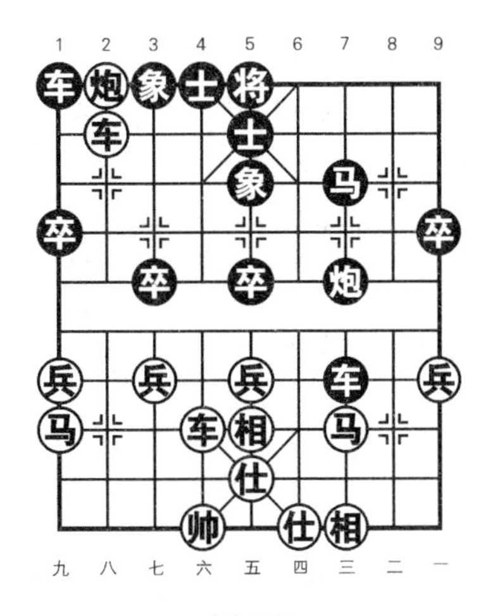

图274

第 275 局　万马奔腾

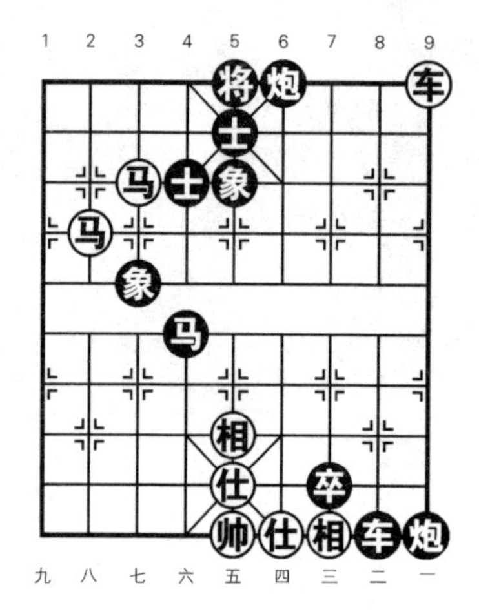

图 275

着法(红先胜)：

1. 马八进七　　将 5 平 4

2. 前马退五　　将 4 进 1

3. 马七进八　　炮 6 平 3

黑如改走将 4 退 1，则车一平四杀，红胜。

4. 车一平七

下一步车七平五杀，红胜。

第 276 局　千军万马

着法(红先胜)：

1. 车四平五！　马 7 退 5

2. 车八平六！　车 4 退 3

3. 马五进四　　将 5 平 6

4. 炮七平四

连将杀，红胜。

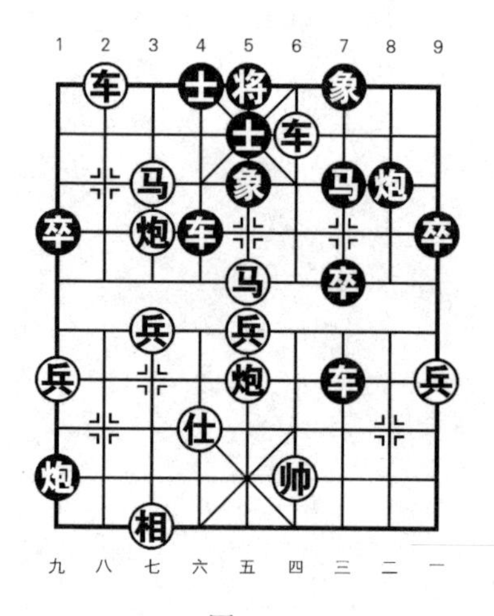

图 276

第277局 思潮起伏

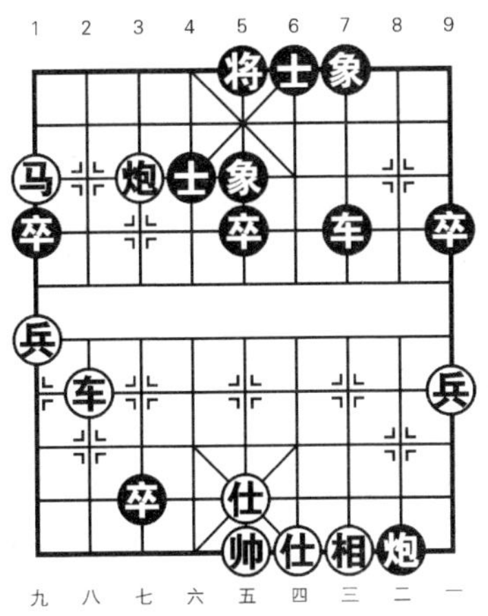

图277

着法(红先胜):

1. 马九进七　　将5平4

黑如改走将5进1,则炮七平九,将5平4,炮九进一,将4退1,车八进六,象5退3,车八平七,绝杀,红胜。

2. 车八进六　　象5退3
3. 车八平七　　将4进1
4. 炮七平九　　士4退5
5. 车七平八　　炮8退7
6. 炮九进一　　将4进1
7. 车八退三

下一步车八平六杀,红胜。

第278局 侠义心肠

着法(红先胜):

1. 马五进六　　将6平5
2. 车八退一　　将5退1
3. 马六退五　　士6进5
4. 车八平五　　将5平6
5. 车五进一　　将6进1
6. 车五平四

连将杀,红胜。

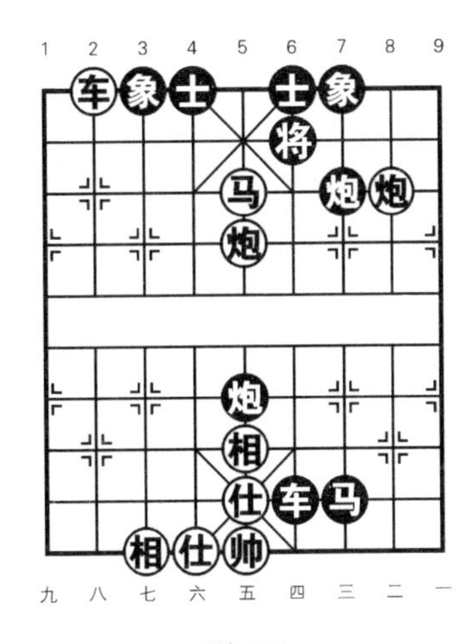

图278

第279局　千钧巨岩

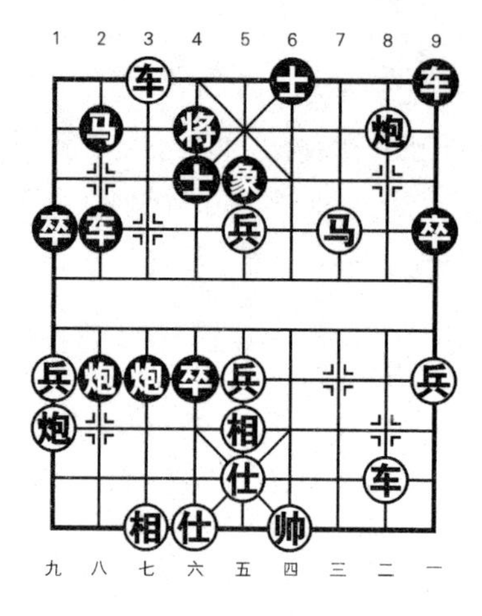

图279

着法(红先胜):

1. 车七退一　　将4退1
2. 马三进五　　将4平5

黑如改走士6进5,则车七进一杀,红胜。

3. 马五进三　　将5平4
4. 车七平六

连将杀,红胜。

第280局　袖手旁观

着法(红先胜):

1. 车七进二　　士5退4
2. 马四进六!　　将5进1
3. 车七退一　　将5退1
4. 马六退七　　象7进5
5. 车七平八　　象5退3
6. 车八进一　　士6进5
7. 车八平七　　士5退4
8. 车七平六

绝杀,红胜。

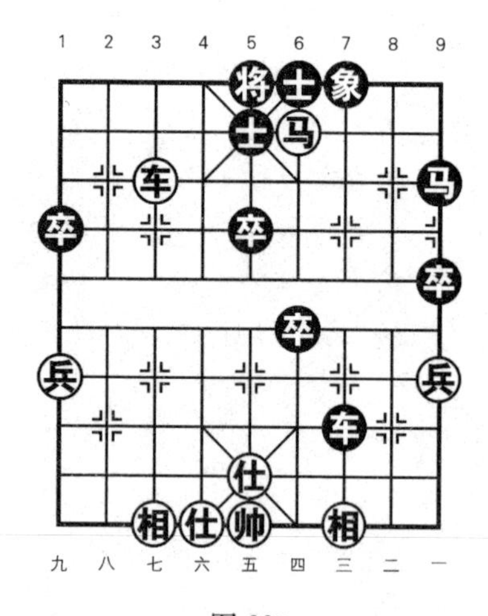

图280

第281局 万弩齐发

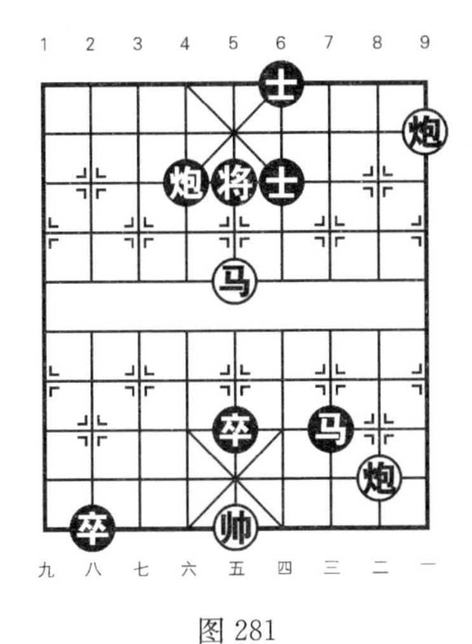

图281

着法(红先胜):

1. 马五进三　　将5退1
2. 马三进四!　将5退1
3. 炮二进八　　士6进5
4. 炮一进一

连将杀,红胜。

第282局 作恶多端

着法(红先胜):

1. 车六进四　　将5退1
2. 车六进一　　将5进1
3. 马二进四　　将5平6
4. 炮五平四

连将杀,红胜。

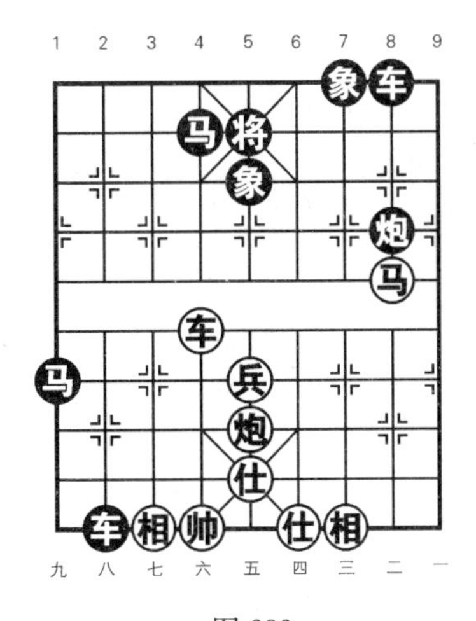

图282

第 283 局　怪石嵯峨

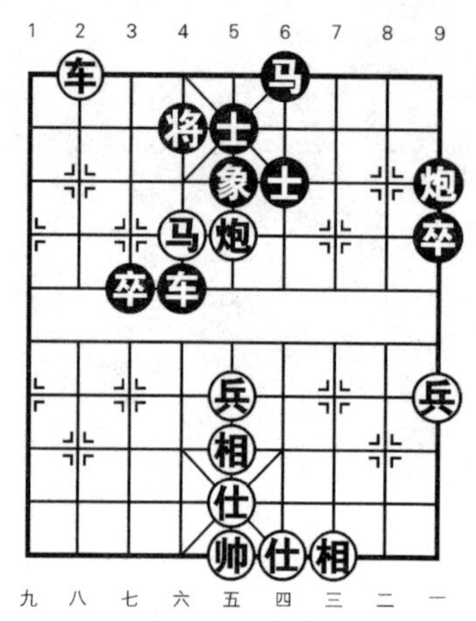

图 283

着法(红先胜):

1. 马六进八　　将 4 进 1
2. 炮五平九　　象 5 退 3
3. 马八进七　　将 4 平 5

黑如改走将 4 退 1,则车八退一,将 4 退 1,炮九进三杀,红胜。

4. 车八退五　　车 4 平 5
5. 车八进三　　士 5 进 4
6. 车八平六

绝杀,红胜。

第 284 局　愕然相顾

着法(红先胜):

1. 车八进八!　　炮 8 平 3
2. 车八平七　　炮 3 平 4
3. 马六进七　　炮 4 退 4
4. 车七平六

绝杀,红胜。

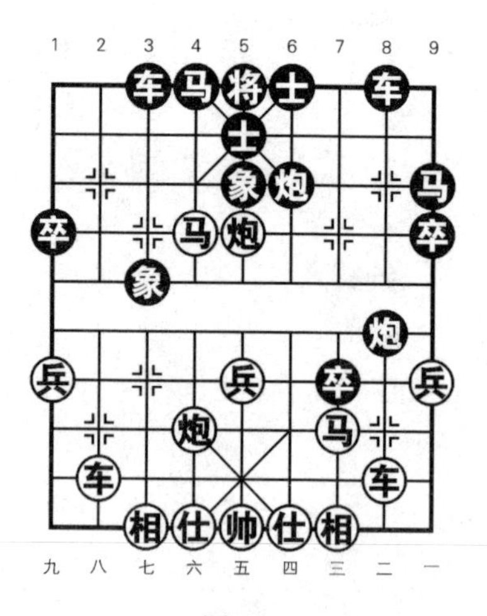

图 284

第285局 心绪不宁

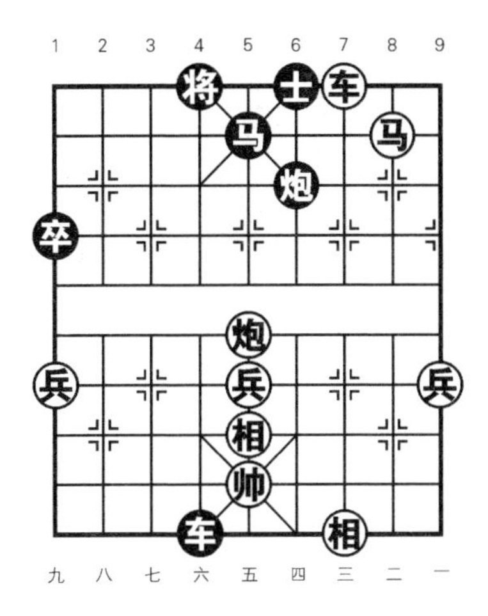

图285

着法(红先胜):

1. 车三平四　　将4进1
2. 马二退四　　将4进1
3. 车四平六　　将4平5
4. 马四退五

连将杀,红胜。

第286局 初逢敌手

着法(红先胜):

1. 车二平六　　士5进4
2. 车六进一!　将4平5
3. 车六进一!　将5退1
4. 车六平四　　将5平4
5. 车四进一　　将4进1
6. 马七退六

连将杀,红胜。

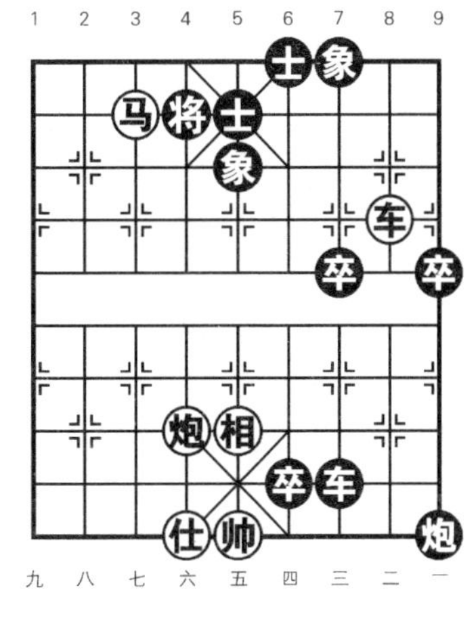

图286

第 287 局　暴跳如雷

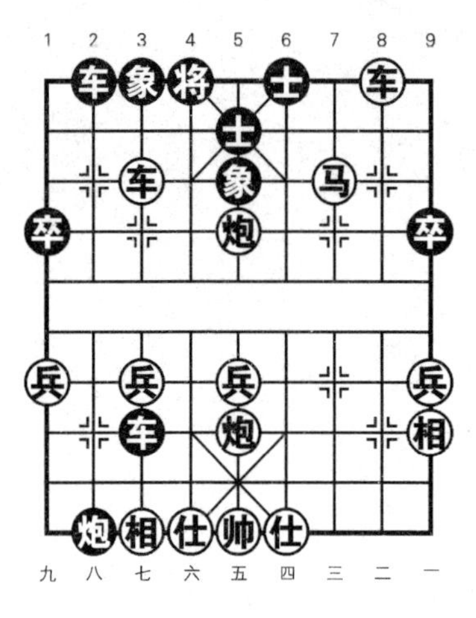
图 287

着法(红先胜)：

1. 车二平四！　将 4 进 1
2. 车七进一　将 4 进 1
3. 车四平六！　士 5 退 4
4. 车七退一　将 4 退 1
5. 马三进四

连将杀，红胜。

第 288 局　一见如故

着法(红先胜)：

1. 车七进六　士 5 退 4
2. 兵六进一　将 5 平 6
3. 兵六平五

下一步车七平六杀，红胜。

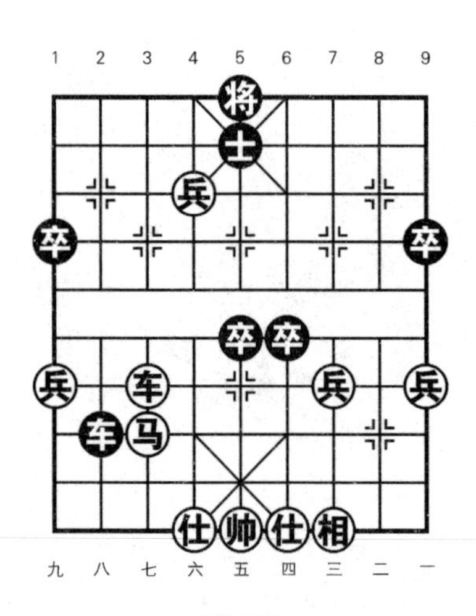
图 288

第289局　飘然而去

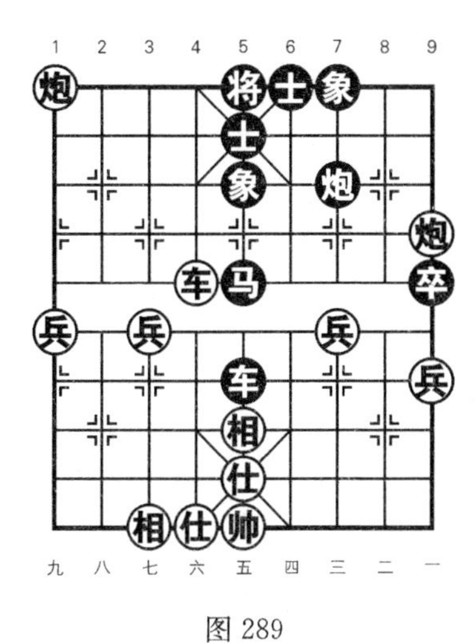

图289

着法(红先胜)：

1. 炮一平八　　士5进4
2. 炮八平五　　士6进5
3. 炮五退三

红得车胜定。

第290局　万马齐喑

着法(红先胜)：

1. 车四进一　　将5进1
2. 马六进七　　马3退4
3. 马三退四　　将5进1
4. 马七进六

连将杀，红胜。

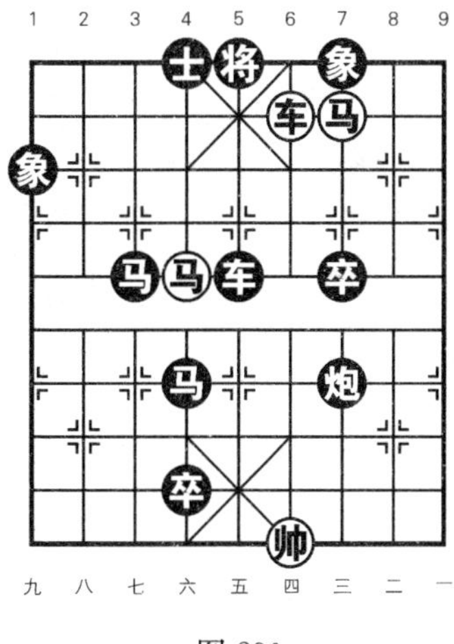

图290

第 291 局　惊慌失措

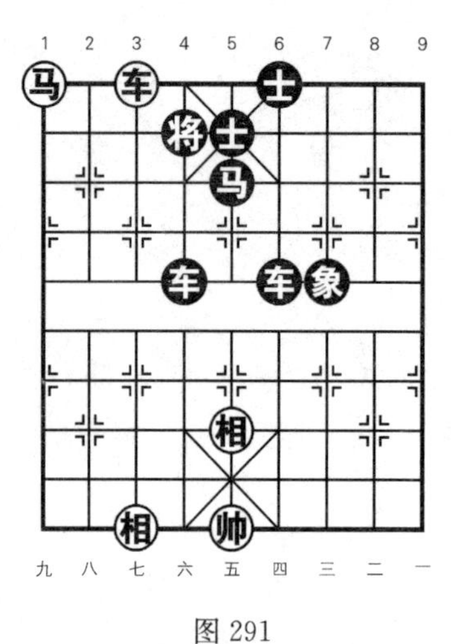

图 291

着法(红先胜)：

1. 马九退八　　将 4 进 1
2. 车七退二　　将 4 退 1
3. 车七进一　　将 4 进 1
4. 车七平六

连将杀,红胜。

第 292 局　将信将疑

着法(红先胜)：

1. 炮八进一　　象 5 退 3
2. 车三进二　　将 6 进 1
3. 炮八退一　　士 5 进 4
4. 马九进七　　士 4 进 5
5. 马七退五　　士 5 退 4
6. 车三退一

连将杀,红胜。

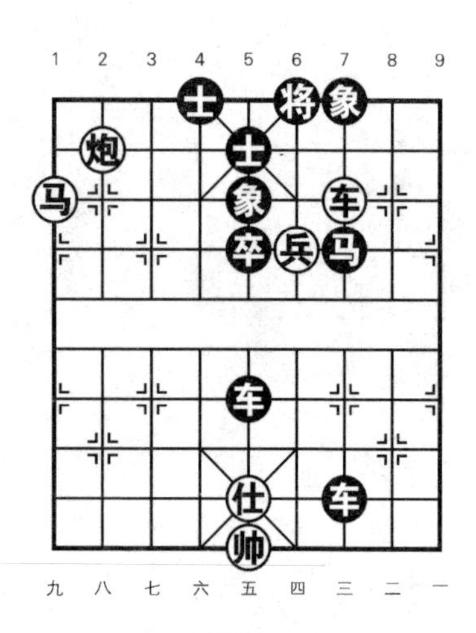

图 292

第 293 局　得得连声

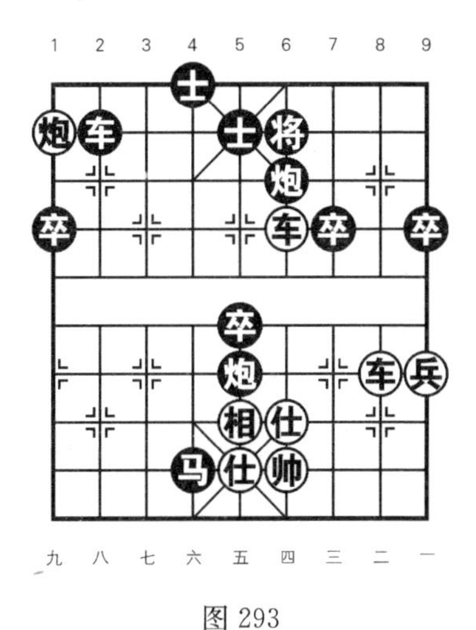

图 293

着法(红先胜):

1. 车二进五　　将 6 退 1

2. 车四进一!　　将 6 平 5

3. 车二进一　　士 5 退 6

4. 车四进二

连将杀,红胜。

第 294 局　旦夕祸福

着法(红先胜):

1. 兵七进一　　将 4 进 1

2. 后马进七　　将 4 进 1

3. 马七进八　　将 4 退 1

4. 马六进八

连将杀,红胜。

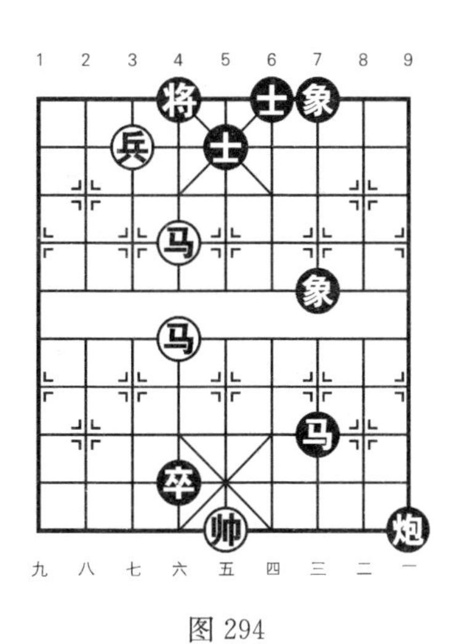

图 294

第 295 局　十指连心

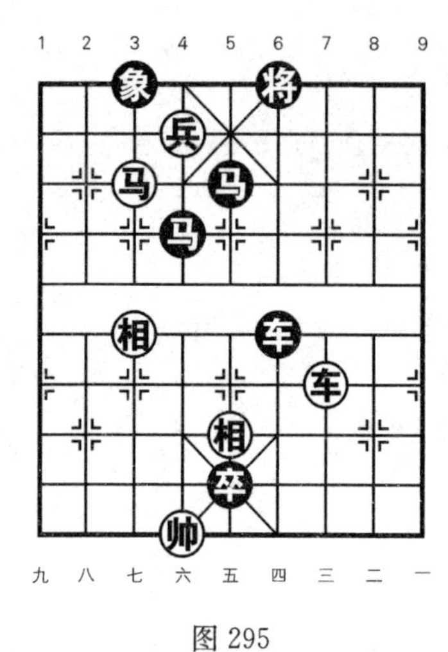

图 295

着法(红先胜):

1. 车三进六　　将 6 进 1
2. 兵六平五!　马 4 退 5
3. 马七进六　　将 6 进 1
4. 车三平四

连将杀,红胜。

第 296 局　恶有恶报

着法(红先胜):

1. 车三平四　　炮 9 平 6
2. 车四进二!　将 6 进 1
3. 马三进四　　马 8 退 6
4. 马四进三

连将杀,红胜。

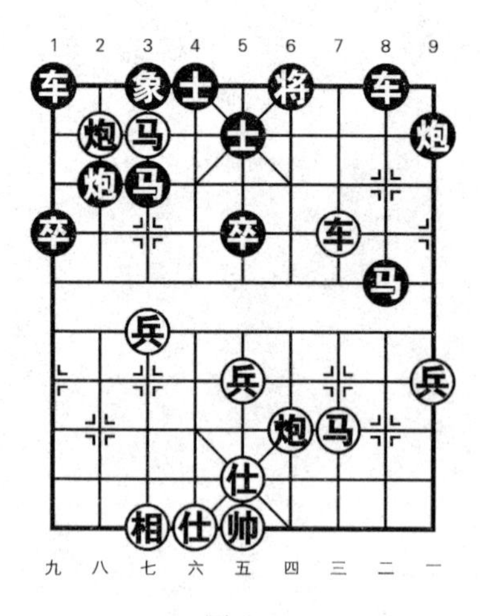

图 296

第297局 逃之夭夭

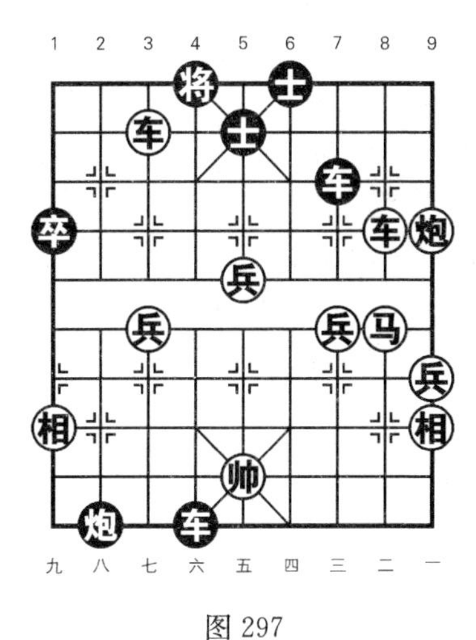

图297

着法(红先胜):

1. 炮一进三　　车7退2
2. 车七进一　　将4进1
3. 车二平八　　车7平9
4. 车八进二　　将4进1
5. 车七退二

绝杀,红胜。

第298局 欺压百姓

着法(红先胜):

1. 车四退一　　将5进1
2. 马三退五　　将5平4
3. 车四进一　　士4进5
4. 炮五平六

连将杀,红胜。

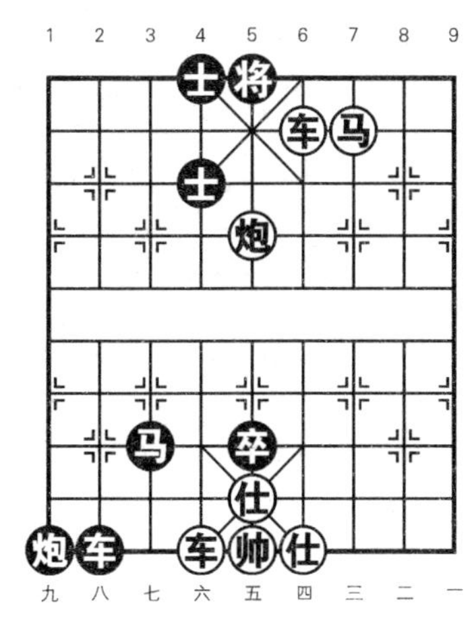

图298

第299局 遍地金银

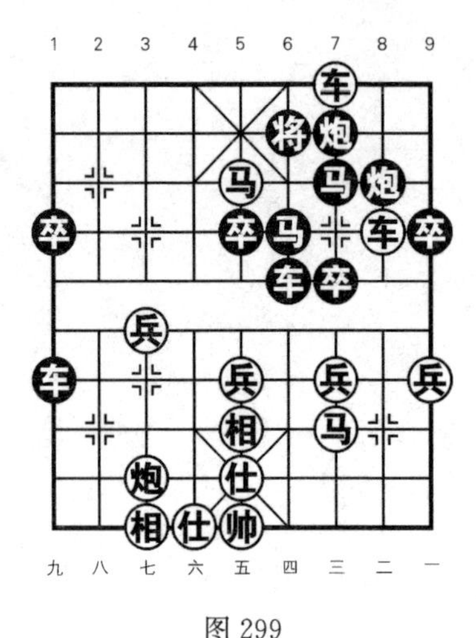

图299

着法(红先胜):

1. 车二平四！　车6退1

2. 车三退一　将6进1

3. 车三退一　……

当然,红也可改走马五进六。

3. ……　将6退1

4. 车三进一　将6进1

5. 马五进六

下一步车三平四或车三退一杀,红胜。

第300局 吹牛拍马

着法(红先胜):

1. 马七进六　将6进1

黑另有以下两种应着:

(1)将6平5,马五进七,将5退1,马六退五,连将杀,红胜。

(2)将6退1,马五进三,将6平5,马六退五,连将杀,红胜。

2. 马五退三！　象5进7

3. 车八退二　象7退5

4. 车八平五

连将杀,红胜。

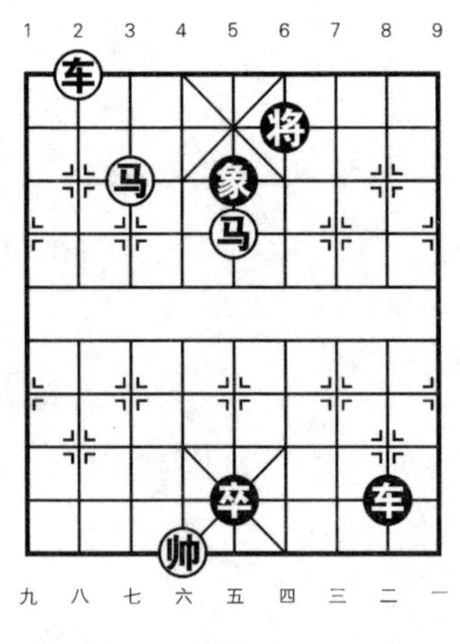

图300

第 301 局　功败垂成

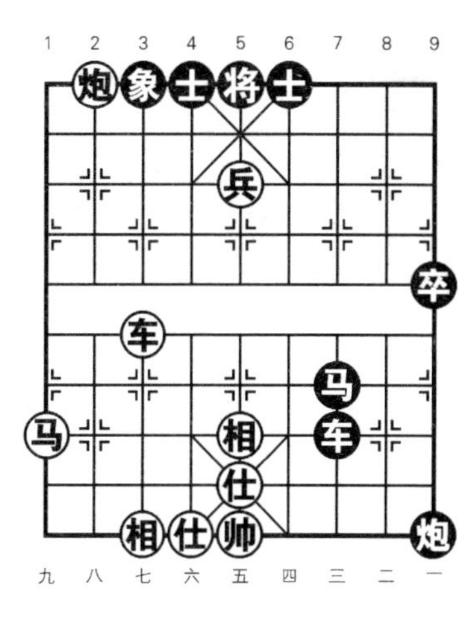

图 301

着法(红先胜):

1. 车七平六　　士 6 进 5

2. 车六进四　　将 5 平 6

3. 兵五进一

下一步车六进一杀,红胜。

第 302 局　纵横驰骋

着法(红先胜):

1. 车二进三　　将 6 进 1

2. 马五进四　　士 5 进 6

黑如改走后炮平 6,则马四进三,炮 6 平 5,车二退一,将 6 进 1,马三退四,连将杀,红胜。

3. 车二退一　　将 6 退 1

4. 马四进五　　士 6 退 5

黑如改走将 6 平 5,则马五进七杀,红胜。

5. 车二进一　　将 6 进 1

6. 马五退三　　将 6 进 1

7. 车二退二

连将杀,红胜。

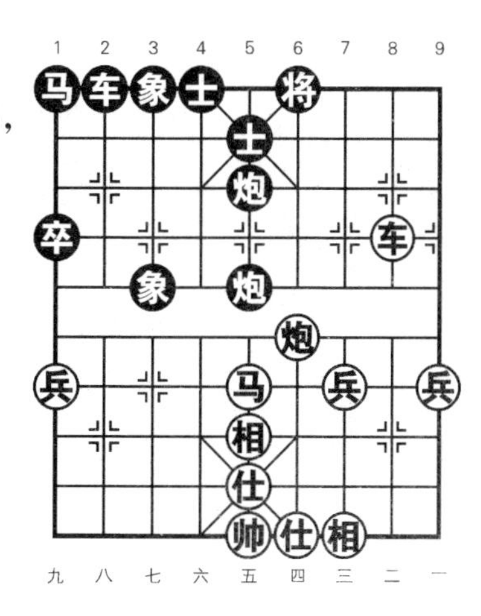

图 302

第303局 三花聚顶

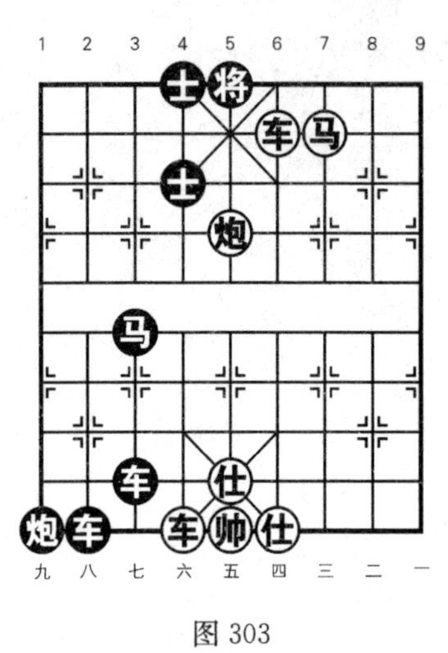

图303

着法(红先胜):

1. 车四退一　　将5进1
2. 马三退五　　将5平4
3. 车四进一　　士4进5
4. 车四平五　　将4退1
5. 车五平七

连将杀,红胜。

第304局 迫不及待

着法(红先胜):

1. 炮九进一!　　马2退1

黑如改走马3进1,则车七平六杀,红速胜。

2. 车七退一　　将4退1
3. 车七平九　　将4退1
4. 车九进二

连将杀,红胜。

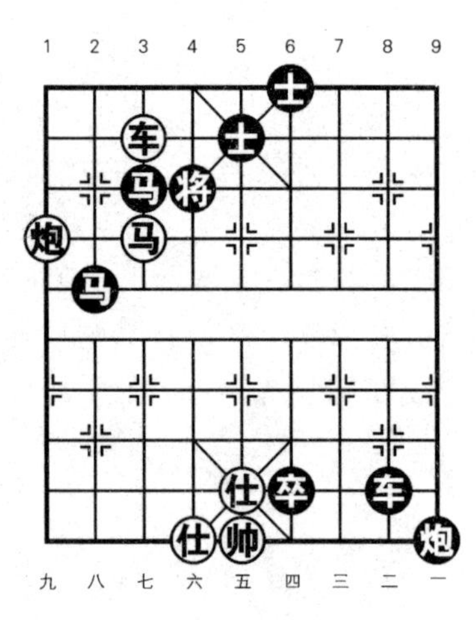

图304

第305局 沿门托钵

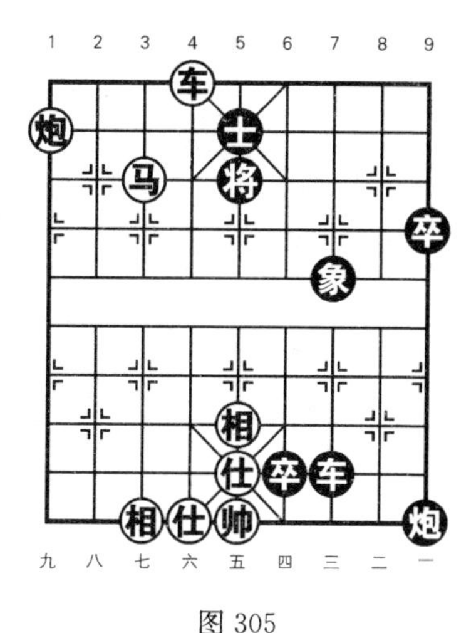

图305

着法(红先胜):

1. 炮九退一　　士5进4
2. 车六退二　　将5退1
3. 车六平二　　将5平6
4. 车二平四

连将杀,红胜。

第306局 纵横天下

着法(红先胜):

1. 车七退三　　士4进5

黑如改走将5进1,则炮六退七,捉车叫杀,红必得其一胜。

2. 炮六平九　　将5平4
3. 车七进三　　将4进1
4. 炮八退一　　将4进1
5. 车七退二

绝杀,红胜。

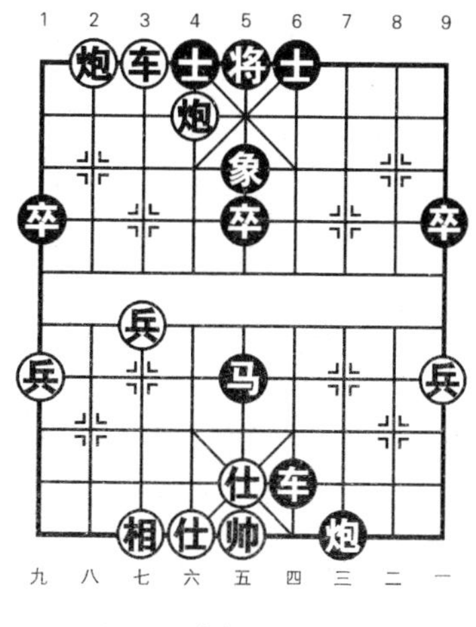

图306

第 307 局　怪蟒翻身

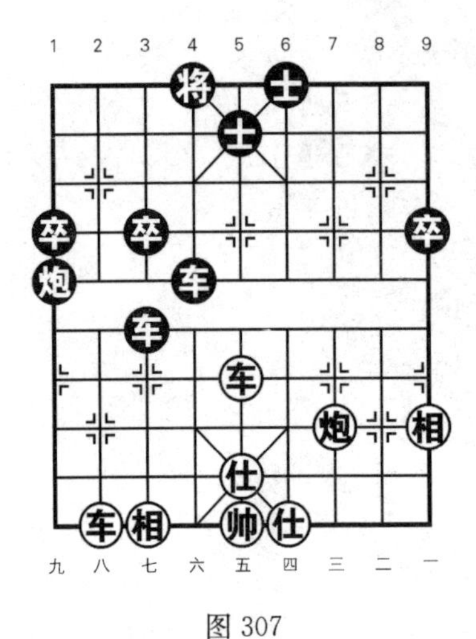

图 307

着法(红先胜):

1. 车八进九　　将 4 进 1
2. 车八退一　　将 4 进 1
3. 仕五进六!

下一步车五进四杀,红胜。

第 308 局　大敌当前

着法(红先胜):

1. 车八平六　　将 5 平 6
2. 车三平五!　马 7 退 5
3. 车六进一　　将 6 进 1
4. 车六平四

绝杀,红胜。

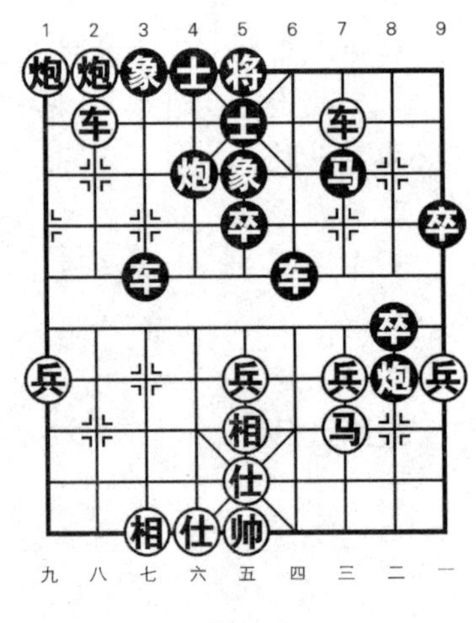

图 308

第309局 心力交瘁

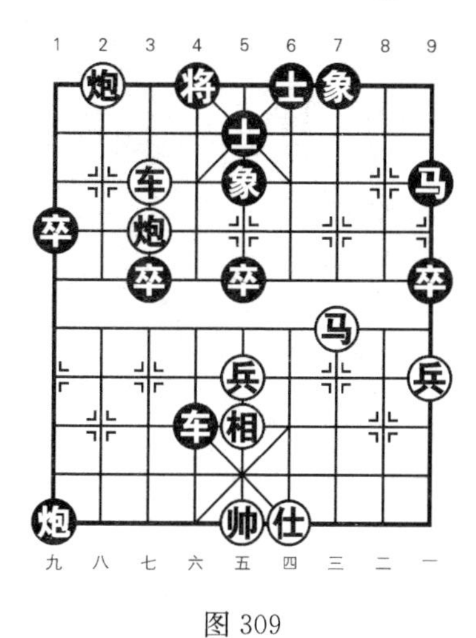

图309

着法(红先胜):

1. 车七进二　　将4进1
2. 车七退一　　将4退1
3. 车七平八

下一步炮七进三杀,红胜。

第310局 吴刚伐桂

着法(红先胜):

1. 马六进五!　　士6进5
2. 兵六进一　　将4平5
3. 兵六平五　　将5平6
4. 马一退三

连将杀,红胜。

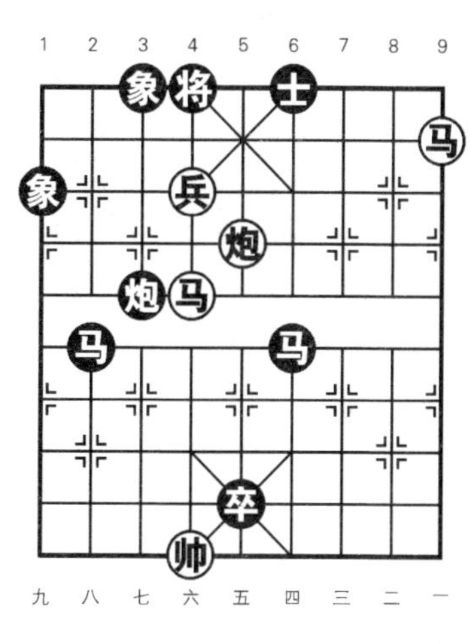

图310

第311局 回风拂柳

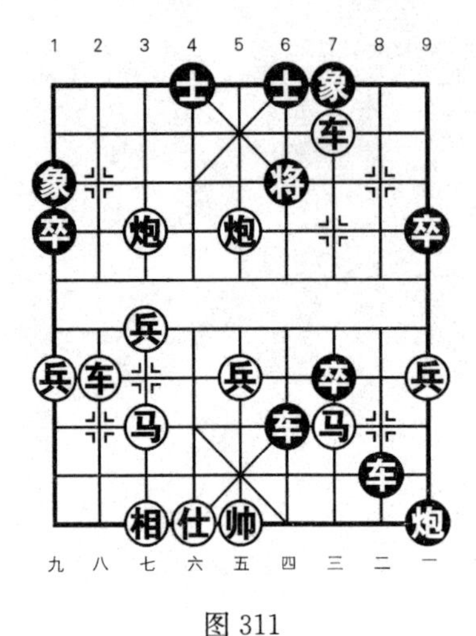

图311

着法(红先胜):

1. 车八进四　　象7进5
2. 炮七进一　　象5退3
3. 炮五进一!　将6平5
4. 炮七平九

连将杀,红胜。

第312局 兵戎相见

着法(红先胜):

1. 兵四平五!　士4进5

黑如改走将5进1,则马七进八,将5退1,车六进三,连将杀,红胜。

2. 炮九进一　　士5退4
3. 车六进三　　将5进1
4. 车六退一

连将杀,红胜。

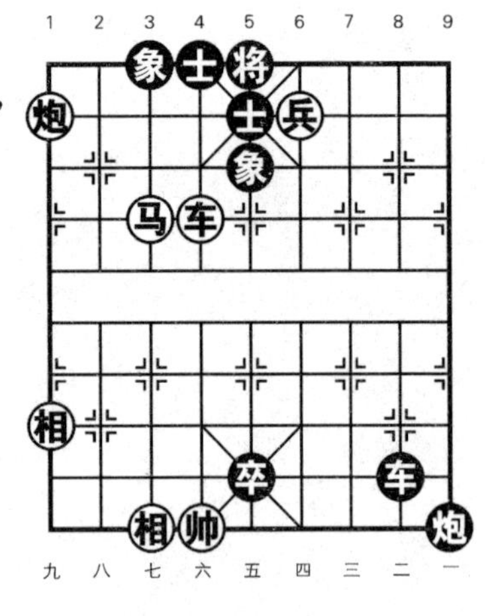

图312

第313局 不同凡响

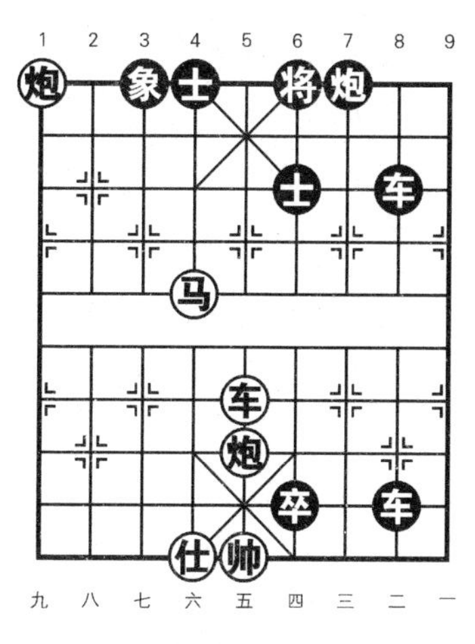

图313

着法(红先胜):

1. 马六进五　　将6进1

黑另有以下两种着法:

(1)将6平5,车五平三,士6退5,车三进六,连将杀,红胜。

(2)士6退5,车五平四,后车平6,车四进四,将6平5,马五进七,连将杀,红胜。

2. 炮五平四　　士6退5

黑如改走将6平5,则马五退七,象3进5,车五进四,连将杀,红胜。

3. 炮九退一　　将6退1

黑如改走士5进4,则马五退三,后车平7,车五平四,连将杀,红胜。

4. 车五平四　　后车平6

5. 车四进四　　将6平5

6. 马五进七

连将杀,红胜。

第314局 别具一格

着法(红先胜):

1. 兵六平五!　　马4进6

2. 兵五平六　　马6退4

3. 兵六进一!　　将4进1

4. 马七进六

连将杀,红胜。

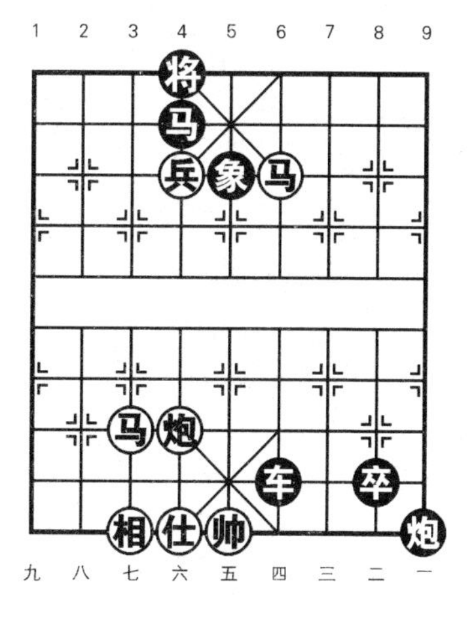

图314

第315局 略胜一筹

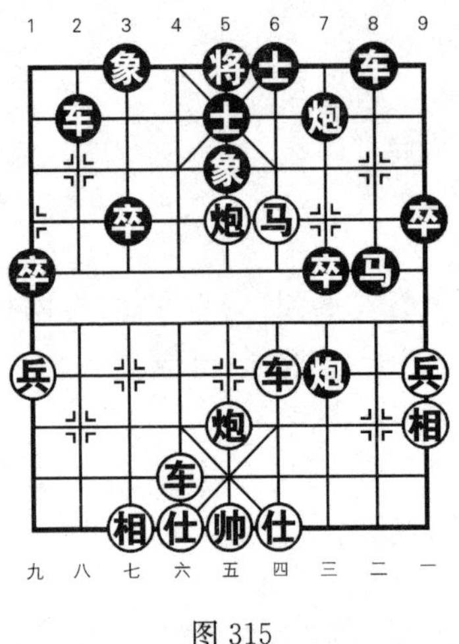

图 315

着法(红先胜):

1. 车四平六　　车2平4

黑如改走前炮平5,则后炮平二捉车叫杀,红胜定。

2. 后炮进五　　将5平4

3. 前车进五　　后炮平4

4. 车六进七!　将4进1

5. 后炮平六　　士5进6

黑如改走将4退1,则马四进六杀,红胜。

6. 炮五平六

绝杀,红胜。

第316局 亢龙有悔

着法(红先胜):

1. 炮二进四　　马6退7

2. 车八进二　　将4进1

3. 炮二退一!　士5进6

4. 车八退一

连将杀,红胜。

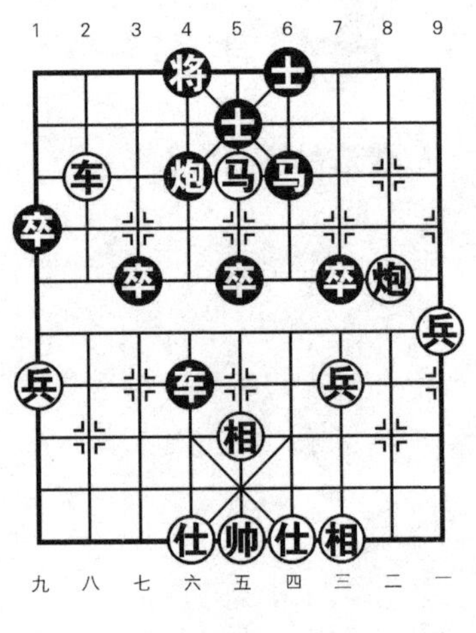

图 316

第317局 血流成河

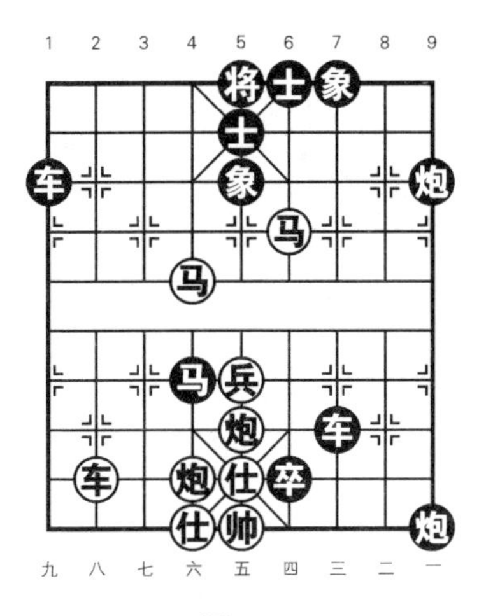

图317

着法(红先胜):

1. 车八进八　　士5退4
2. 车八平六!　将5平4
3. 马六进五!　将4平5
4. 马五进七

连将杀,红胜。

第318局 惊心动魄

着法(红先胜):

1. 车九进二　　将4进1
2. 马七退六!　车2平4
3. 马六进八　　将4进1
4. 车九平六　　炮5平4
5. 车六退一

连将杀,红胜。

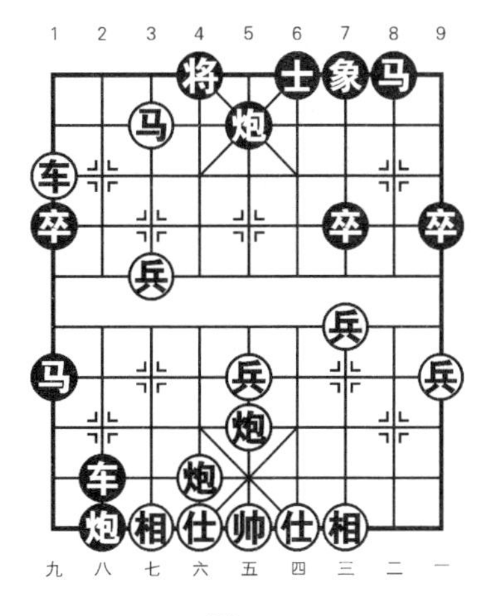

图318

第 319 局　高明之极

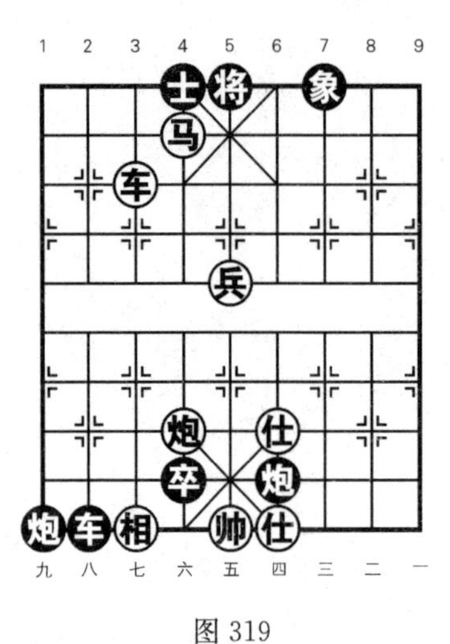

图 319

着法(红先胜)：

1. 炮六平五　　象 7 进 5
2. 车七平五　　士 4 进 5
3. 车五进一　　将 5 平 4
4. 炮五平六

连将杀，红胜。

第 320 局　左右互搏

着法(红先胜)：

1. 车五进七　　将 4 进 1
2. 车八退一　　后车退 1
3. 马六进八　　前车退 6
4. 车八平七　　将 4 进 1
5. 车五平六

连将杀，红胜。

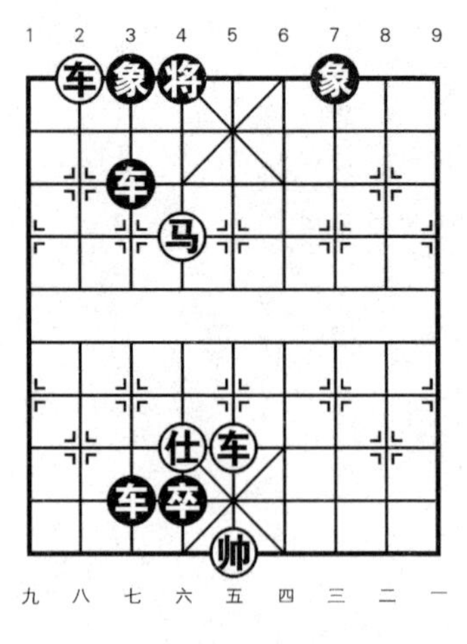

图 320

第 321 局　不屈不挠

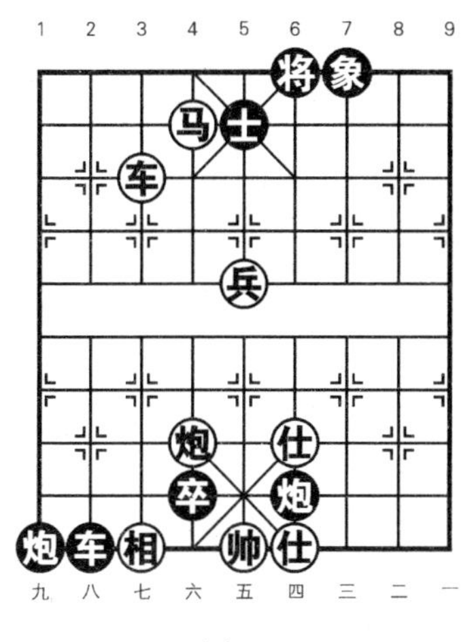

图 321

着法(红先胜):

1. 车七进二　　将 6 进 1
2. 马六退五　　将 6 进 1
3. 马五退三　　将 6 退 1
4. 马三进二　　将 6 进 1
5. 马二进三　　将 6 退 1
6. 马三退二　　将 6 进 1
7. 车七退二　　士 5 进 4
8. 车七平六

连将杀,红胜。

第 322 局　是非善恶

着法(红先胜):

1. 车六进一!　　将 6 进 1
2. 车三平四　　士 5 进 6
3. 车四进一!　　将 6 进 1
4. 车六平四

连将杀,红胜。

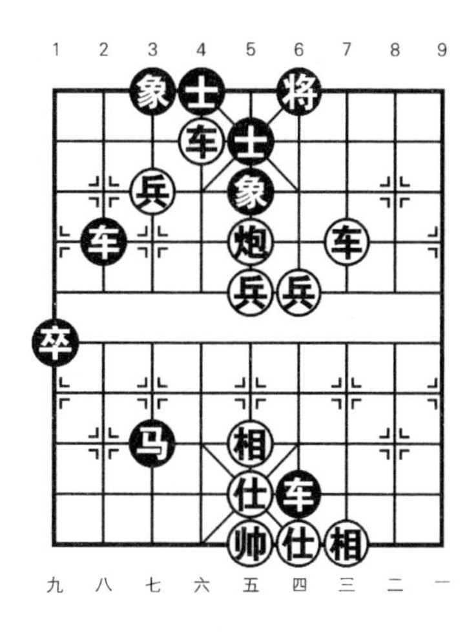

图 322

第323局 千金一诺

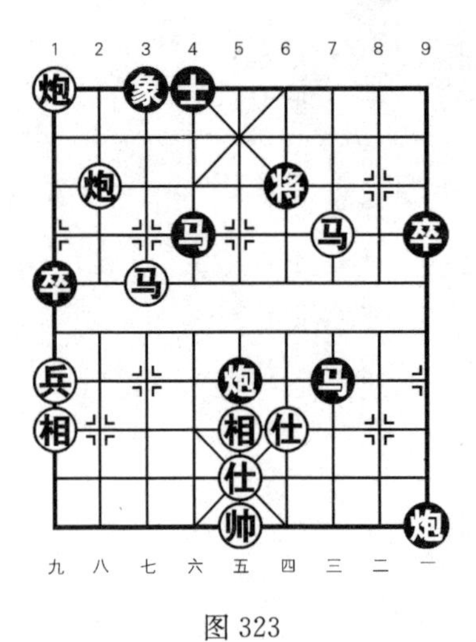

图323

着法(红先胜):

1. 马七进六　　炮5退4
2. 马三进二　　将6退1
3. 炮八进一

下一步炮九退一杀,红胜。

第324局 言而无信

着法(红先胜):

1. 车八进三　　车4退4
2. 炮六进五!　　车4平2
3. 马二进四　　将5平4
4. 炮五平六

绝杀,红胜。

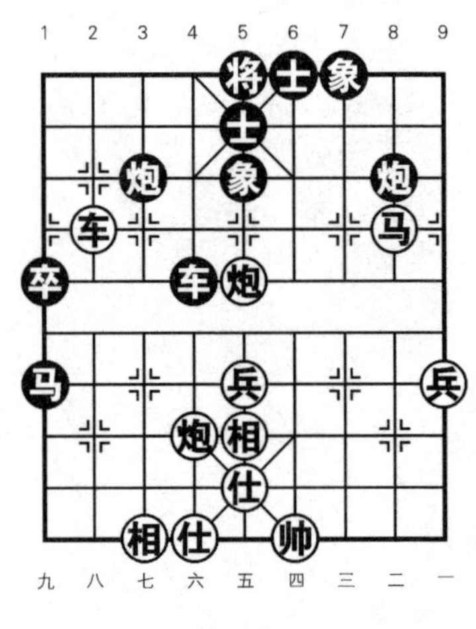

图324

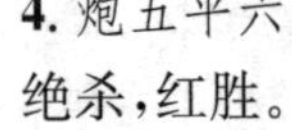

第325局 耿耿于怀

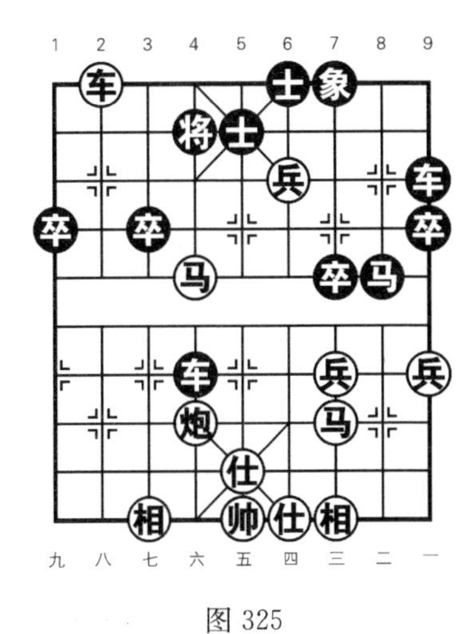

图325

着法(红先胜):

1. 车八退一　　将4退1
2. 马六进七　　将4平5
3. 炮六平五　　士5进4
4. 兵四平五　　士6进5
5. 车八进一

连将杀,红胜。

第326局 长生不老

着法(红先胜):

1. 车四平五　　象3退5
2. 兵四平五!　 象7进5

黑如改走将5退1,则兵五进一,将5平6,车五平四,连将杀,红胜。

3. 马二进三　　将5退1
4. 车五进三

连将杀,红胜。

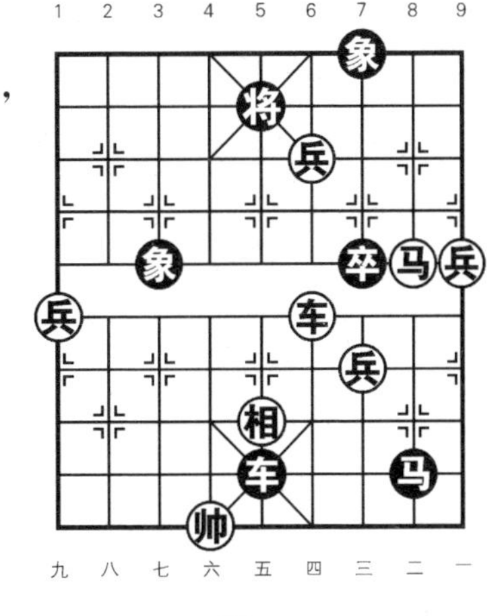

图326

第 327 局　无可奈何

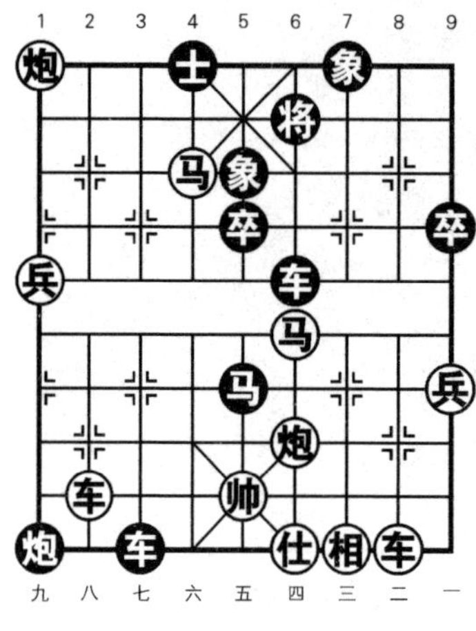

图 327

着法(红先胜):

1. 车八进七　　士 4 进 5
2. 车八平五!　将 6 平 5
3. 车二进八　　车 6 退 3
4. 车二平四

连将杀,红胜。

第 328 局　非死即伤

着法(红先胜):

1. 车八进九　　士 5 退 4
2. 车四进五　　将 5 进 1
3. 车八退一　　将 5 进 1
4. 车四退二

连将杀,红胜。

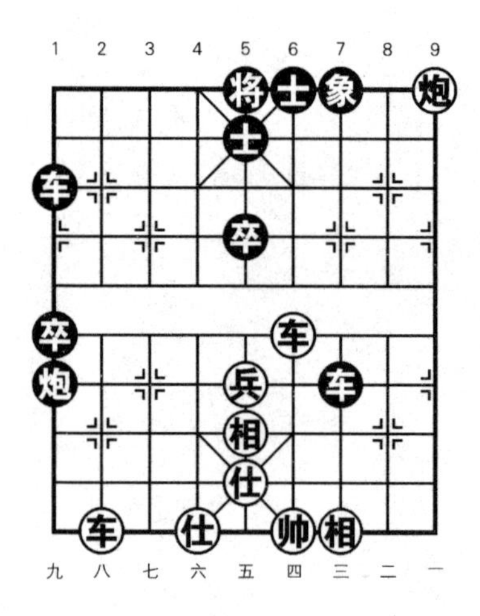

图 328

第329局　魂不附体

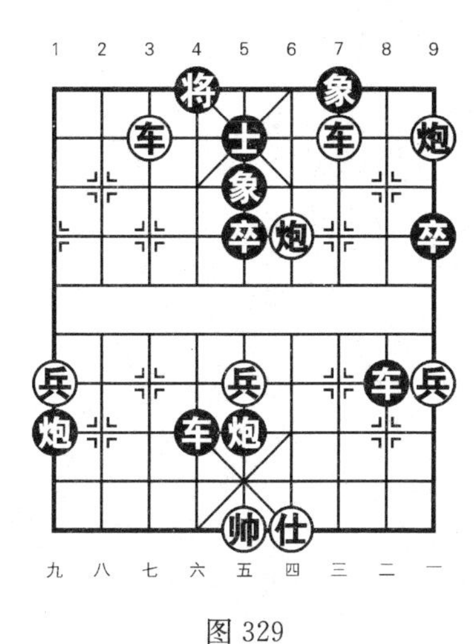

图 329

着法(红先胜):

1. 炮一进一　　车8退6
2. 车三平五　　车8平9
3. 车五平六!　　车4退6
4. 车七进一

绝杀,红胜。

第330局　手忙脚乱

着法(红先胜):

1. 前炮进六　　士4进5
2. 车三进六　　将6进1
3. 后炮进六　　士5退4
4. 车三退一

连将杀,红胜。

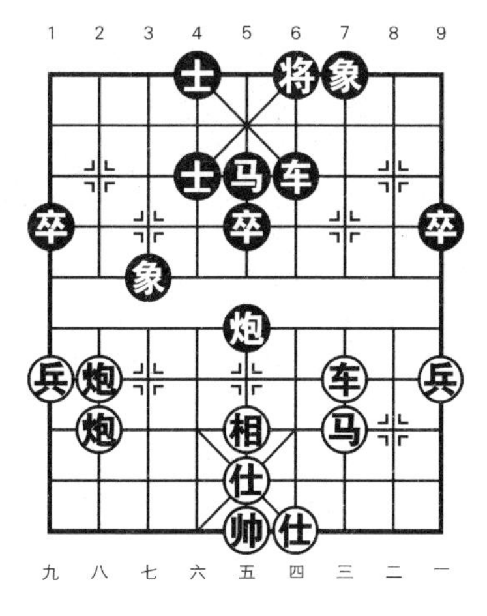

图 330

第331局　变长为短

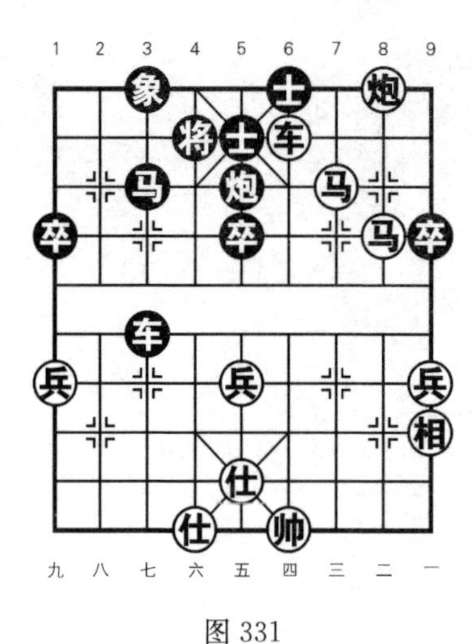

图 331

着法(红先胜)：

1. 马三进四　　将4进1

2. 炮二退二　　炮5进4

3. 车四退一　　象3进5

4. 车四平五

连将杀,红胜。

第332局　雷轰电掣

着法(红先胜)：

1. 炮三进七！　将4进1

黑如改走象5退7,则兵八进一杀,红速胜。

2. 兵八平七　　将4进1

3. 炮三退二！　士5进6

4. 马五退七

连将杀,红胜。

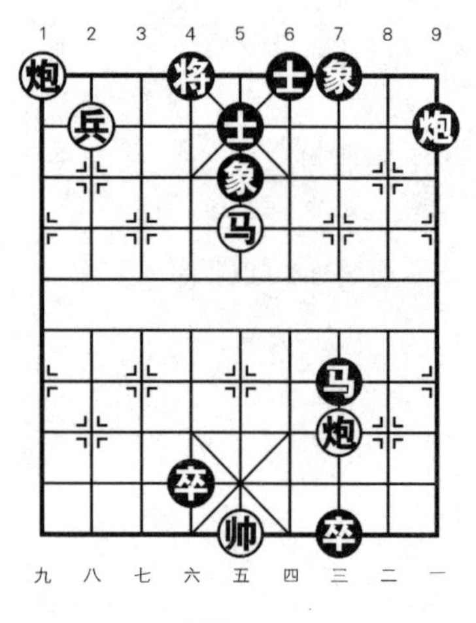

图 332

第333局 玉兔捣药

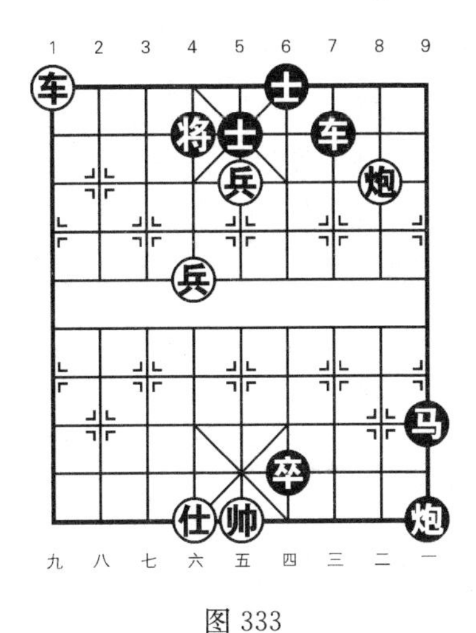

图 333

着法(红先胜):

1. 车九退一　　将4退1
2. 炮二进二　　车7退1
3. 车九进一　　将4进1
4. 兵五进一!　士6进5
5. 车九退一　　将4进1
6. 兵六进一

连将杀,红胜。

第334局 镫里藏身

着法(红先胜):

1. 马六退四　　将5进1
2. 车八进二　　将5进1
3. 后马进三　　将5平6
4. 车八平四

连将杀,红胜。

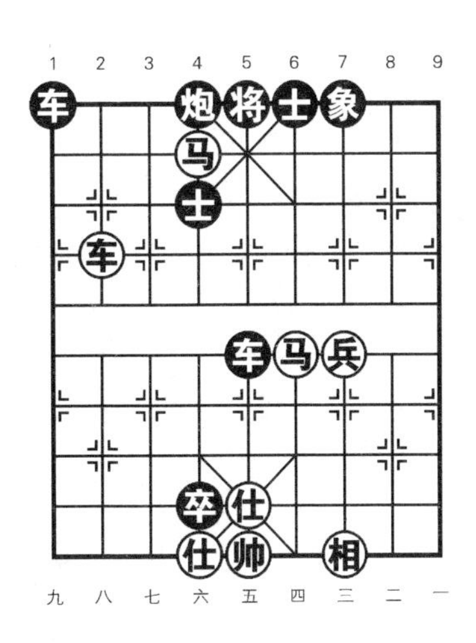

图 334

第335局　罪不可赦

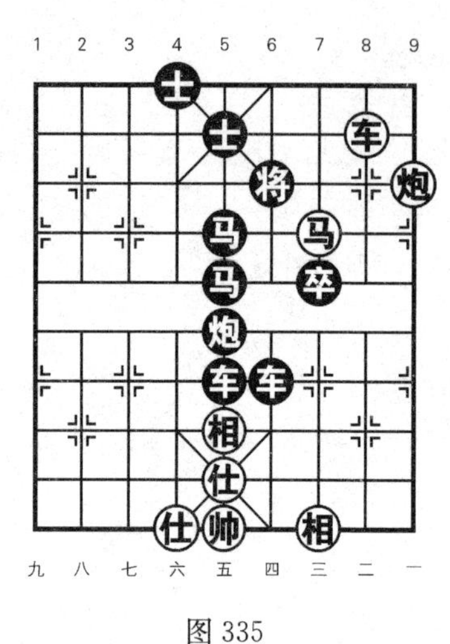

图335

着法(红先胜):

1. 车二退一　　后马退7
2. 车二平三　　将6退1
3. 车三进一　　将6进1
4. 车三平四

连将杀,红胜。

第336局　殊途同归

着法(红先胜):

1. 车二平六!　　士4进5
2. 后车平八　　士5退4
3. 车八进八　　炮1平4
4. 车六进一　　将5进1
5. 车八退一　　炮4退1
6. 车八平六

绝杀,红胜。

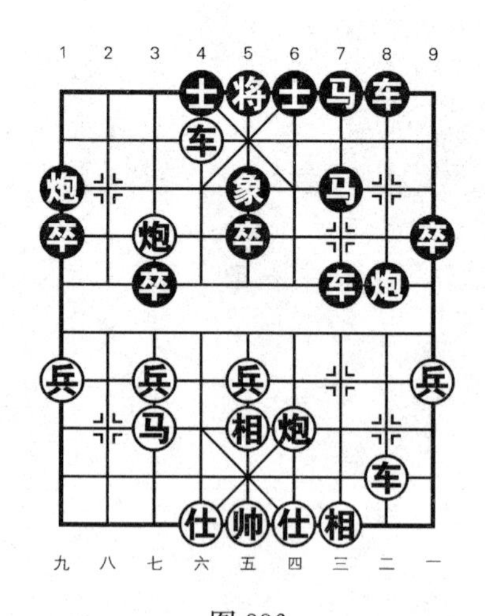

图336

第 337 局 机缘巧合

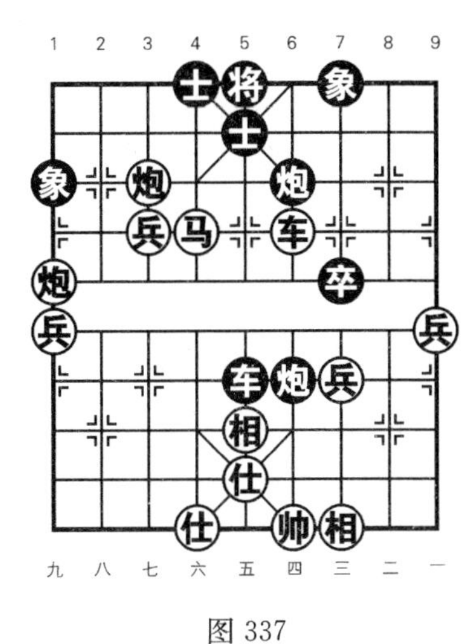

图 337

着法(红先胜):

1. 马六进七　　将 5 平 6
2. 车四进一!　　士 5 进 6
3. 炮九平四　　士 6 退 5
4. 炮七平四

连将杀,红胜。

第 338 局 无穷无尽

着法(红先胜):

1. 炮二进一　　将 5 进 1
2. 车一平五　　将 5 平 6
3. 炮二退一　　将 6 进 1
4. 车五进一

连将杀,红胜。

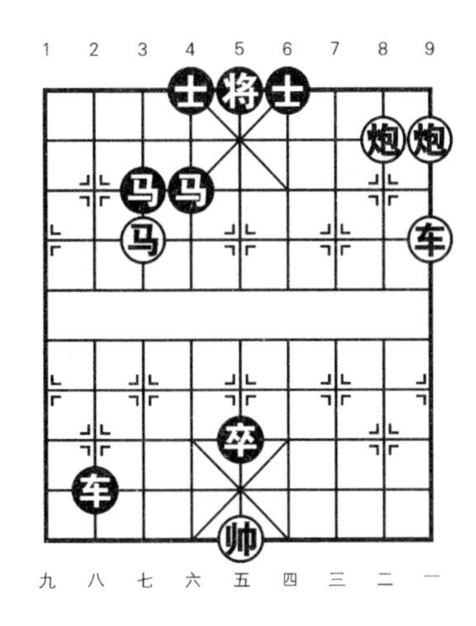

图 338

第339局　金刚护法

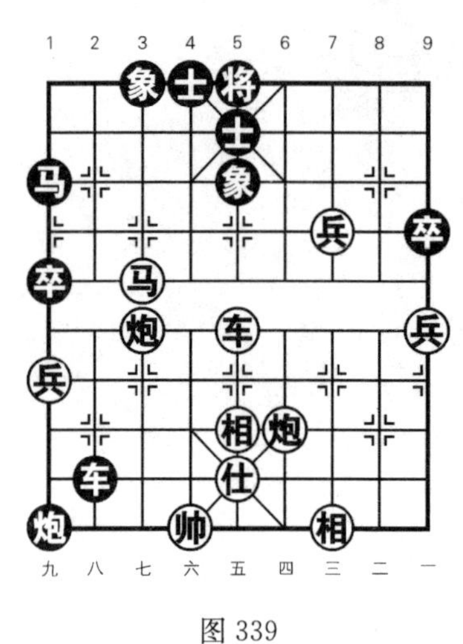

图339

着法(红先胜)：

1. 炮七进五！　　象5退3

2. 马七进六　　将5平6

3. 车五平四　　士5进6

4. 车四进三

连将杀，红胜。

第340局　瞬息千里

着法(红先胜)：

1. 车七进七　　士5退4

2. 车七平六　　将6进1

3. 炮九退一　　将6进1

4. 车六平四

连将杀，红胜。

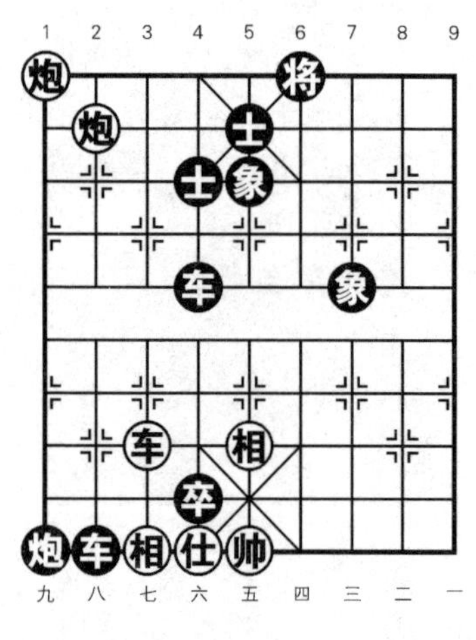

图340

第 341 局 星河在天

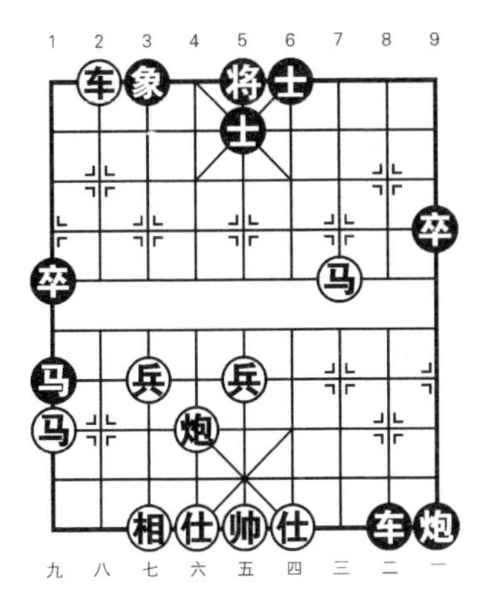

图 341

着法(红先胜):

1. 车八平七　　士 5 退 4
2. 炮六平五　　士 6 进 5
3. 马三进四　　将 5 平 6
4. 炮五平四

连将杀,红胜。

第 342 局 毛骨悚然

着法(红先胜):

1. 炮二进三　　马 9 退 7

黑如改走士 5 进 6,则车六进一,将 4 进 1,车八平六,连将杀,红胜。

2. 车八退一　　将 4 退 1
3. 车六进一!　　士 5 进 4
4. 车八进一

连将杀,红胜。

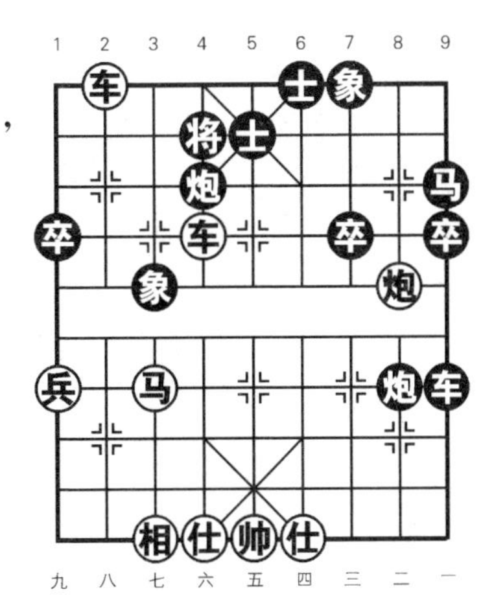

图 342

第 343 局　孤雁出群

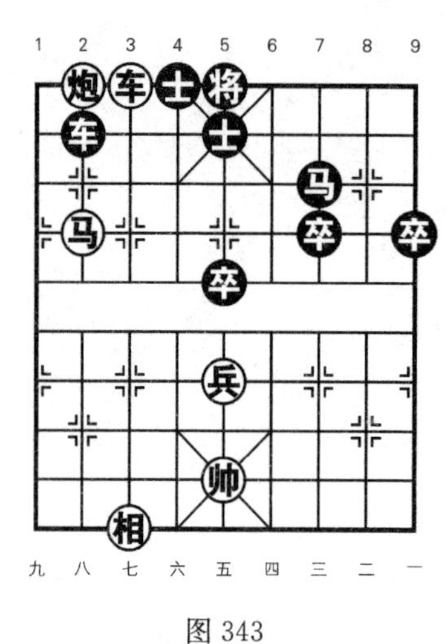

图 343

着法(红先胜):

1. 车七退三!　　车 2 退 1
2. 马八进七　　将 5 平 6
3. 车七平四　　士 5 进 6
4. 车四进一

连将杀,红胜。

第 344 局　繁星闪烁

着法(红先胜):

1. 车三进四　　将 5 进 1
2. 车三退一　　将 5 进 1
3. 炮二进二　　士 6 退 5
4. 炮一退二

连将杀,红胜。

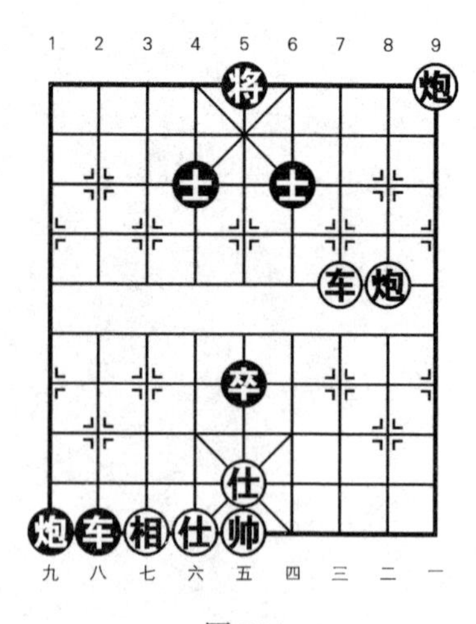

图 344

第345局 受尽苦楚

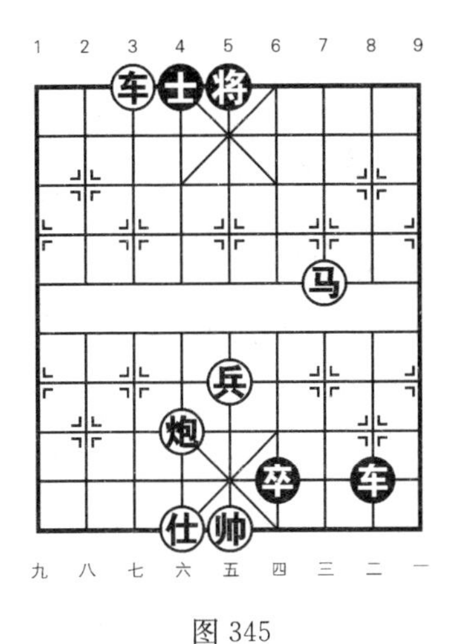

图 345

着法(红先胜):

1. 炮六平五　　将5平6
2. 车七平六　　将6进1
3. 马三进五　　将6平5
4. 马五进三　　将5平6
5. 车六平四

连将杀,红胜。

第346局 怒不可遏

着法(红先胜):

1. 车三进六　　将6进1
2. 兵四进一!　　士5进6
3. 车三退一　　将6退1
4. 车五进三

连将杀,红胜。

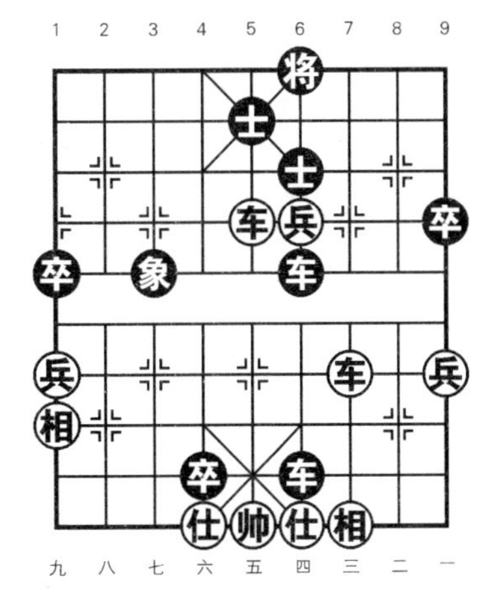

图 346

第347局 善者不来

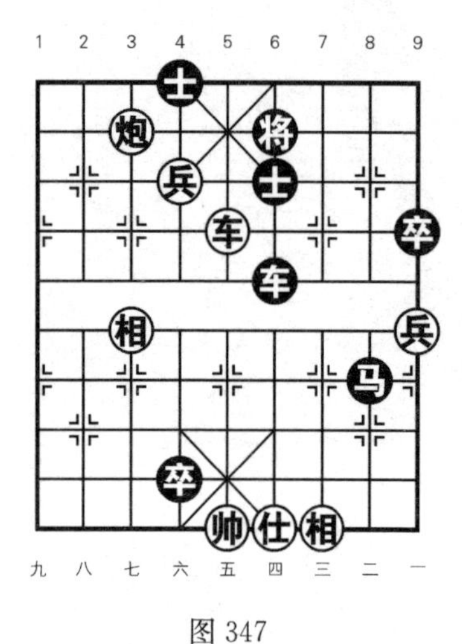

图347

着法(红先胜):

1. 车五进二　　将6退1
2. 车五进一　　将6进1
3. 兵六进一　　士6退5
4. 兵六平五　　将6进1
5. 车五平四

连将杀,红胜。

第348局 劲雄势急

着法(红先胜):

1. 车七进七　　将4进1
2. 兵五进一!　　士4退5
3. 马三退五　　将4进1
4. 车七退二

连将杀,红胜。

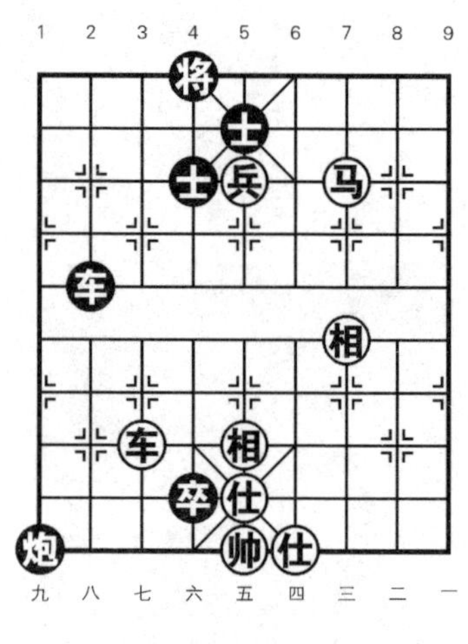

图348

第 349 局　虚虚实实

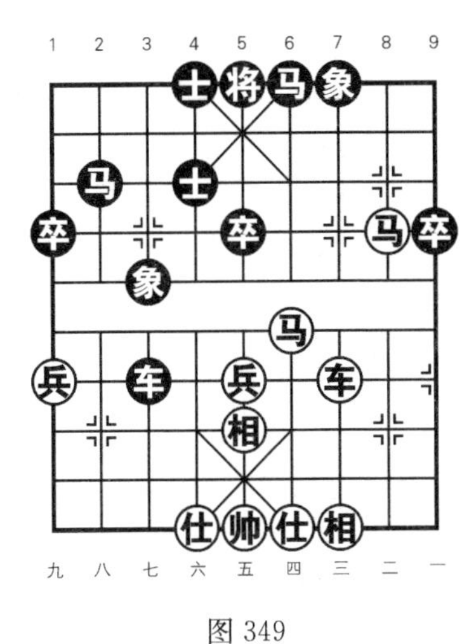

图 349

着法(红先胜):

1. 马二进四　　将 5 进 1
2. 车三进五　　将 5 进 1
3. 后马进三!　将 5 平 6
4. 车三平四

连将杀,红胜。

第 350 局　左推右拉

着法(红先胜):

1. 马八进七　　将 5 平 6
2. 马三进二　　将 6 进 1
3. 车三进五　　将 6 退 1
4. 车三平五

连将杀,红胜。

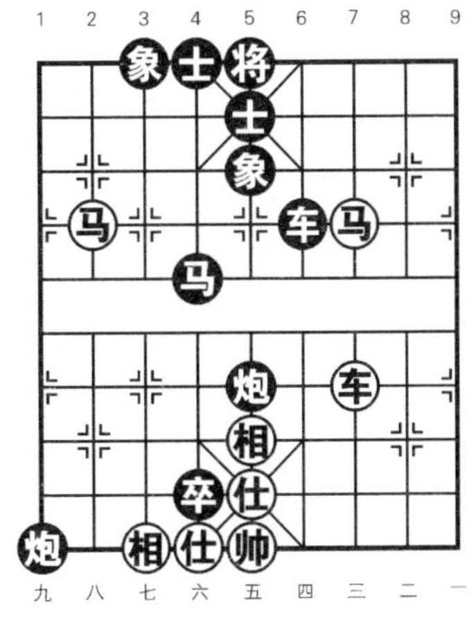

图 350

第351局 足智多谋

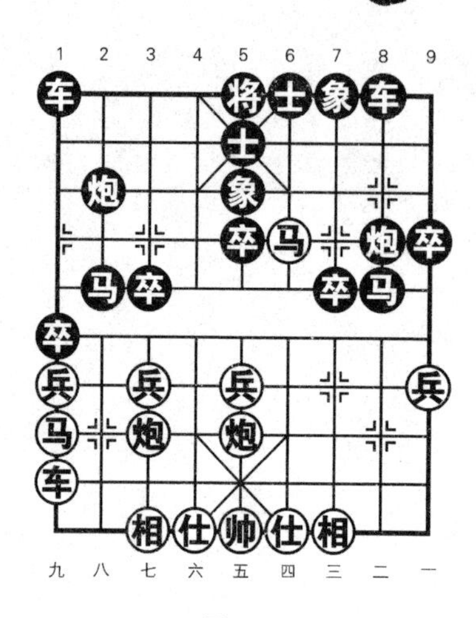

图 351

着法(红先胜):

1. 马四进三　　将5平4
2. 车九平六　　炮3平4
3. 车六进六!　士5进4
4. 炮七平六　　士4退5
5. 炮六进一

下一步炮五平六杀,红胜。

第352局 顺手牵羊

着法(红先胜):

1. 车七进四　　车4退1
2. 马七进八!　车4平3
3. 马八进六　　将5平4
4. 炮五平六

绝杀,红胜。

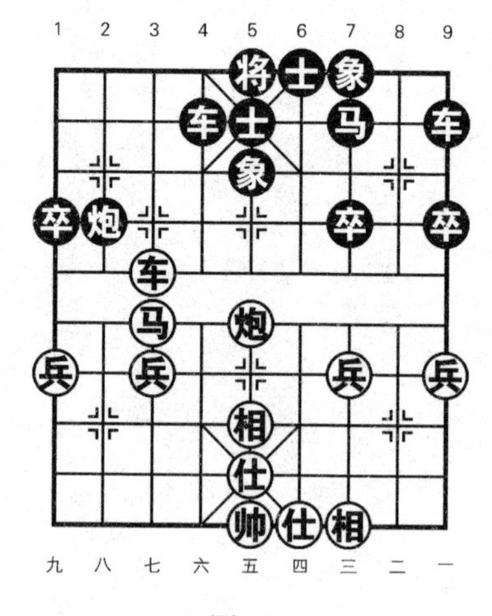

图 352

第 353 局　立地成佛

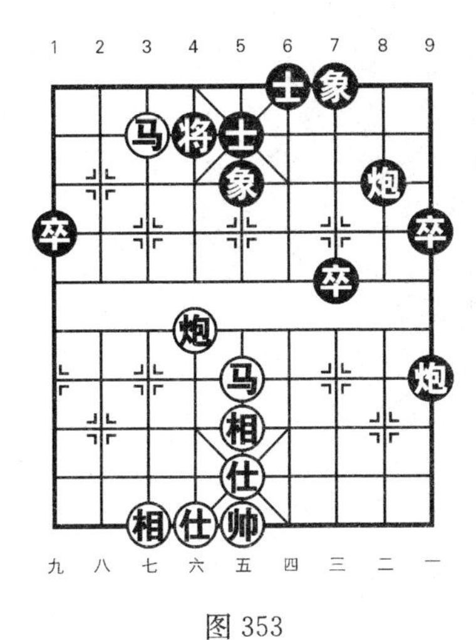

图 353

着法(红先胜):

1. 马五进六　　士 5 进 4
2. 马六进四　　士 4 退 5
3. 马七退六　　士 5 进 4
4. 马六进八

连将杀,红胜。

第 354 局　天翻地覆

着法(红先胜):

1. 马七退六　　士 5 进 4
2. 马六进四　　士 4 退 5
3. 马四进六!　　将 4 进 1
4. 仕五进六

连将杀,红胜。

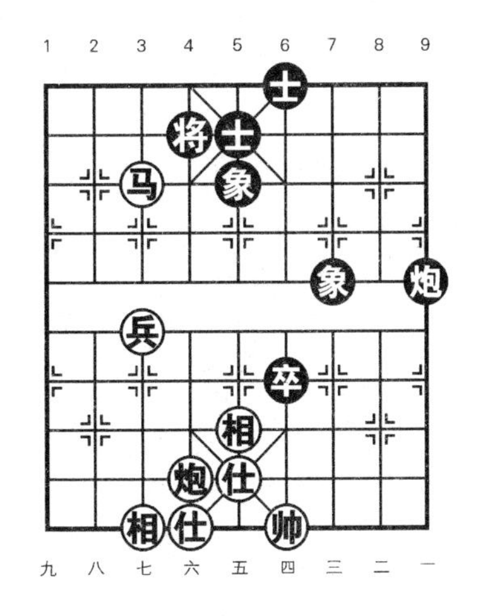

图 354

第355局 用兵如神

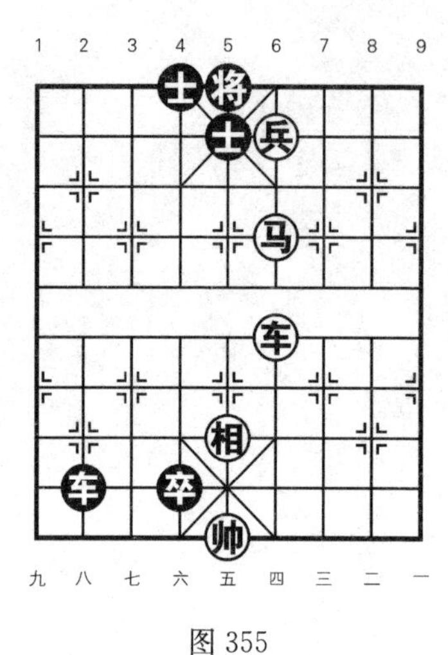

图355

着法(红先胜):

1. 兵四平五！ 士4进5
2. 马四进三 将5平4
3. 车四平六 士5进4
4. 车六进三

连将杀,红胜。

第356局 招兵买马

着法(红先胜):

1. 车六平五！ 将5进1
2. 兵四平五 将5平4
3. 兵五进一 将4进1
4. 马六进四

连将杀,红胜。

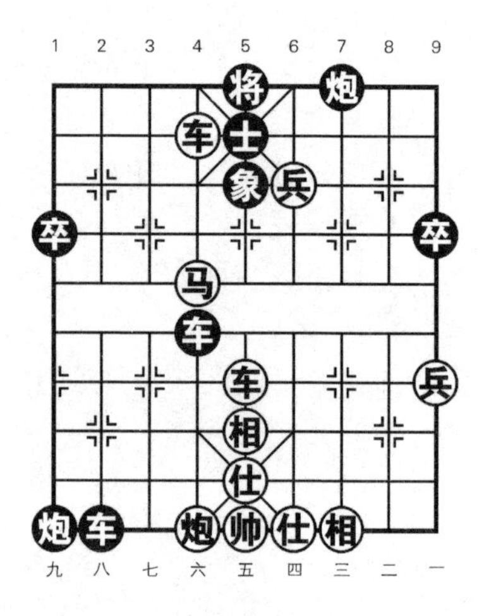

图356

第357局　短兵相接

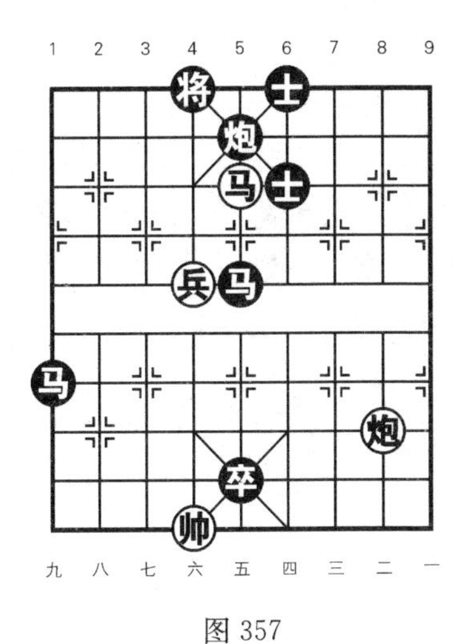

图357

着法(红先胜):

1. 炮二进七　　将4进1
2. 马五退七　　将4进1
3. 兵六进一　　将4平5
4. 兵六进一!

连将杀,红胜。

第358局　全民皆兵

着法(红先胜):

1. 车六平五!　将5进1

黑如改走士6进5,红则车二进六,士5退6,兵五进一,连将杀,红胜。

2. 车二进五　　将5退1
3. 兵五进一　　士6进5
4. 车二进一

连将杀,红胜。

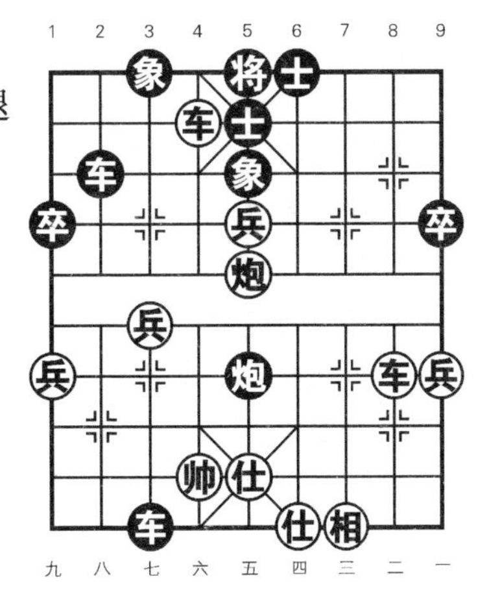

图358

第359局　银絮飞天

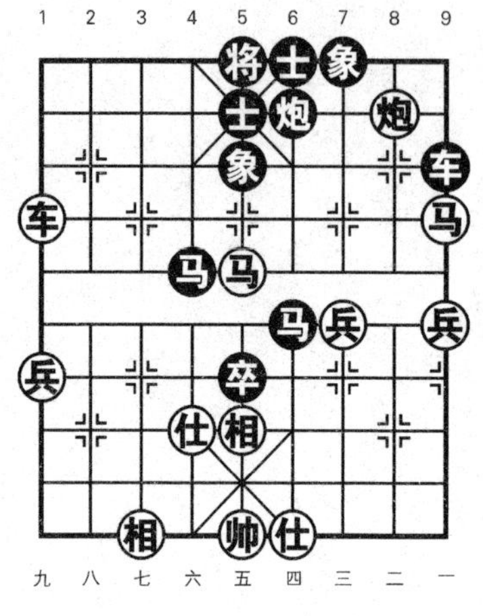
图359

着法(红先胜):

1. 马五进六!　　将5平4
2. 马六进八　　将4平5

黑如改走将4进1,则车九平六杀,红速胜;黑又如改走炮6平2,则车九进三,象5退3,车九平七,连将杀,红胜。

3. 车九进三　　士5退4
4. 车九平六

连将杀,红胜。

第360局　一清二楚

着法(红先胜):

第一种攻法:

1. 马四进三　　将6进1
2. 马三进二　　将6退1
3. 车三进四　　将6进1
4. 车三退一　　将6退1
5. 车三平四

连将杀,红胜。

第二种攻法:

1. 炮六平四　　士5进6
2. 马四进五　　士6退5
3. 车三平四　　将6平5
4. 马五进七

连将杀,红胜。

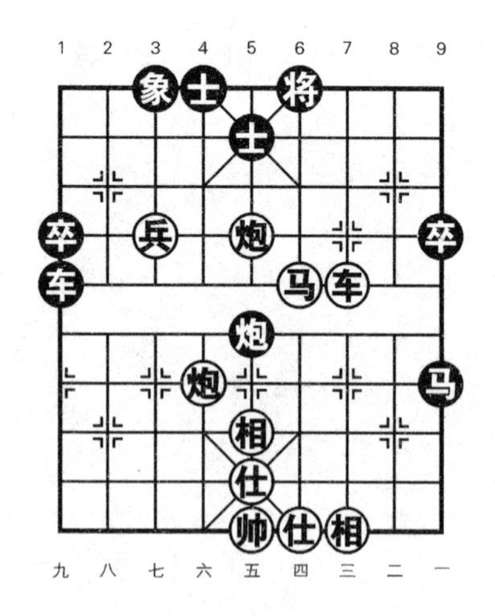
图360

第361局 一轮残月

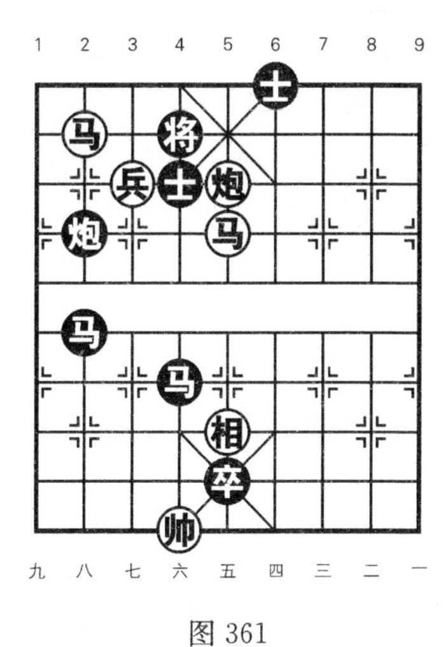

图361

着法(红先胜):

1. 炮五平一　　将4平5

2. 马五进三　　将5退1

3. 马八退六　　将5平4

4. 炮一进二　　将4进1

5. 兵七进一!　将4进1

6. 炮一退二

连将杀,红胜。

第362局 尸积如山

着法(红先胜):

1. 车六退一!　车4退2

2. 马五进七　　将5退1

3. 车八进一　　车4退1

4. 车八平六

连将杀,红胜。

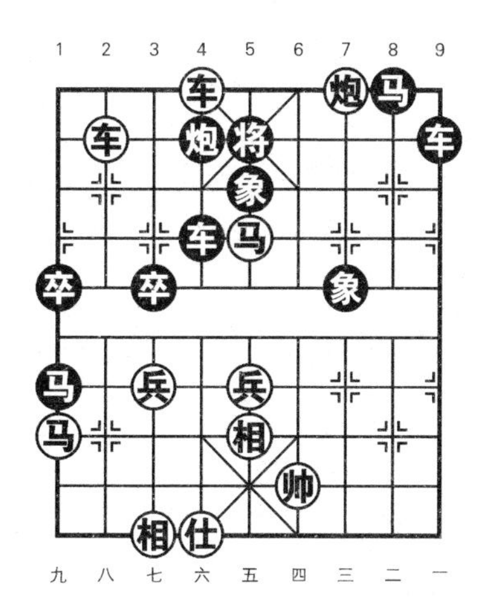

图362

第 363 局　权势熏天

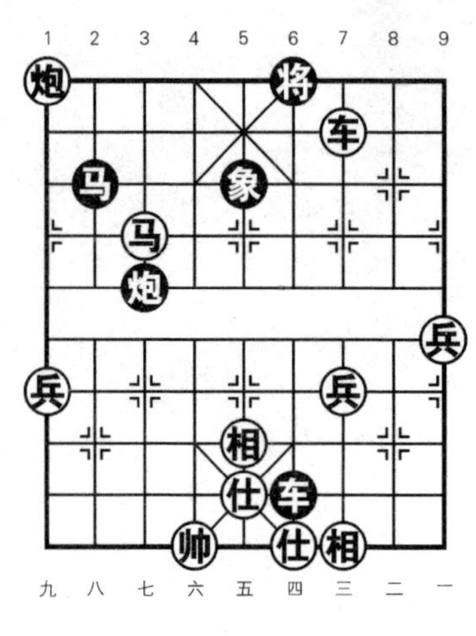

图 363

着法(红先胜)：

1. 马七进五　　将 6 平 5
2. 马五进七　　将 5 平 6
3. 炮九退一　　马 2 退 4
4. 车三平六

下一步车六进一杀，红胜。

第 364 局　天寒地冻

着法(红先胜)：

1. 车七进三　　士 5 退 4
2. 车七平六　　将 5 进 1
3. 车八退一　　将 5 进 1
4. 马六进七　　将 5 平 6
5. 车六平四

连将杀，红胜。

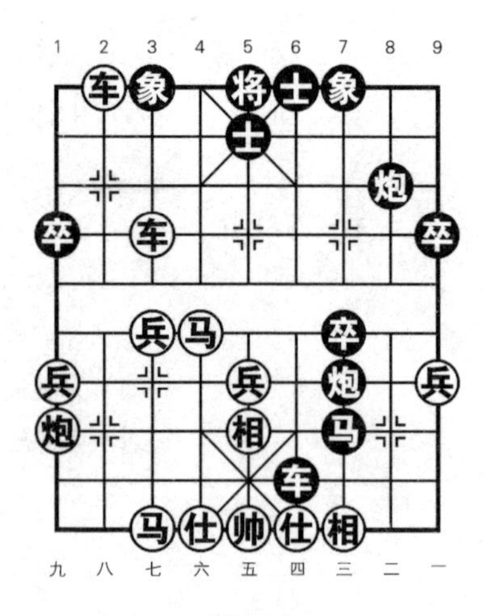

图 364

第 365 局　自斟自酌

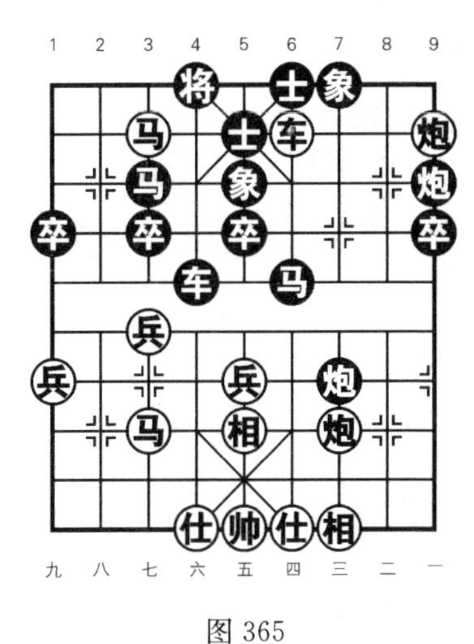

图 365

着法(红先胜):

1. 炮三进七　　将 4 进 1

2. 车四退三　　士 5 进 4

黑如改走士 5 进 6,则车四平六,将 4 平 5,炮三退一,连将杀,红胜。

3. 炮三退一　　将 4 退 1

4. 车四进四

连将杀,红胜。

第 366 局　当者披靡

着法(红先胜):

1. 马四进二　　将 6 平 5

2. 车二退一　　将 5 退 1

3. 马五进六　　将 5 平 6

4. 车二平四

连将杀,红胜。

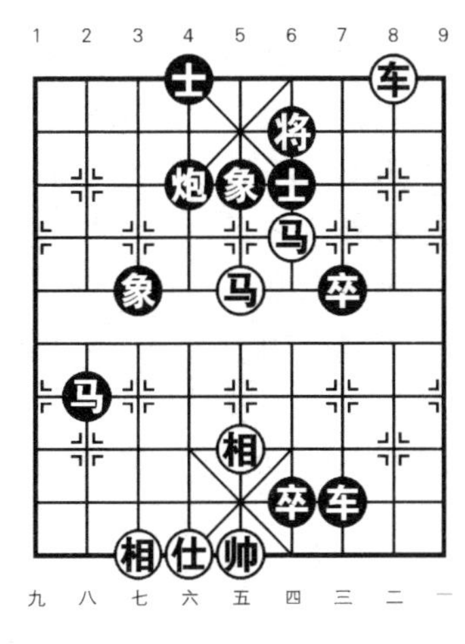

图 366

第 367 局　兵多将广

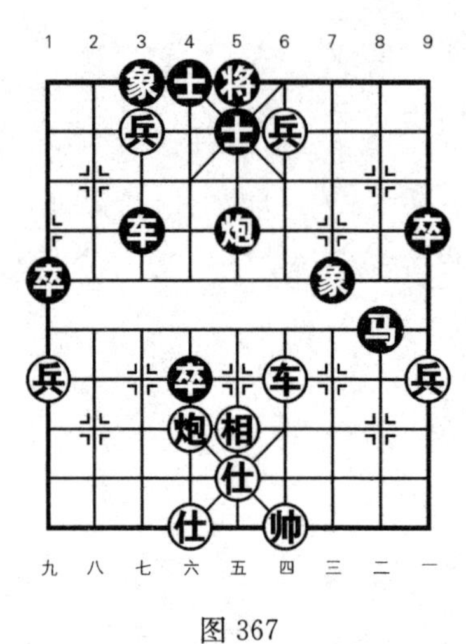

图 367

着法(红先胜):

1. 兵四进一！　士 5 退 6
2. 车四进六　将 5 进 1
3. 兵七平六　将 5 进 1
4. 车四退二

连将杀,红胜。

第 368 局　天兵天将

着法(红先胜):

1. 兵五进一　士 6 进 5
2. 炮五进二　车 8 平 5
3. 炮八平五　车 5 平 8
4. 车六平五！　将 5 平 4
5. 车五平六

绝杀,红胜。

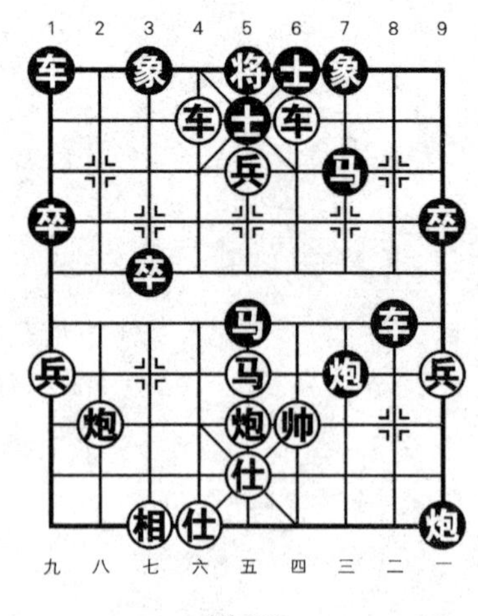

图 368

第369局 罪魁祸首

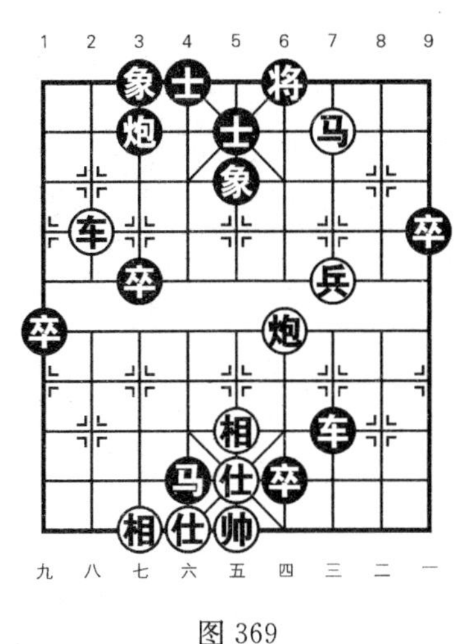

图369

着法(红先胜):

1. 车八平四　　士5进6
2. 车四进一　　炮3平6
3. 车四进一！　将6平5
4. 车四平六　　将5平6
5. 兵三平四

连将杀,红胜。

第370局 为虎作伥

着法(红先胜):

1. 马五进六　　炮3退4
2. 马六退七　　炮3进1
3. 车八进一　　炮3退1
4. 车八平七

连将杀,红胜。

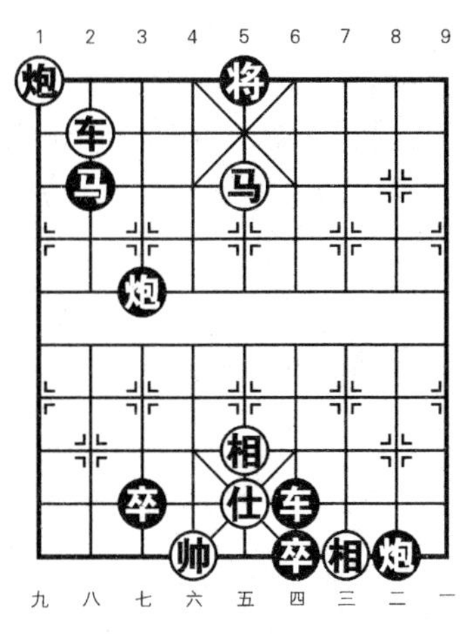

图370

第371局　斗胆相邀

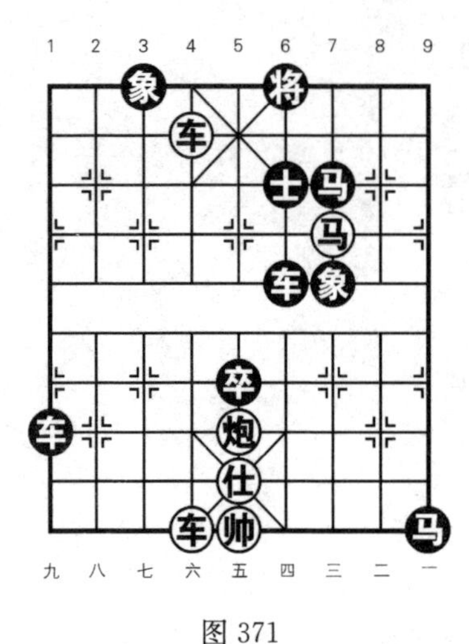
图371

着法(红先胜):

1. 前车进一　　将6进1
2. 后车进八　　士6退5
3. 后车平五！　将6进1
4. 车六平四！　马7退6
5. 车五平四

连将杀,红胜。

第372局　兵贵先行

着法(红先胜):

1. 兵四平五！　将5平6

黑如改走象7进5,则马四退三,将5平6,车六平四,连将杀,红胜。

2. 兵五平四！　将6进1
3. 马四退六　　将6退1
4. 车六平四

连将杀,红胜。

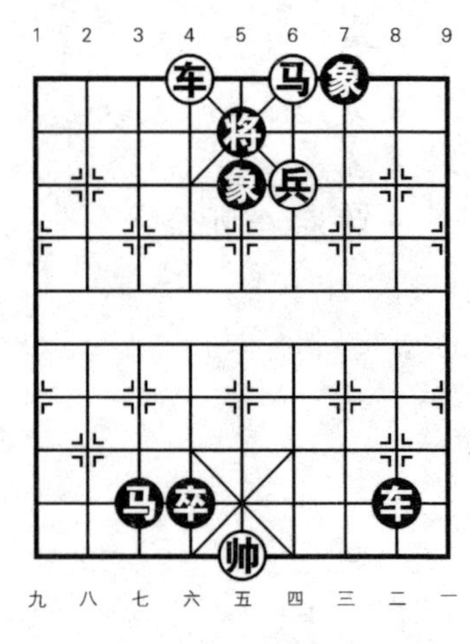
图372

第373局　威震中原

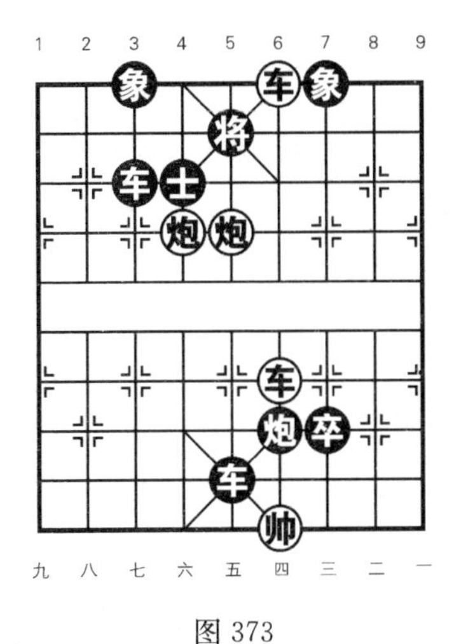

图373

着法(红先胜)：

1. 后车进五　　将5进1
2. 前车平五　　士4退5
3. 车四平五　　将5平6
4. 前车平四

连将杀，红胜。

第374局　冲锋陷阵

着法(红先胜)：

1. 仕五进六　　将4平5
2. 后车退一　　士5进4
3. 后车平六　　将5退1
4. 车八退一　　将5退1
5. 车六进二

连将杀，红胜。

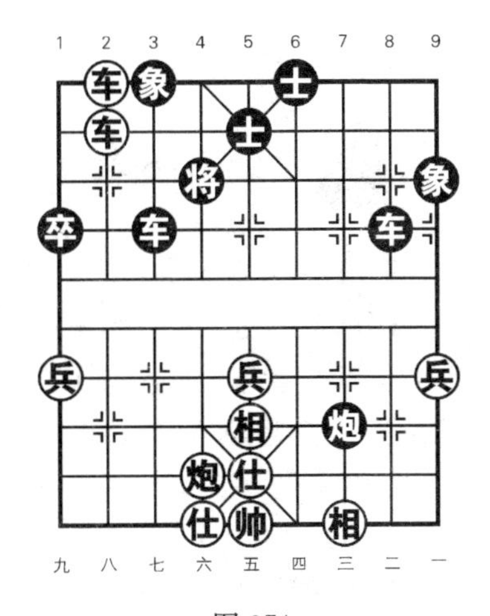

图374

第375局 无一不精

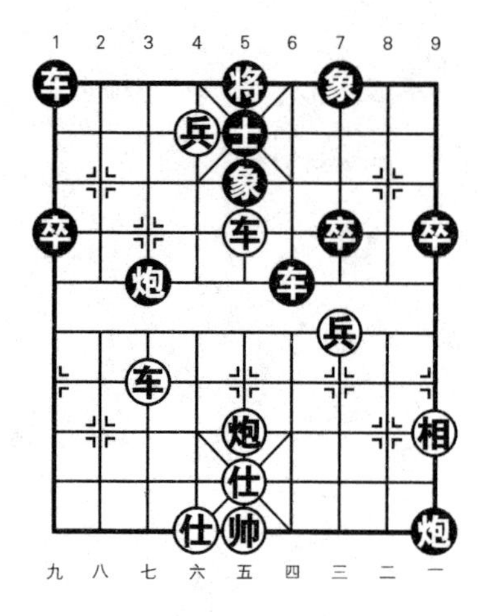

图 375

着法(红先胜):

第一种攻法:

1. 兵六平五！　将5进1

2. 车五平四　车6平5

3. 车七进二！　车5进3

4. 车七进三　将5退1

5. 帅五平四

下一步车四进三杀,红胜。

第二种攻法:

1. 车五进一！　象7进5

2. 兵六平五　将5平4

黑如改走将5平6,则炮五平四,车6进3,仕五进四,炮9平6,帅五平四,炮3平6,车七平四,车1进1,车四进二杀,红胜。

3. 车七平六　炮3平4

4. 炮五平六　车1进1

5. 车六进二　车1平4

6. 车六进三

绝杀,红胜。

第376局 变幻无常

着法(红先胜):

1. 马五进三　将5平4

黑如改走将5平6,则炮二进五,将6进1,车五进一,连将杀,红胜。

2. 炮二进五　马4退6

3. 车五平六　将4平5

4. 车六进一

下一步马三退四杀,红胜。

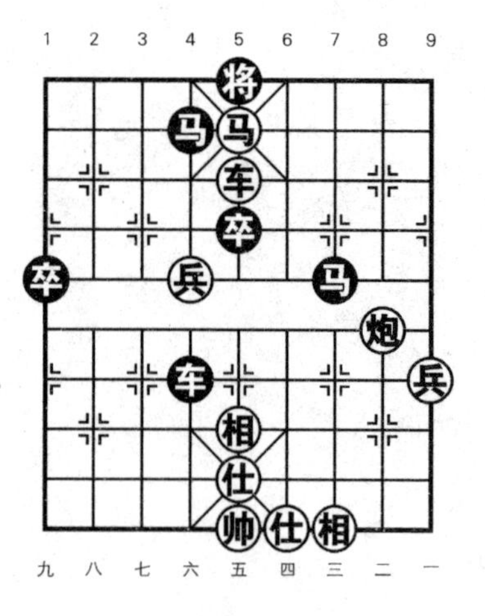

图 376

第377局 所向无敌

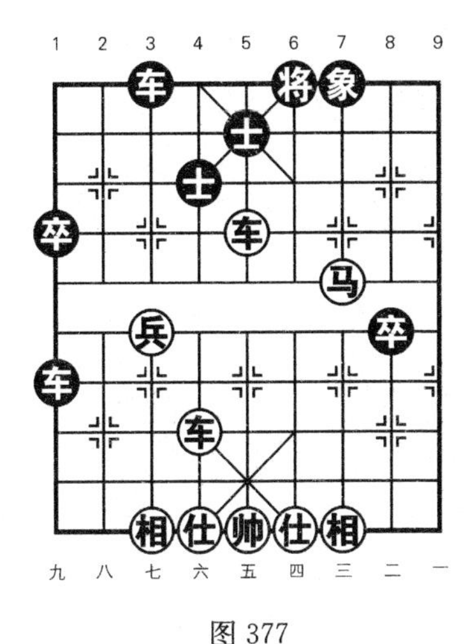

图377

着法(红先胜):

1. 车六平四　　将6平5
2. 车五进二！　士4退5
3. 马三进四　　将5平6
4. 马四进二　　将6平5
5. 车四进七

连将杀,红胜。

第378局 毫不留情

着法(红先胜):

1. 马七进八　　将4进1
2. 车七退二　　将4退1
3. 车七退三　　将4进1
4. 马八进七　　将4平5
5. 车七进三　　士5进4
6. 车七平六

连将杀,红胜。

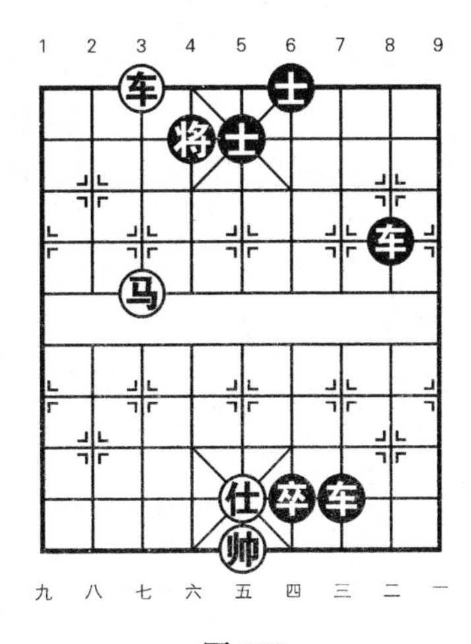

图378

第379局　剑光闪烁

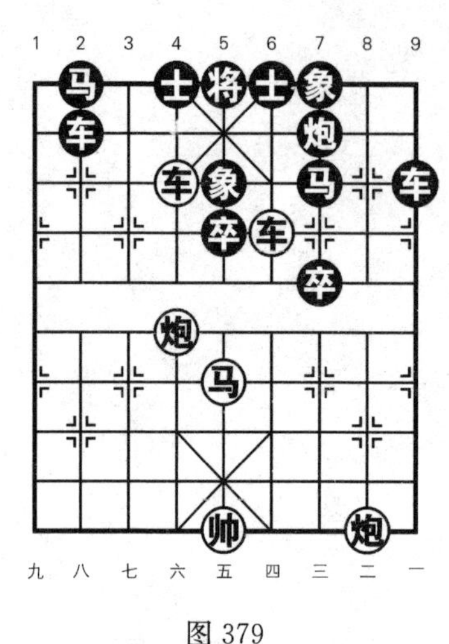

图379

着法(红先胜)：

1. 车六进二！　　将5平4
2. 车四进三　　将4进1
3. 马五进六　　将4平5
4. 炮二进八

连将杀,红胜。

第380局　得享天年

着法(红先胜)：

1. 车四进三　　将5进1
2. 马六进四　　将5进1

黑如改走将5平4,则车四退一,将4退1,马四进六,连将杀,红胜。

3. 车四平五　　将5平6
4. 炮六平四

连将杀,红胜。

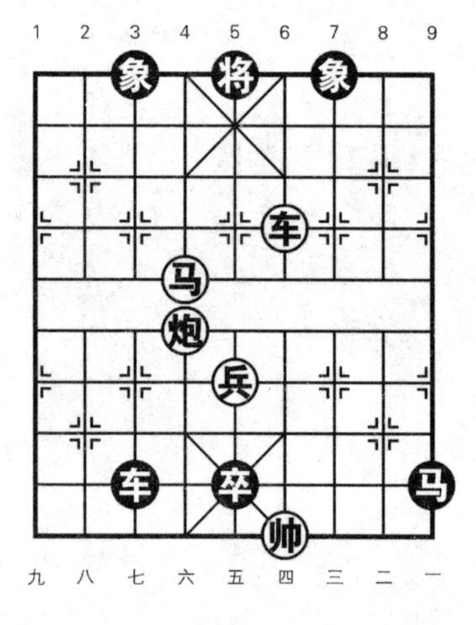

图380

第381局　箭如连珠

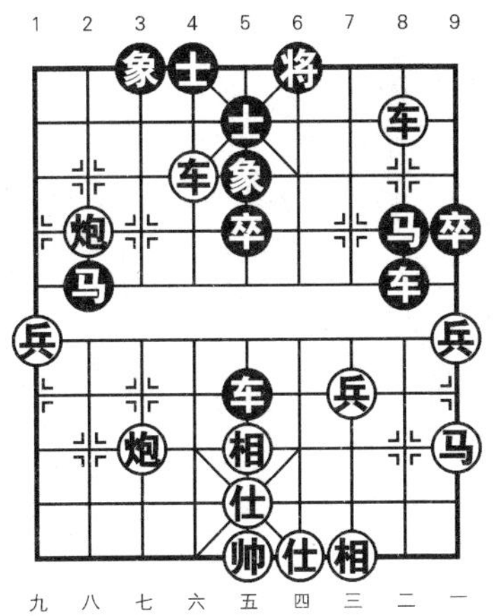

图 381

着法(红先胜)：

1. 车二进一　　将6进1
2. 炮七进六！　士5进4
3. 炮八进二　　将6进1
4. 车二退二

连将杀，红胜。

第382局　赴汤蹈火

着法(红先胜)：

1. 车八进二　　象5退3
2. 车八平七　　士5退4
3. 马二进四　　将5进1
4. 马四退六　　将5退1
5. 车七平六

连将杀，红胜。

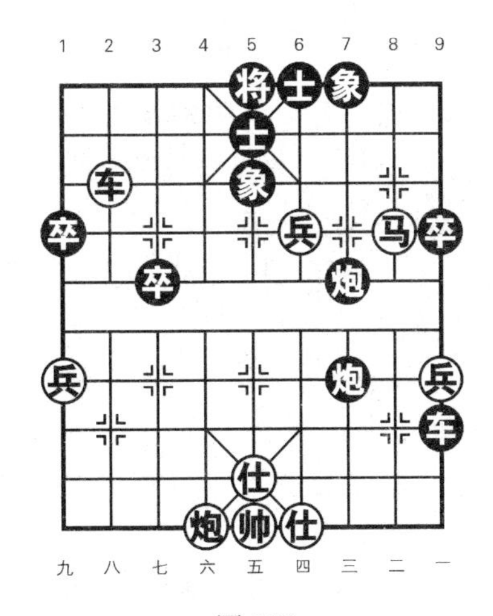

图 382

第383局 不差毫厘

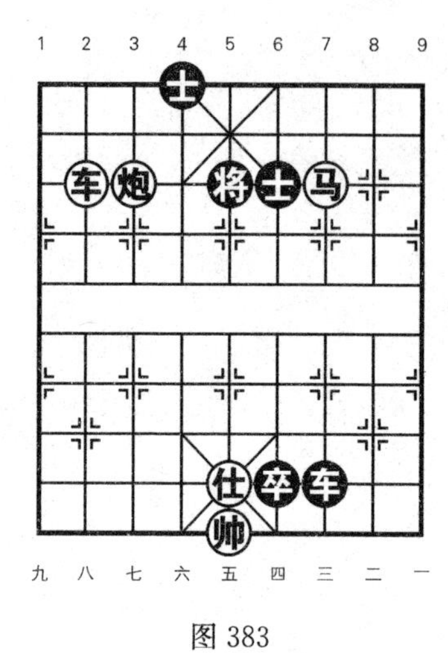

图 383

着法(红先胜):

1. 炮七进二!　　将 5 退 1

2. 车八进一　　将 5 进 1

3. 马三进四　　将 5 平 4

4. 车八退一

连将杀,红胜。

第384局 指东打西

着法(红先胜):

1. 车五平三!　　车 7 平 5

黑另有以下两种着法:

(1)车 7 平 6,车三进五,车 6 退 3,马二进三杀,红胜。

(2)车 7 进 2,马二进四,将 5 平 6,炮五平四杀,红胜。

2. 马二进三　　将 5 平 6

3. 车三平四　　士 5 进 6

4. 车四进三

绝杀,红胜。

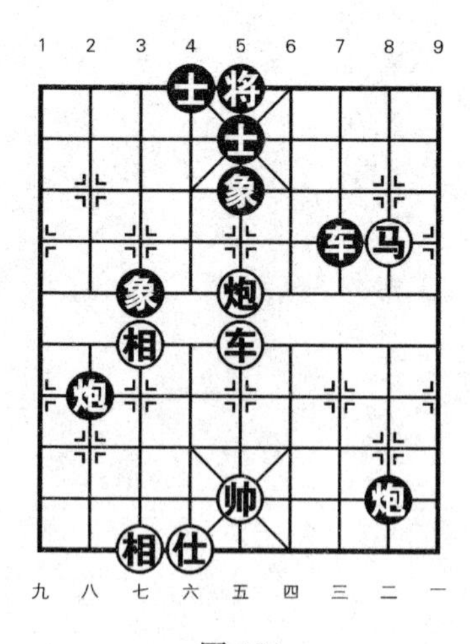

图 384

第385局　柔肠百转

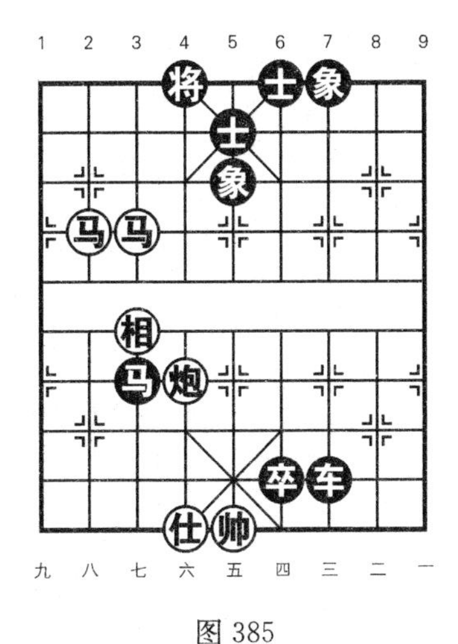

图385

着法(红先胜):

1. 马七进八　　将4平5
2. 后马进七　　将5平4
3. 马七退五　　将4平5
4. 马五进三!　 车7退7
5. 马八退六

连将杀,红胜。

第386局　四海遨游

着法(红先胜):

1. 马四进六　　士5进4
2. 车九退一　　将4退1
3. 马六进八　　将4平5
4. 马八进六　　马5退4
5. 车九进一　　将5进1
6. 马六退四　　将5平6
7. 炮六平四　　马4进6
8. 车九退一　　士6进5
9. 马四进六

连将杀,红胜。

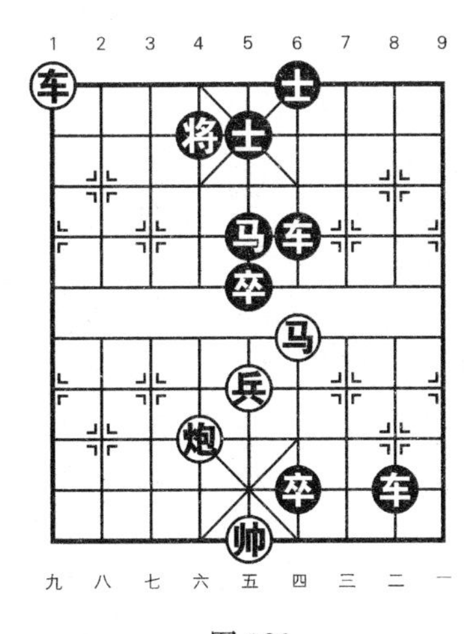

图386

第387局 为国尽忠

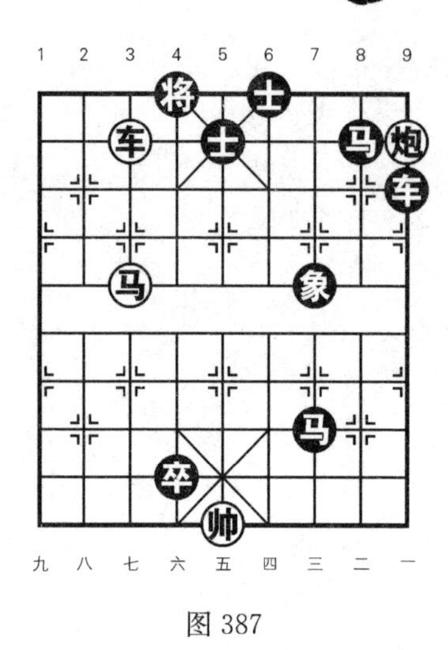

图387

着法(红先胜):

1. 炮一进一　　车9退2
2. 车七进一　　将4进1
3. 马七进八　　将4进1
4. 车七退二　　将4退1
5. 车七进一　　将4进1
6. 车七平六

连将杀,红胜。

第388局 圆浑蕴藉

着法(红先胜):

1. 马六进五　　将6进1
2. 马五进六　　将6退1
3. 马七进六

连将杀,红胜。

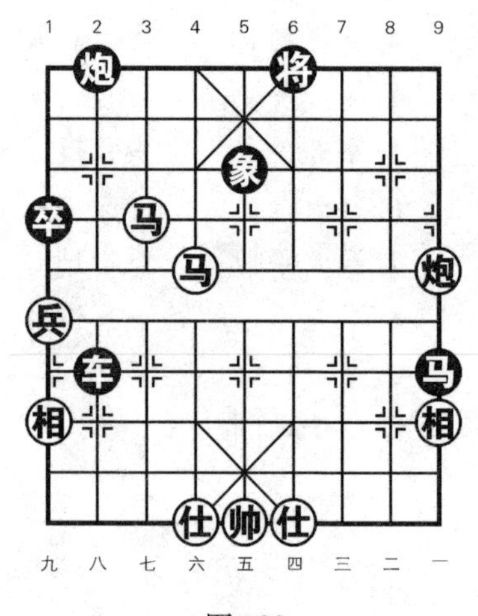

图388

第389局　另有图谋

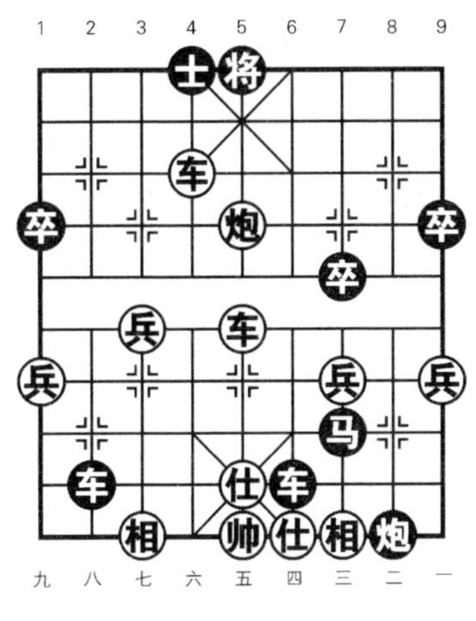

图 389

着法(红先胜):

1. 炮五平四　　士 4 进 5

2. 仕五进四!　　车 2 退 7

黑如改走车 6 进 1,则炮四退六,红得车胜定。

3. 车六平三　　将 5 平 4

黑如走将 5 平 6,则炮四退五,士 5 进 6,车五进五,将 6 进 1,车三进一杀,红胜。

4. 车三进二　　将 4 进 1

5. 车五进四　　将 4 进 1

6. 车三退二

绝杀,红胜。

第390局　极穷巧思

着法(红先胜):

1. 车七平六!　　将 4 进 1

2. 炮二平六　　马 2 退 4

3. 前炮平九　　马 4 进 2

4. 兵五平六

连将杀,红胜。

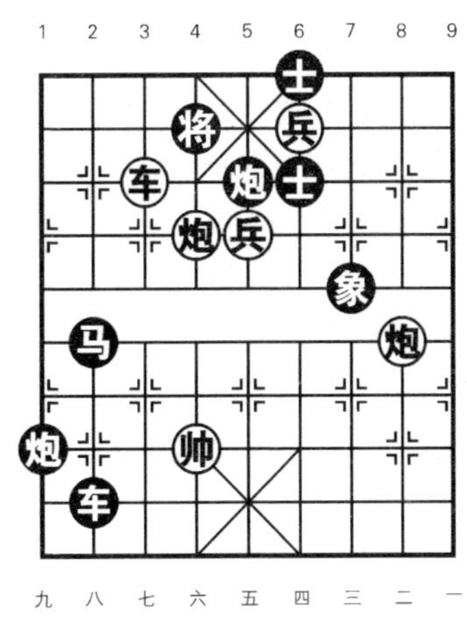

图 390

第391局　挑拨是非

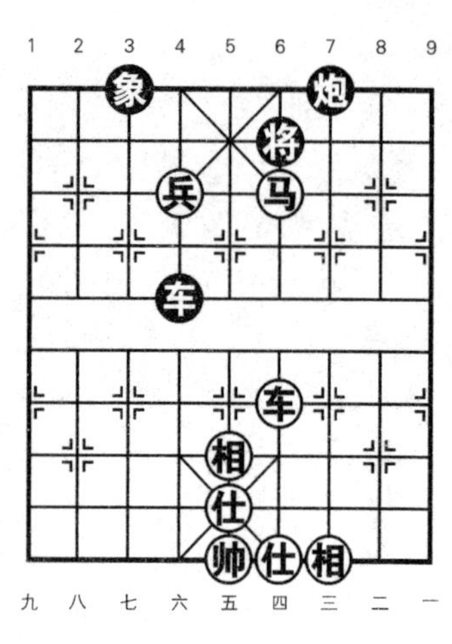

图391

着法(红先胜)：

1. 马四退六　　将6平5
2. 兵六平五！　将5退1

黑如改走将5平4，则马六进八，将4退1，车四进六，连将杀，红胜。

3. 兵五进一　　将5平4
4. 车四进六

连将杀，红胜。

第392局　既往不咎

着法(红先胜)：

1. 马二进三　　士5退6
2. 车四进七　　将5进1
3. 车四平五　　将5平6
4. 车五退一

连将杀，红胜。

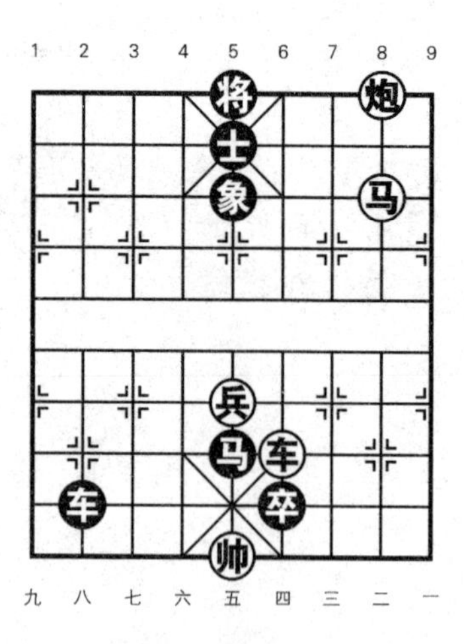

图392

第393局 疏疏落落

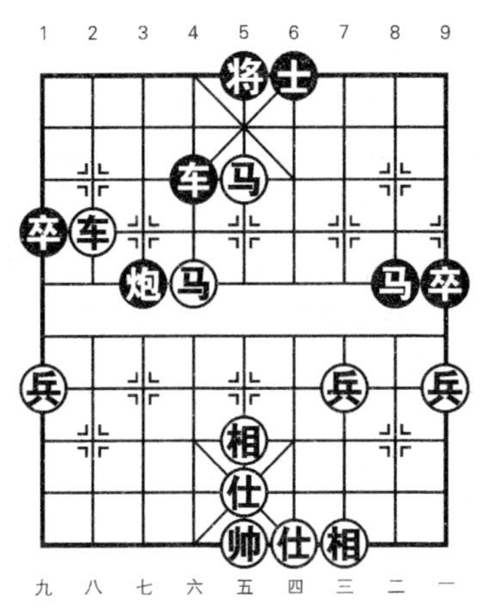

图393

着法(红先胜):

1. 马五进三　　将5进1

黑如改走将5平4,则马六进七!车4平3,车八平六,车3平4,车六进一,连将杀,红胜。

2. 车八进二　　车4退1
3. 马六进七　　将5平6
4. 马七退五　　将6进1
5. 车八退一　　车4进1
6. 车八平六

连将杀,红胜。

第394局 坚甲利兵

着法(红先胜):

1. 兵五平六　　士5进4
2. 兵六进一!　将4平5
3. 炮六平五　　象5退3
4. 马七退五

连将杀,红胜。

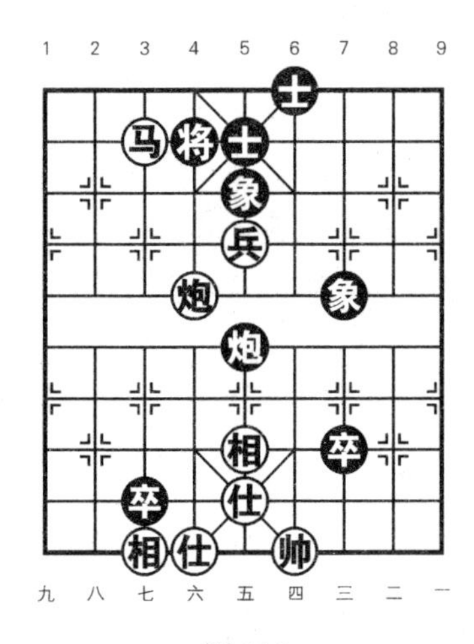

图394

第395局 荒村野店

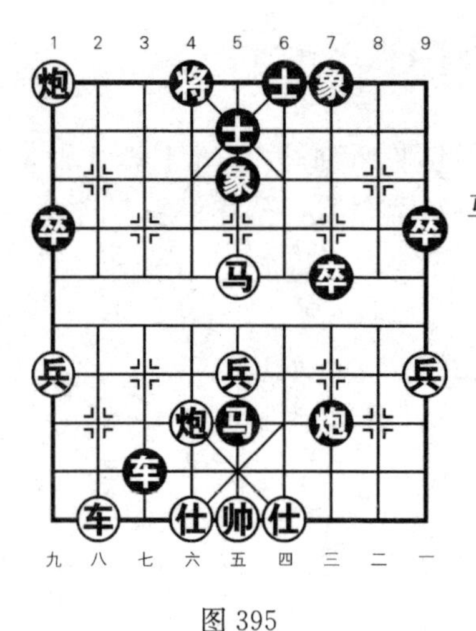

图395

着法(红先胜):

1. 车八进九　　将4进1

黑如改走象5退3,则车八退一!象3进5,马五进六,炮7平4,马六进七,连将杀,红胜。

2. 车八退一　　将4退1

3. 马五进六!　炮7平4

4. 马六进七

连将杀,红胜。

第396局 按兵不动

着法(红先胜):

1. 车八退一　　将4退1

2. 马六进七　　将4平5

3. 车八进一　　车4退5

4. 车八平六

连将杀,红胜。

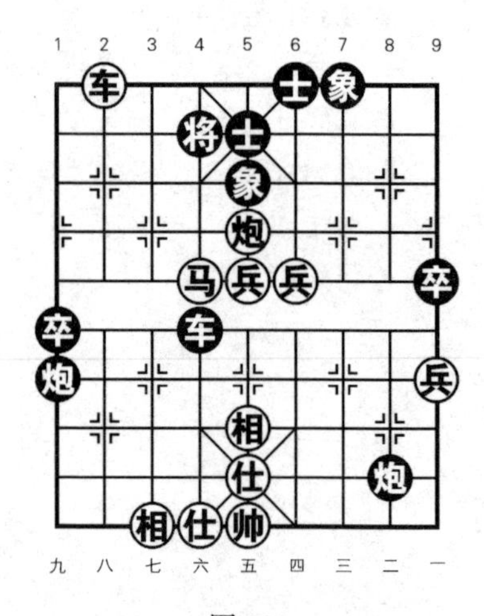

图396

第 397 局　运用自如

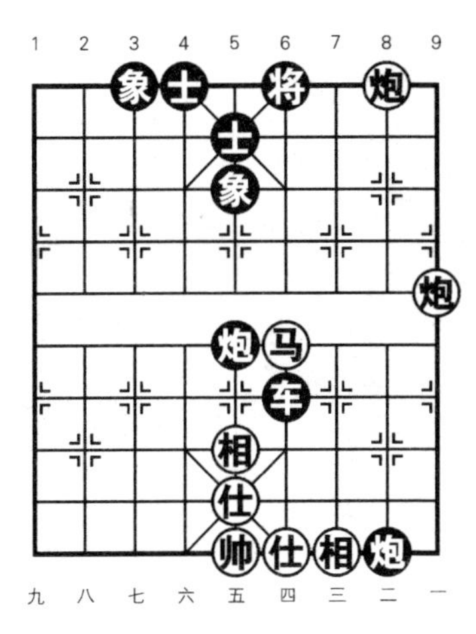

图 397

着法(红先胜):

1. 炮一进四　　将 6 进 1
2. 马四进三　　将 6 进 1
3. 马三进二　　将 6 退 1
4. 炮一退一

连将杀,红胜。

第 398 局　调兵遣将

着法(红先胜):

1. 兵四平五!　　士 6 进 5
2. 车五进一　　将 4 进 1
3. 车五退一　　将 4 退 1
4. 马七进八　　将 4 退 1
5. 车五进二

连将杀,红胜。

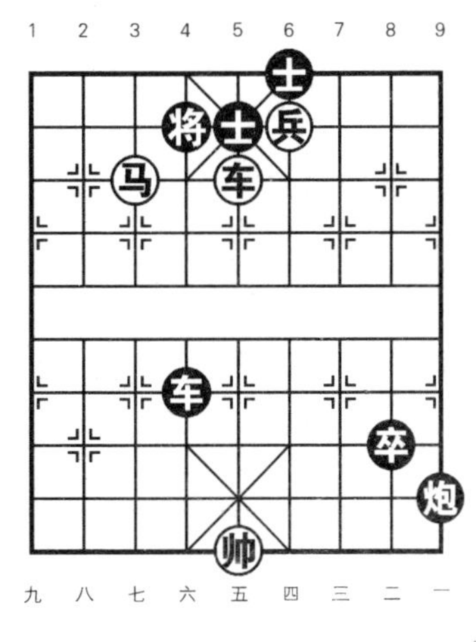

图 398

第399局　精兵强将

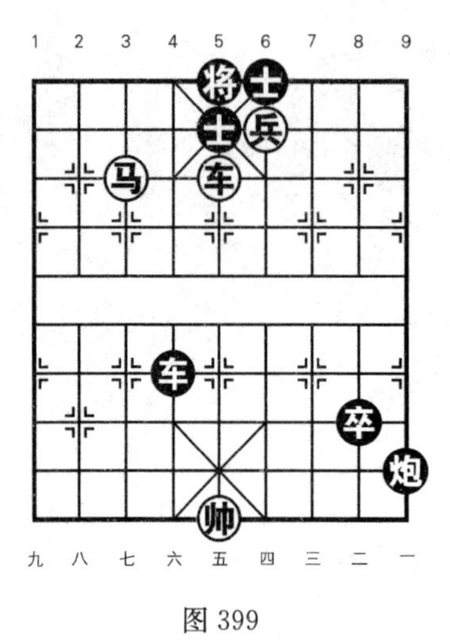

图399

着法(红先胜):

1. 兵四平五!　士6进5
2. 车五进一　将5平6
3. 车五进一　将6进1
4. 马七退五　将6进1
5. 马五退三　将6退1
6. 马三进二　将6进1
7. 车五平四

连将杀,红胜。

第400局　招摇撞骗

着法(红先胜):

1. 马八进七　士5退4
2. 马七退六　将5进1
3. 前马进八　将5平6
4. 马八进六

连将杀,红胜。

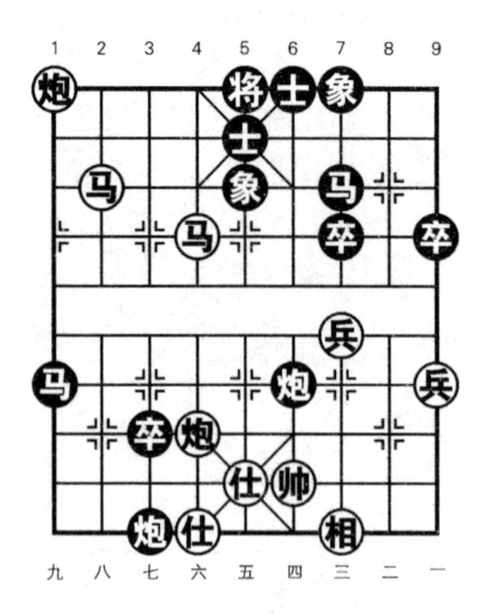

图400

第 401 局　冲出重围

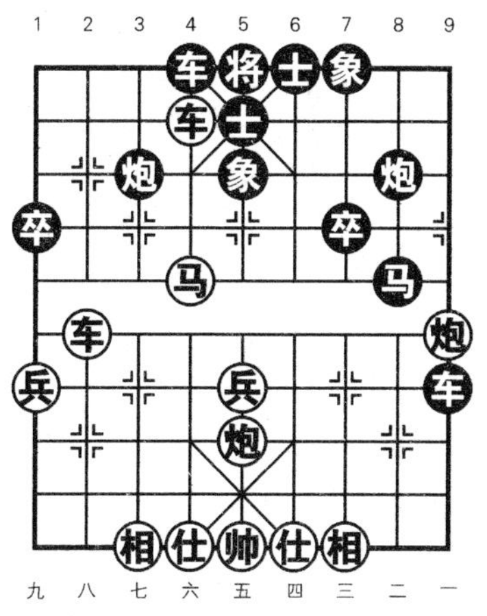

图 401

着法(红先胜)：

1. 马六进五！　马 8 退 6

黑另有以下两种应着：

(1)车 4 进 1,马五进三,将 5 平 4,车八进五,炮 3 退 2,车八平七,绝杀,红胜。

(2)象 7 进 5,炮五进五,士 5 进 6,炮一平五杀,红胜。

2. 马五进七　炮 8 平 5

黑如改走车 4 平 3,则车六退二！车 3 进 1,车八进五,车 3 退 1,车八平七杀,红胜。

3. 车八进五！　车 4 平 2

4. 车六退二

绝杀,红胜。

第 402 局　茫然若失

着法(红先胜)：

1. 马六退四　将 5 平 6

2. 炮六平四　马 4 进 6

3. 车九退一　士 6 进 5

4. 马四进六

连将杀,红胜。

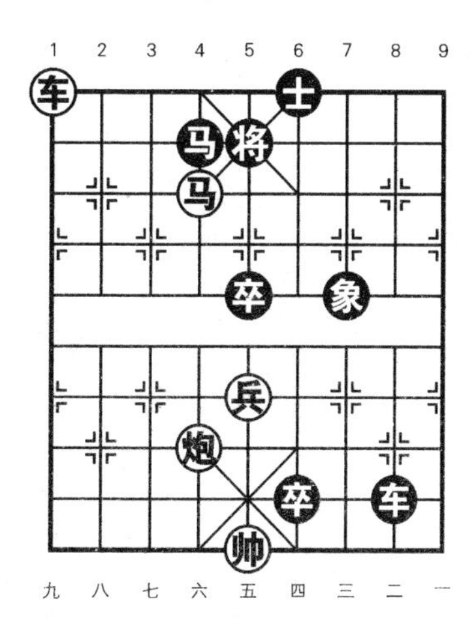

图 402

第403局 死不足惜

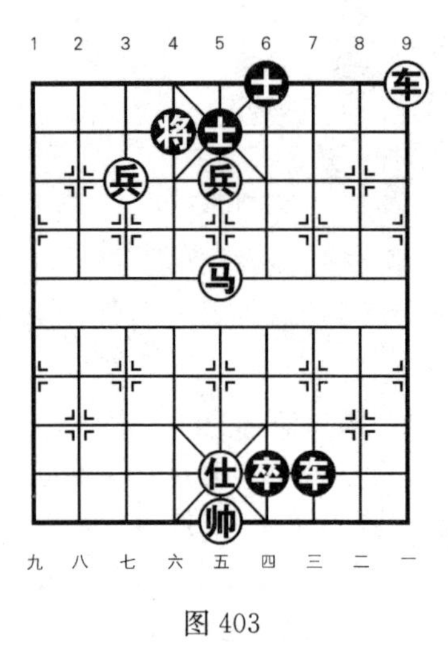

图403

着法(红先胜):

1. 兵七进一　　将4退1
2. 车一平四!　　士5退6
3. 兵七进一　　将4平5
4. 马五进四

连将杀,红胜。

第404局 无怨无悔

着法(红先胜):

1. 炮一进一!　　车9退2
2. 车七进一　　将4进1
3. 马八进七　　将4进1
4. 马七进八　　将4退1
5. 车七退一　　将4退1
6. 车七平五

连将杀,红胜。

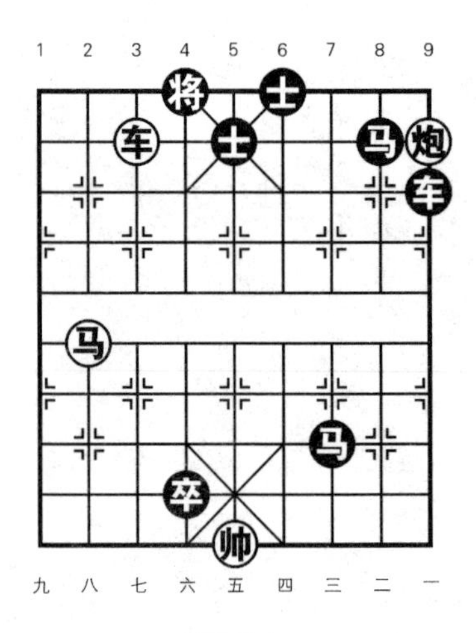

图404

第405局　刚猛无俦

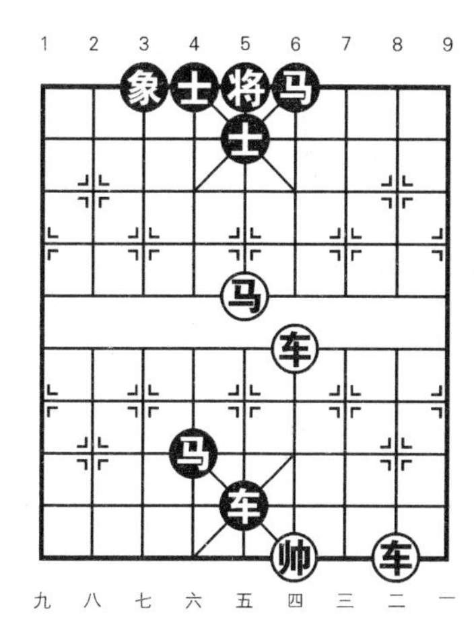

图405

着法(红先胜):

1. 马五进六!　　士5进4
2. 车四进五　　将5进1
3. 车二进八　　将5进1
4. 车四退二

连将杀,红胜。

第406局　智擒兀术

着法(红先胜):

1. 车八退一　　将4退1
2. 炮九进二　　将4退1
3. 车八进二　　象5退3
4. 车八平七

连将杀,红胜。

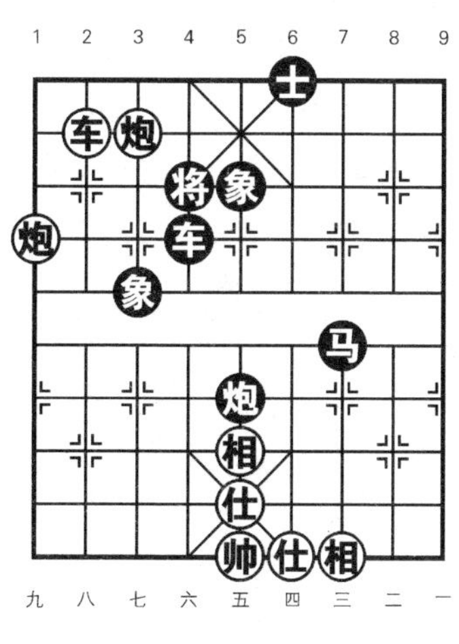

图406

第407局　乘人之危

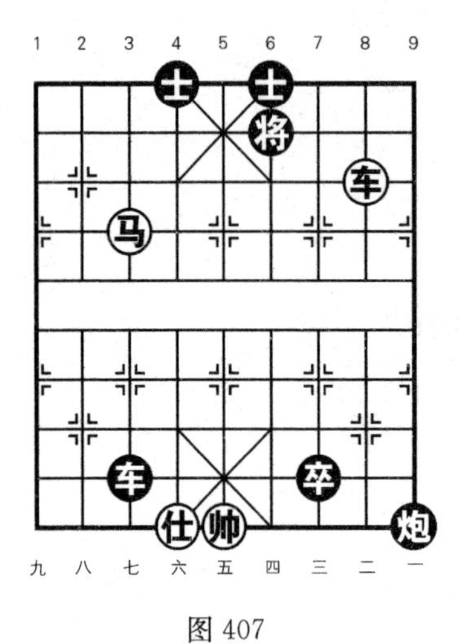

图 407

着法(红先胜):

1. 车二进一　　将 6 进 1

2. 马七进六　　士 6 进 5

3. 车二退一　　将 6 退 1

4. 马六退五　　将 6 退 1

5. 车二进二

连将杀,红胜。

第408局　兵强将勇

着法(红先胜):

1. 炮五平六　　士 5 进 4

2. 兵六进一　　将 4 平 5

3. 兵六平五!　　将 5 平 6

4. 兵五平四　　将 6 平 5

5. 炮六平五

连将杀,红胜。

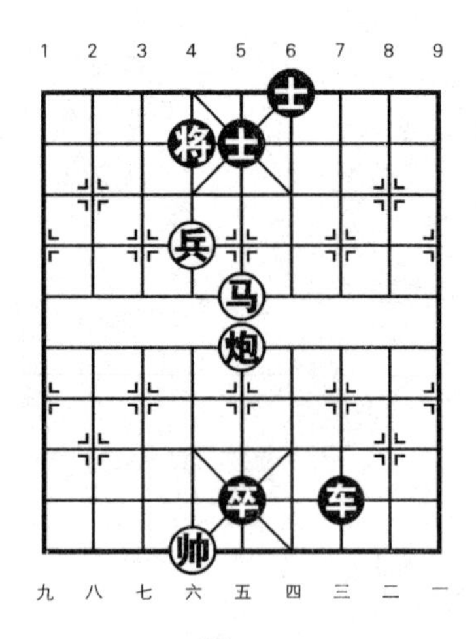

图 408

第409局　孤苦无依

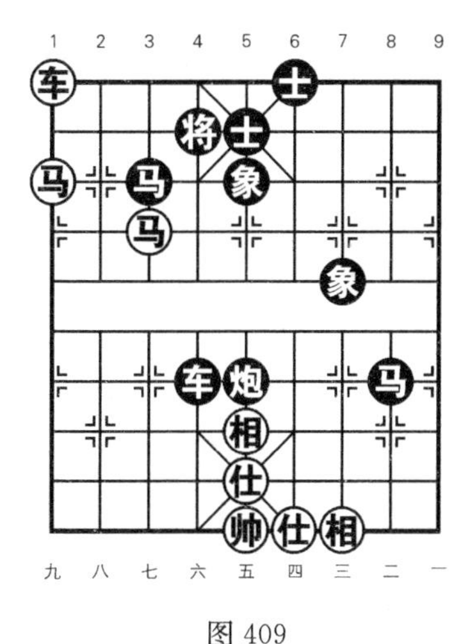

图409

着法(红先胜)：

1. 马九进八　　将4退1
2. 马八退七　　将4进1
3. 前马退九　　将4进1
4. 马九进八

连将杀，红胜。

第410局　大势所趋

着法(红先胜)：

1. 马六进四　　炮1平6

黑如改走将6平5，则马四进三，将5平6，车三平四，士5进6，车四进一，连将杀，红胜。

2. 马四进六　　炮6平5
3. 车三平四　　士5进6
4. 车四进一

连将杀，红胜。

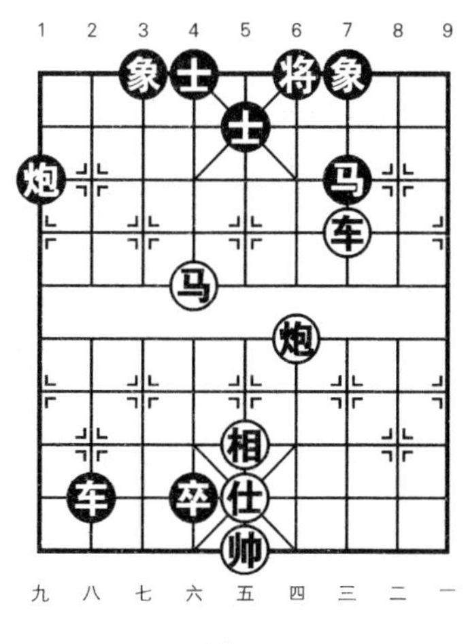

图410

第411局 在劫难逃

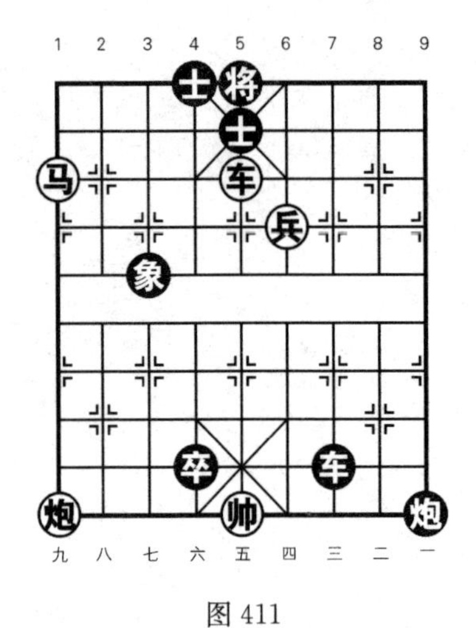

图411

着法(红先胜):

1. 马九进七　　将5平6
2. 炮九进九　　将6进1
3. 兵四进一!　士5进6
4. 炮九退一　　士6退5
5. 车五平四!　将6进1
6. 马七退六

连将杀,红胜。

第412局 损兵折将

着法(红先胜):

1. 兵四进一　　将6平5

黑如改走将6退1,则兵四进一,将6平5,车四平五,象3退5,车五进三,连将杀,红胜。

2. 车四平五　　象3退5
3. 兵四平五!　象7进5
4. 马二进三　　将5退1
5. 车五进三

连将杀,红胜。

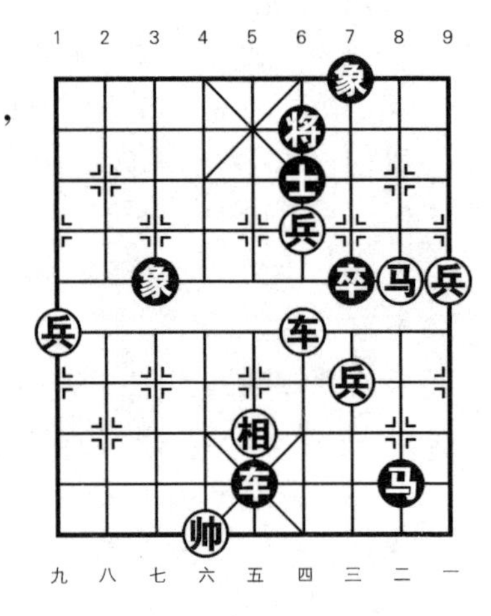

图412

第413局　精微奥妙

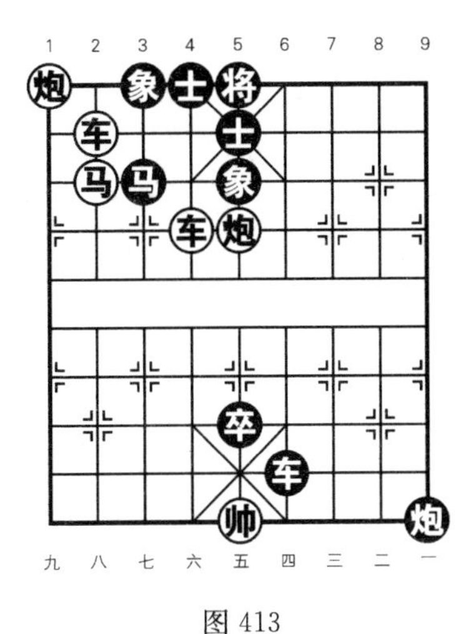

图413

着法(红先胜)：

1. 车六进三！　马3退4
2. 车八平五　将5平6
3. 车五进一　将6进1
4. 车五平四！　将6退1
5. 马八进六　将6进1
6. 炮九退一

连将杀,红胜。

第414局　面面相觑

着法(红先胜)：

1. 马八进七！　车3进1
2. 车八进六　车3退1
3. 车八平七　马3退4
4. 后车平六

下一步车七平六杀,红胜。

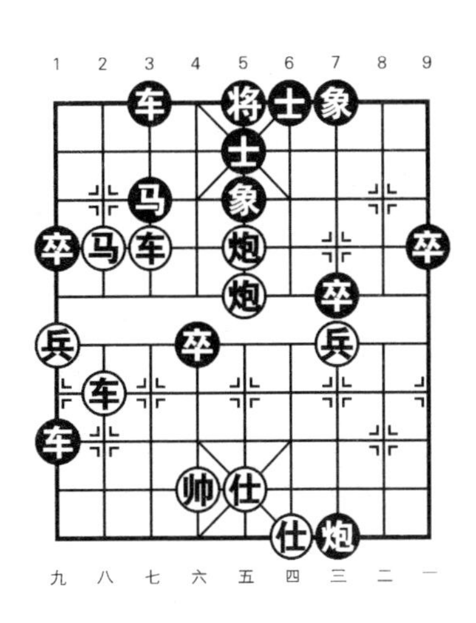

图414

第415局 悲喜交加

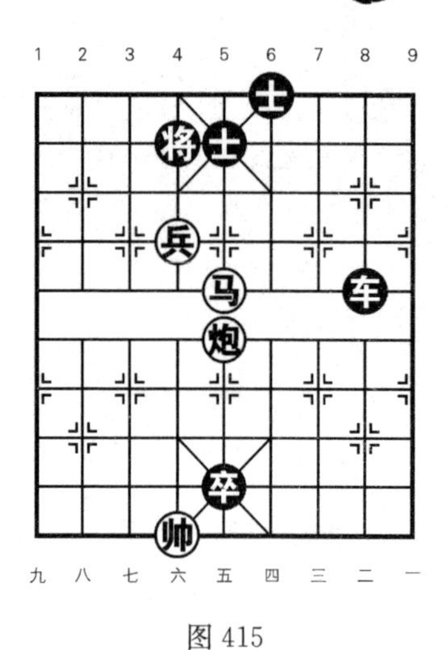

图415

着法(红先胜):

1. 炮五平六　　士5进4
2. 兵六进一　　将4平5
3. 炮六平五　　将5平6
4. 马五进三　　将6平5
5. 兵六平五

连将杀,红胜。

第416局 永无止息

着法(红先胜):

1. 炮二平五　　士4退5
2. 车四平五　　将5平4
3. 车五进一　　将4进1
4. 车五平六!

连将杀,红胜。

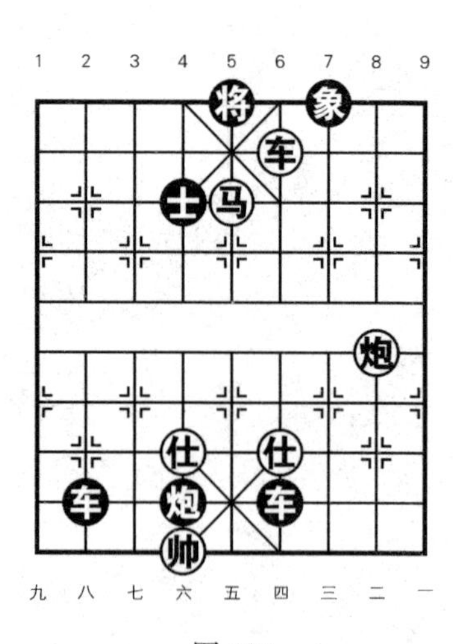

图416

第 417 局　箭无虚发

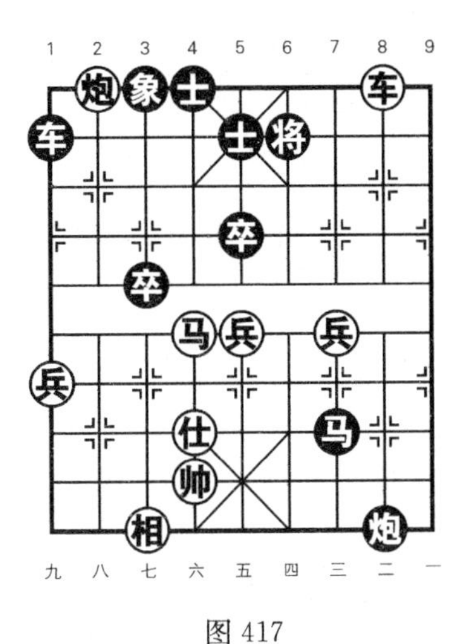

图 417

着法(红先胜):

1. 马六进五　　象 3 进 5
2. 车二退一　　将 6 进 1
3. 炮八退二!　士 5 进 4
4. 马五退三

连将杀,红胜。

第 418 局　暴殄天物

着法(红先胜):

1. 车四进五!　将 4 进 1
2. 马八进六　　士 5 进 4
3. 车四退一　　将 4 退 1
4. 马六进八　　士 4 退 5
5. 马八进六

连将杀,红胜。

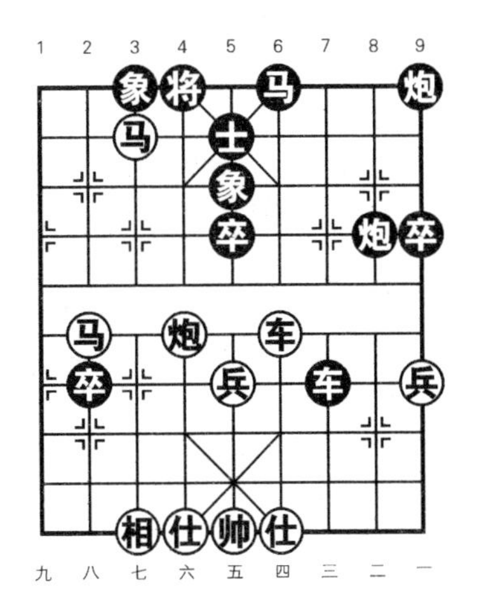

图 418

第 419 局　剑拔弩张

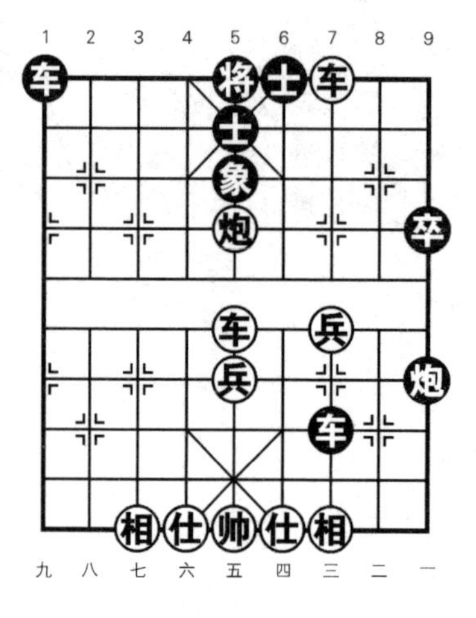

图 419

着法(红先胜)：

1. 车五平四　　将 5 平 4
2. 车三平四　　将 4 进 1
3. 后车平六　　士 5 进 4
4. 车四退一　　将 4 退 1
5. 车六进三

绝杀，红胜。

第 420 局　伤天害理

着法(红先胜)：

1. 车七平六　　将 5 进 1
2. 车六退一！　将 5 退 1
3. 车六进一　　将 5 进 1
4. 炮九退一　　将 5 进 1
5. 车六退二

连将杀，红胜。

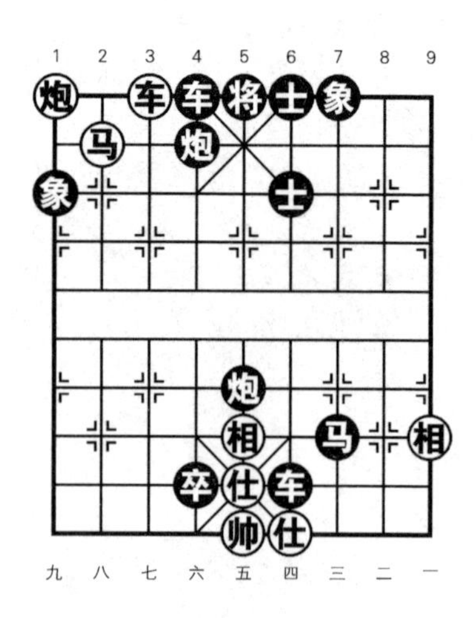

图 420

第421局 身陷重围

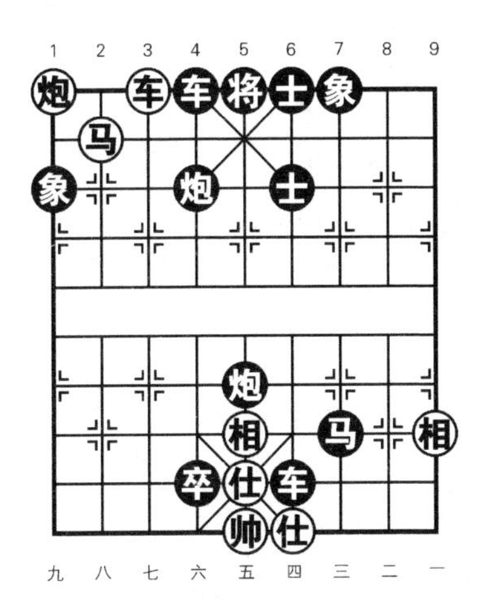

图421

着法(红先胜):

1. 车七平六　　将5进1
2. 炮九退一　　炮4退1
3. 车六退一　　将5退1
4. 车六进一

连将杀,红胜。

第422局 魂飞天外

着法(红先胜):

1. 马九退七　　将5平4

黑如改走将5退1,则马七退六,将5退1,马六进四,连将杀,红胜。

2. 马七退八　　将4平5
3. 马八退六　　将5平4
4. 马六进四　　将4平5
5. 车八退一

连将杀,红胜。

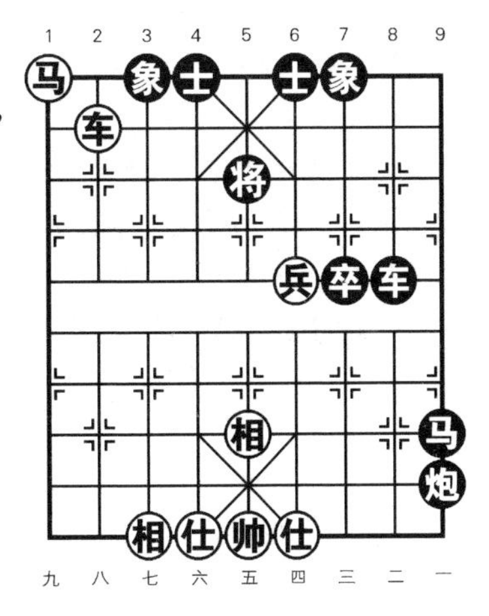

图422

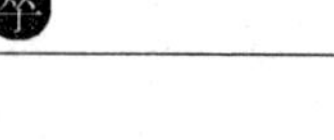

第 423 局　挫骨扬灰

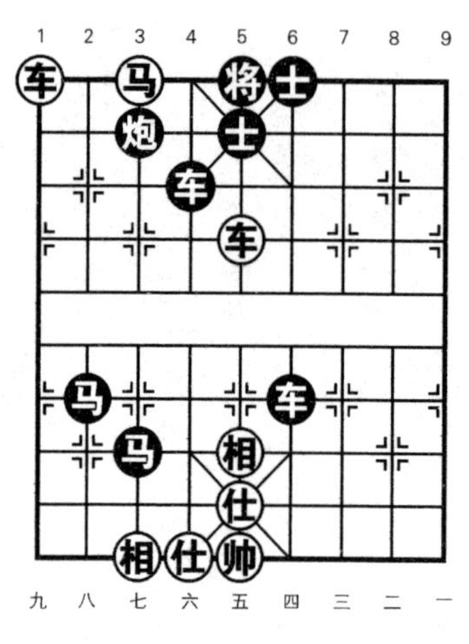

图 423

着法(红先胜)：

1. 马七退五！　　车 4 退 2
2. 马五退六！　　士 6 进 5
3. 车五进二　　　将 5 平 6
4. 车九平六

连将杀,红胜。

第 424 局　震耳欲聋

着法(红先胜)：

1. 炮三进七！　　象 5 退 7
2. 车七进九　　　将 4 进 1
3. 车七退一　　　将 4 退 1

黑如改走将 4 进 1,则车七退一杀,红胜。

4. 车七平六！

连将杀,红胜。

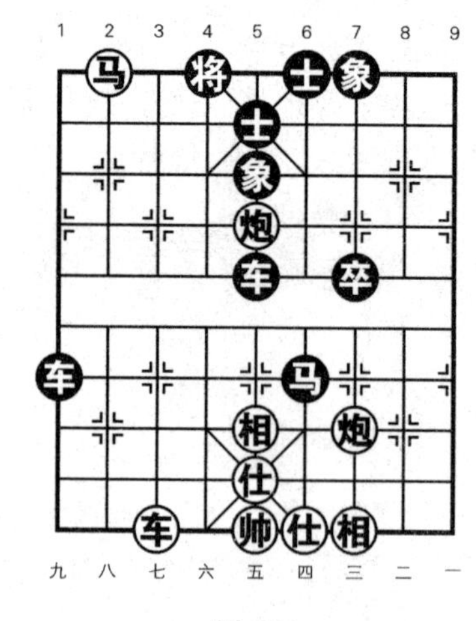

图 424

第 425 局　甘拜下风

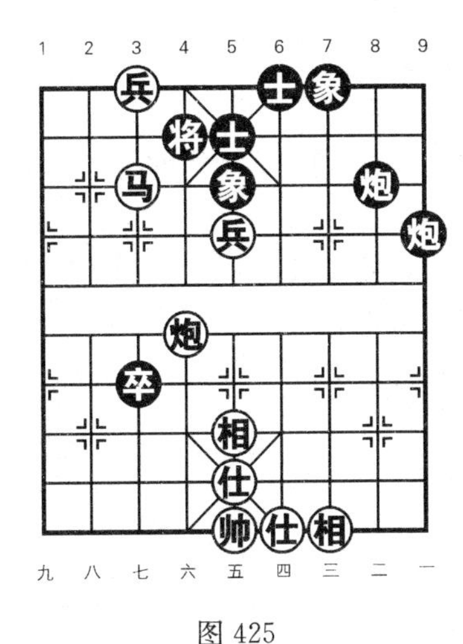

图 425

着法(红先胜):

1. 马七退六　　士 5 进 4
2. 马六进四　　士 4 退 5
3. 兵五平六　　士 5 进 4
4. 兵六进一

连将杀,红胜。

第 426 局　摇头晃脑

着法(红先胜):

1. 车二平六　　车 8 平 4
2. 炮五平六　　车 4 平 2
3. 炮六进四　　车 2 平 4
4. 炮六退二

红得车胜定。

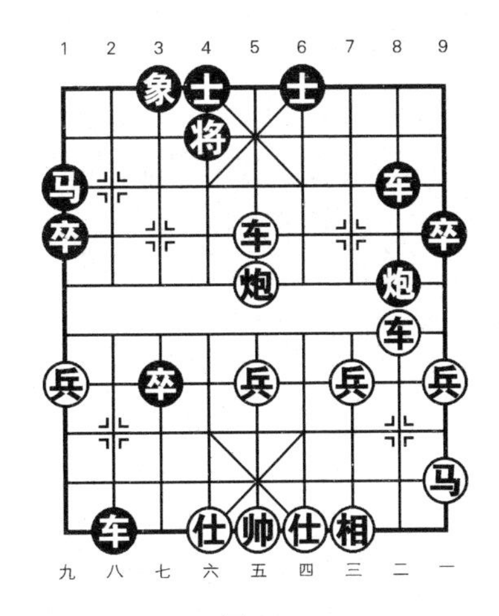

图 426

第427局　柳条穿鱼

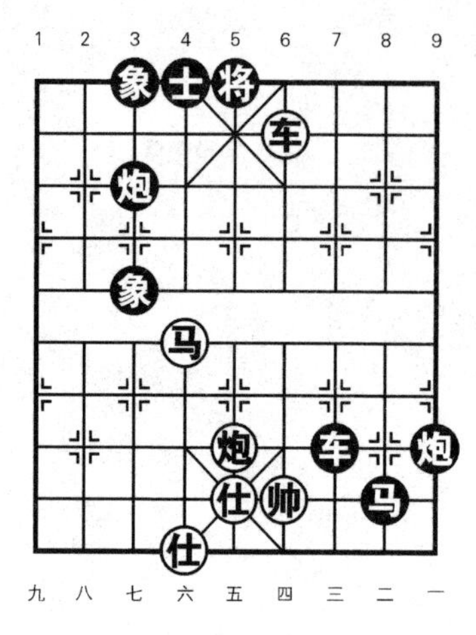

图427

着法(红先胜)：

1. 马六进五　　车7平5

黑如改走炮3平5,则马五退七！士4进5,车四进一,连将杀,红胜。

2. 车四进一　　将5进1
3. 马五进七　　将5平4

黑如改走将5进1,则车四退二杀,红胜。

4. 车四平六

连将杀,红胜。

第428局　各司其职

着法(红先胜)：

1. 马八退六　　将5平4
2. 马六进七　　将4进1
3. 车七进二　　将4进1
4. 车七退一　　将4退1
5. 车七平六

连将杀,红胜。

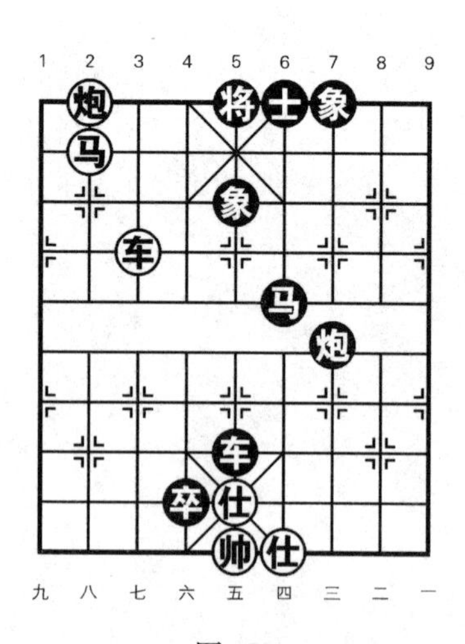

图428

第429局　求仙学道

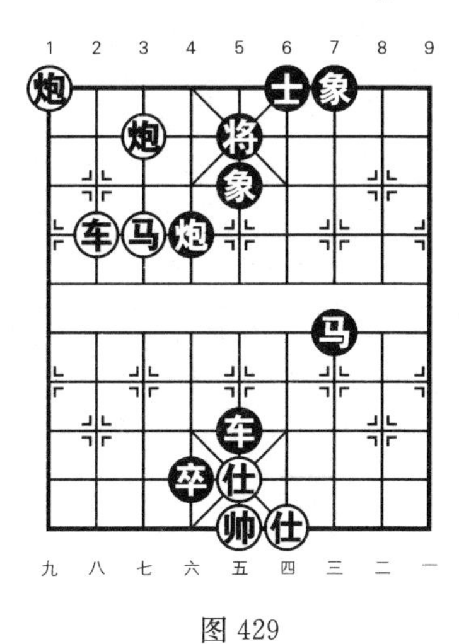

图 429

着法(红先胜):

1. 马七进六!　将5平4
2. 炮九退一　将4退1
3. 车八进三　象5退3
4. 车八平七

连将杀,红胜。

第430局　爽爽快快

着法(红先胜):

1. 车三进四　将6进1
2. 马七进六　将6进1
3. 车六退一!　士5进4
4. 车三平四

连将杀,红胜。

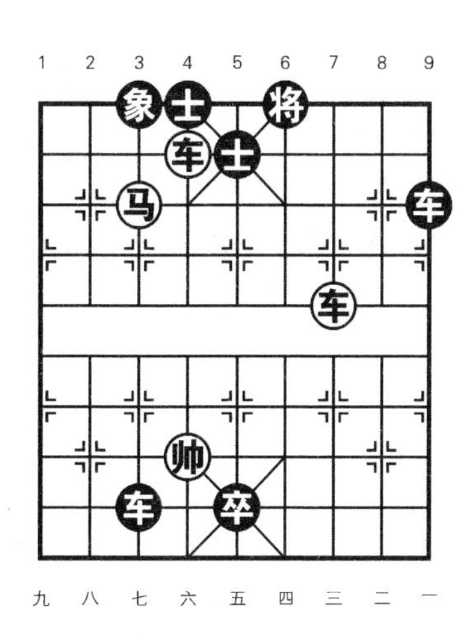

图 430

第431局　登峰造极

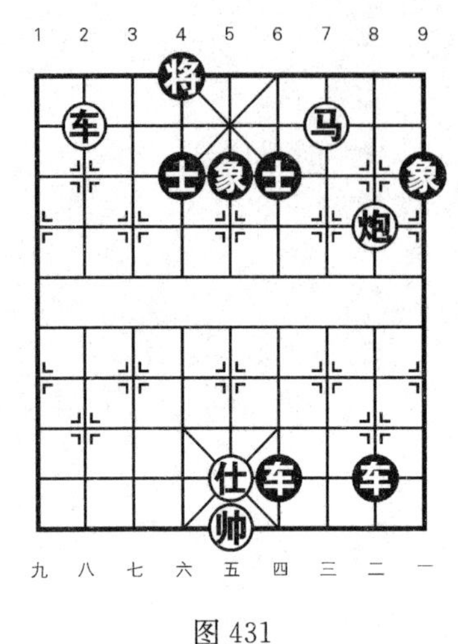

图431

着法(红先胜)：

1. 马三退五　　士4退5

黑另有以下两种应着：

(1)士6退5，车八进一，将4进1，炮二平六，连将杀，红胜。

(2)将4平5，炮二平五，士4退5，车八进一，连将杀，红胜。

2. 车八进一　　将4进1
3. 马五退七　　将4进1
4. 车八退二

连将杀，红胜。

第432局　满腔悲愤

着法(红先胜)：

1. 车二平三　　马5退7
2. 车三退一　　将6退1
3. 车三进一　　将6进1
4. 车三平四

连将杀，红胜。

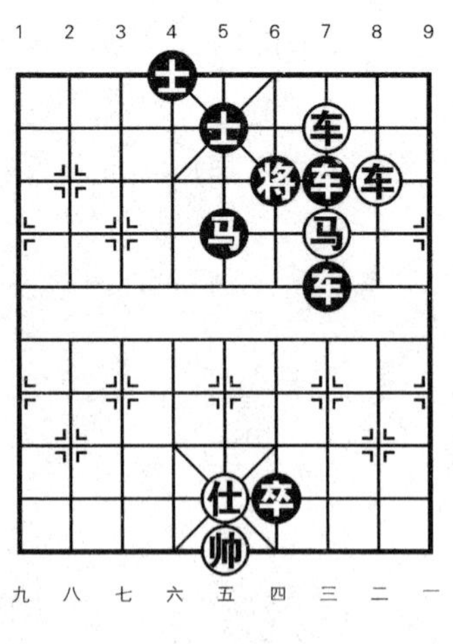

图432

第433局 知恩图报

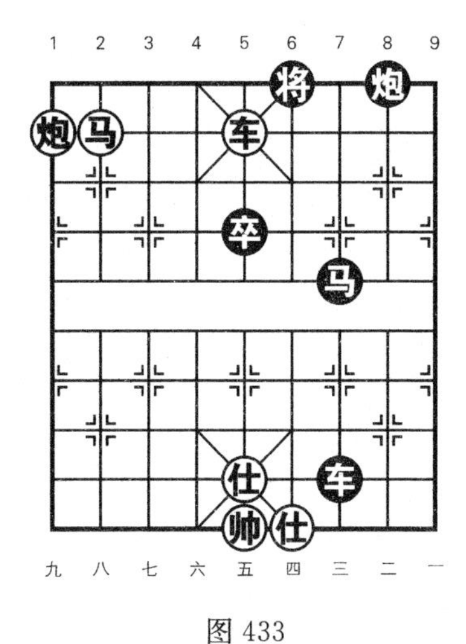

图 433

着法(红先胜):

1. 车五平四　　将6平5
2. 马八退六　　将5平4
3. 车四进一　　将4进1
4. 马六进八

连将杀,红胜。

第434局 白虹经天

着法(红先胜):

1. 车四进五　　将5退1
2. 炮一进三　　炮8退1
3. 车四进一　　将5进1
4. 车四退一

连将杀,红胜。

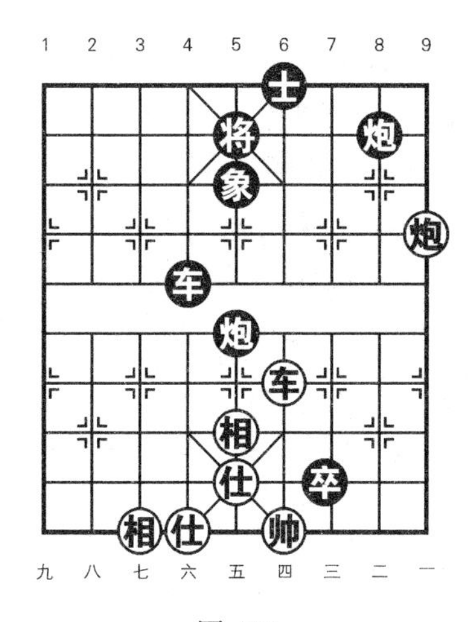

图 434

第435局　不翼而飞

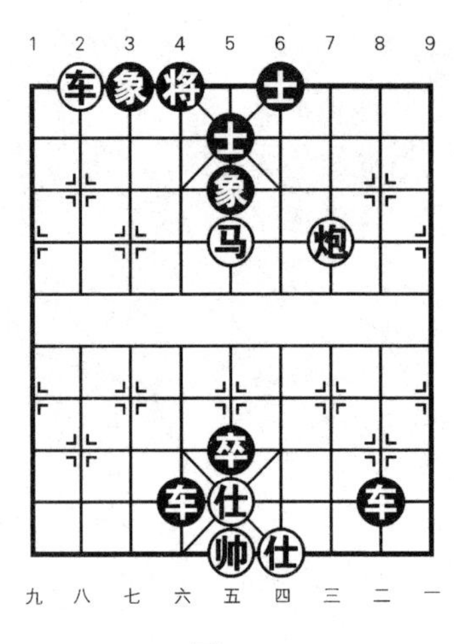

图 435

着法(红先胜):

1. 炮三进三！　将 4 进 1

2. 车八退一　将 4 进 1

3. 炮三退二！　士 5 进 6

4. 马五退七

连将杀,红胜。

第436局　出神入化

着法(红先胜):

1. 马二进三　将 5 平 4

2. 车五平六　士 5 进 4

3. 车六进一！　车 3 平 4

4. 马七进八

连将杀,红胜。

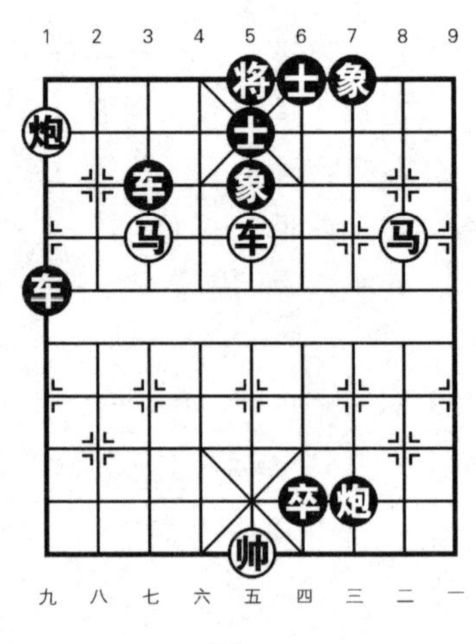

图 436

第 437 局　心事重重

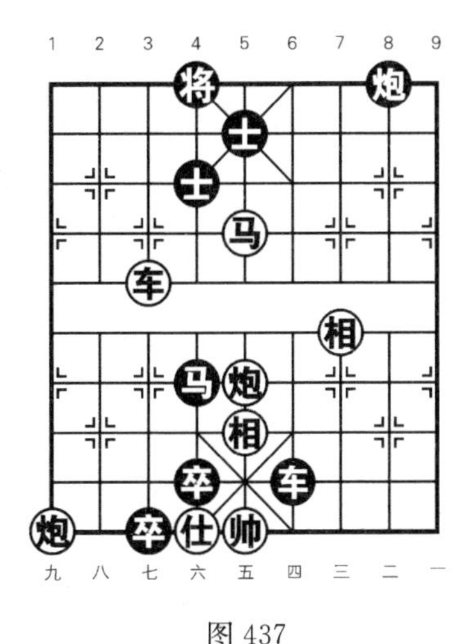

图 437

着法(红先胜):

1. 马五进七　　将 4 进 1
2. 马七进八　　炮 8 平 3
3. 车七进三　　将 4 退 1
4. 车七进一　　将 4 进 1
5. 车七平五

连将杀,红胜。

第 438 局　心神不定

着法(红先胜):

1. 车八进一　　将 4 进 1
2. 炮二进二　　士 4 退 5

黑如改走士 6 退 5,则马三退五,士 5 进 6,车八退一,连将杀,红胜。

3. 马三退五　　士 5 退 6
4. 车八退一　　将 4 进 1
5. 马五进四

双叫杀,红胜。

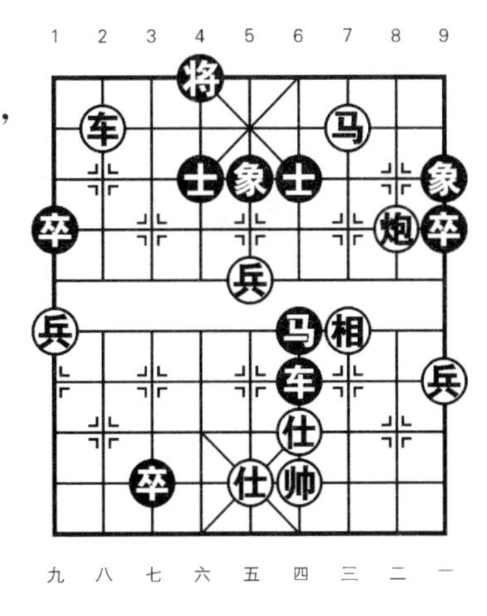

图 438

第439局 豁然贯通

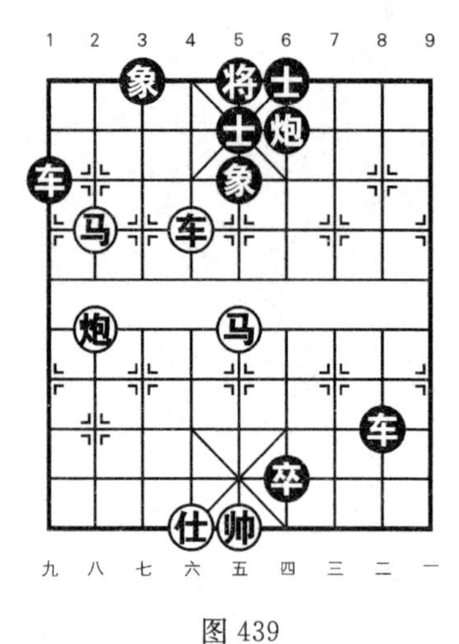

图439

着法(红先胜):

1. 马八进七！ 炮6平3
2. 炮八进五 士5退4
3. 车六进三 将5进1
4. 马五进四 将5平6
5. 车六平四

连将杀,红胜。

第440局 大智若愚

着法(红先胜):

1. 马六进四！ 将5平4
2. 车五平六！ 士5进4
3. 炮八平六 士4退5
4. 兵七平六

连将杀,红胜。

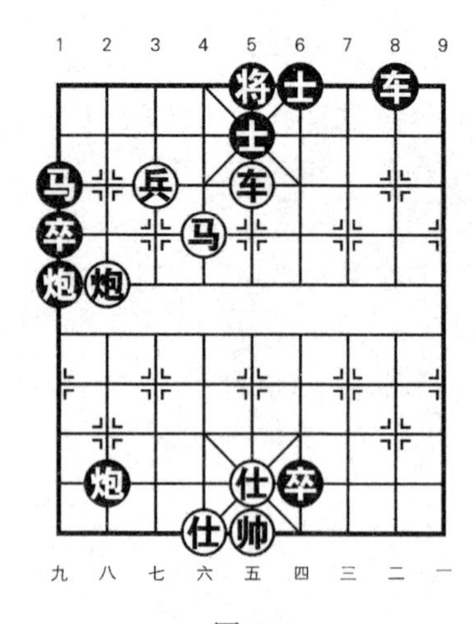

图440

第441局 冷眼旁观

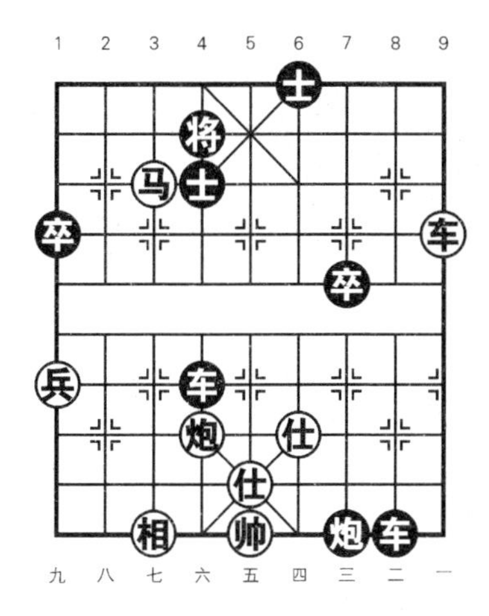

图441

着法(红先胜):

1. 车一进二　　士6进5
2. 马七进八　　将4退1
3. 车一进一　　士5退6
4. 车一平四

连将杀,红胜。

第442局 行若无事

着法(红先胜):

1. 马三进二　　炮6退1
2. 马二退四!　　炮6进3
3. 马四进二　　炮6退3
4. 马二退四!

连将杀,红胜。

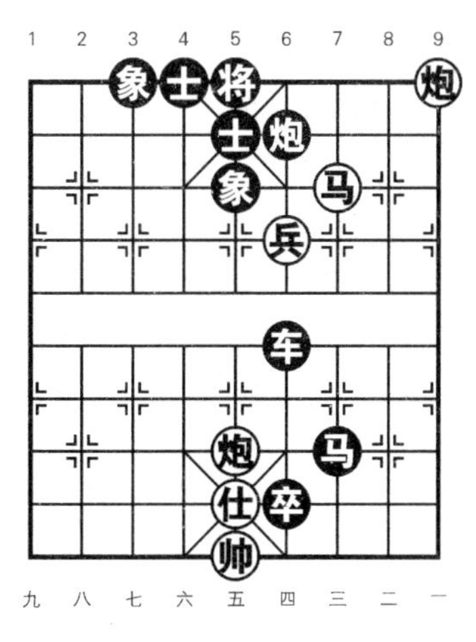

图442

第 443 局　倏遭大变

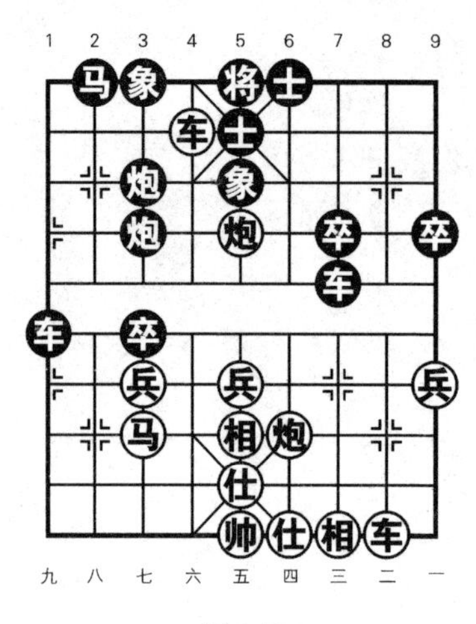

图 443

着法(红先胜):

1. 车六平五!　将 5 平 4
2. 车五进一　将 4 进 1
3. 车二进八　将 4 进 1
4. 车五平六

连将杀,红胜。

第 444 局　深不可测

着法(红先胜):

1. 炮三进七　将 5 进 1
2. 马三进四!　将 5 进 1
3. 炮三退二　士 6 退 5
4. 炮二退一

连将杀,红胜。

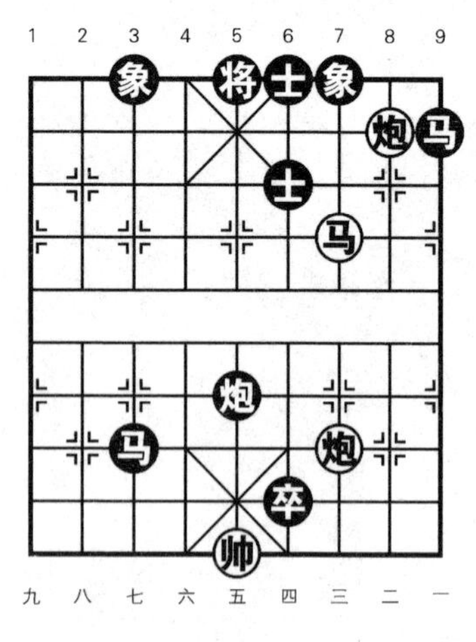

图 444

第445局　智勇双全

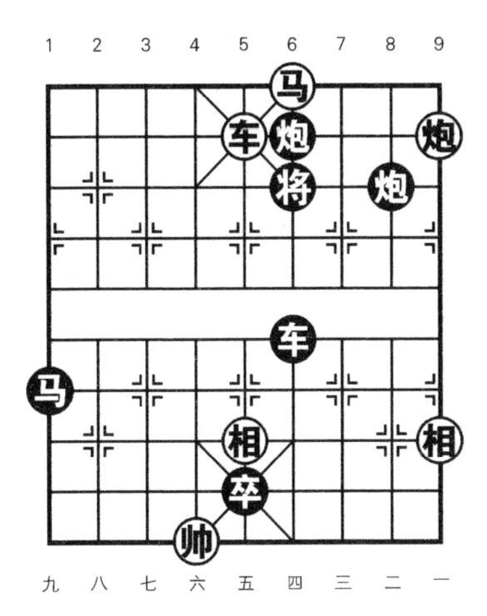

图445

着法(红先胜):

1. 车五平四!　将6平5
2. 车四退四　将5退1
3. 马四退二　将5退1
4. 车四进五

连将杀,红胜。

第446局　明镜高悬

着法(红先胜):

1. 马五进三　将6平5
2. 炮九进一　象5退3
3. 车七平五　士4退5
4. 车五进二

连将杀,红胜。

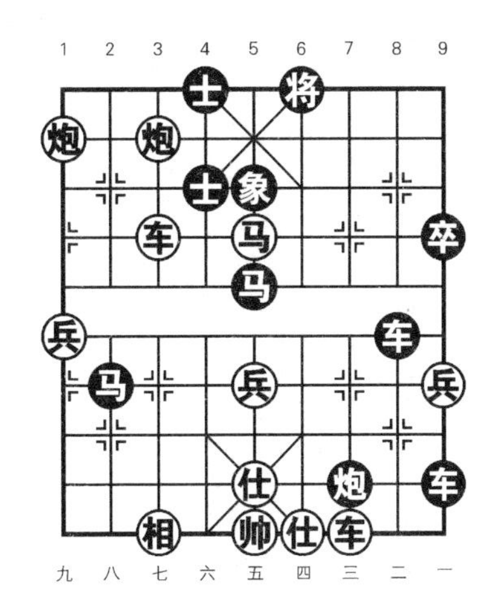

图446

第 447 局　轻松自在

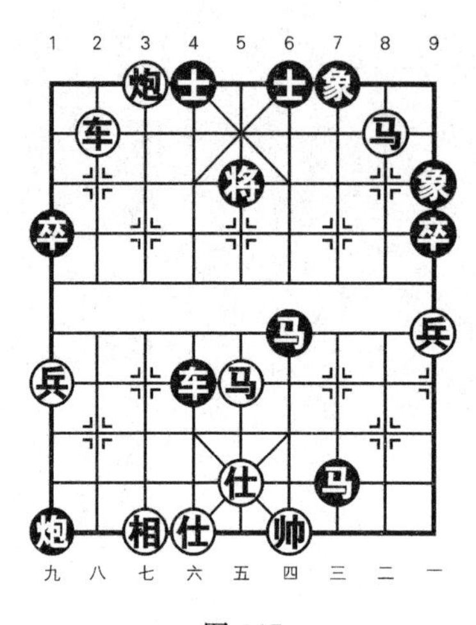

图 447

着法(红先胜):

1. 马五进四　　将 5 平 4
2. 车八退一　　将 4 退 1
3. 马二进四　　将 4 平 5
4. 车八进一　　车 4 退 5
5. 车八平六

连将杀,红胜。

第 448 局　风狂雨急

着法(红先胜):

1. 马七进六　　将 5 平 4
2. 马六进八　　将 4 平 5
3. 车二进二　　将 5 退 1
4. 马八进七

连将杀,红胜。

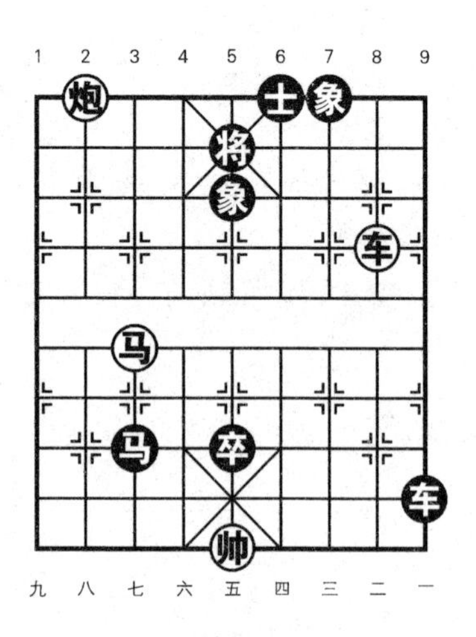

图 448

第449局　魂飞魄散

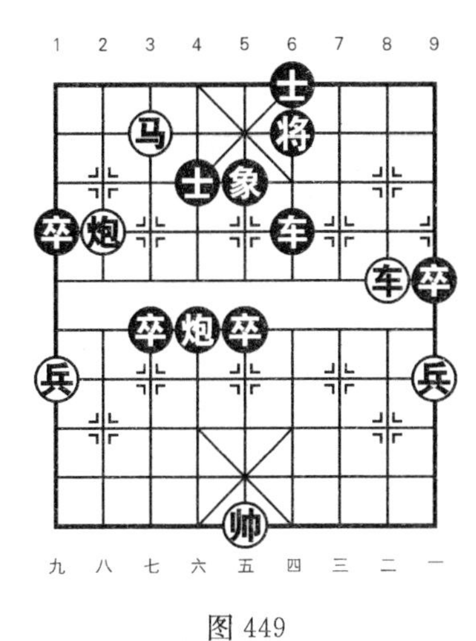

图 449

着法(红先胜):

1. 车二进三　　将 6 进 1
2. 炮八进二　　士 6 进 5
3. 马七退六!　 车 6 平 4
4. 车二退一

绝杀,红胜。

第450局　鬼斧神工

着法(红先胜):

1. 车六进一!　 将 5 进 1
2. 车六平五　　将 5 平 4
3. 炮九平六!　 将 4 进 1
4. 车五平六

连将杀,红胜。

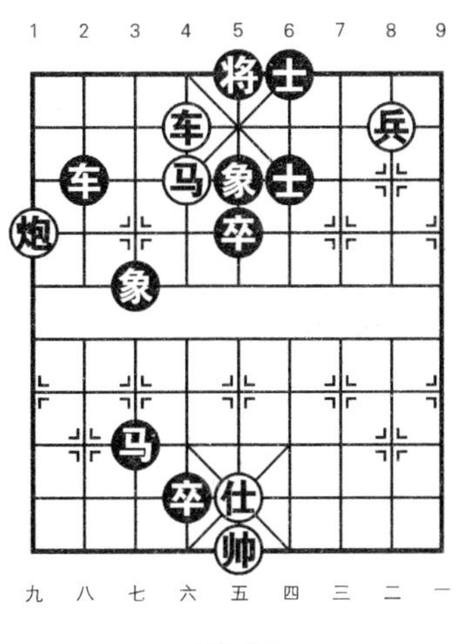

图 450

第451局 阴阳开阖

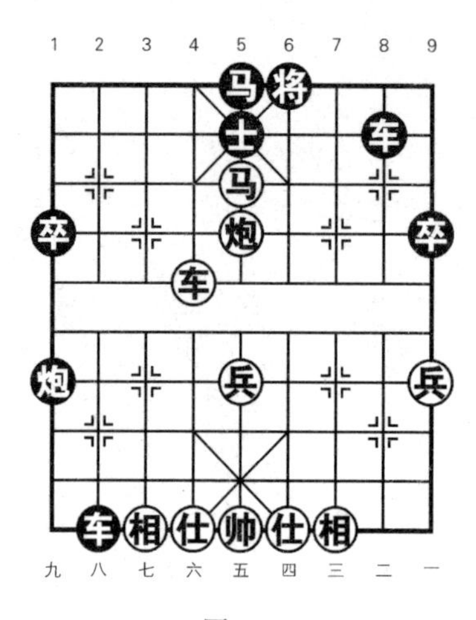

图451

着法(红先胜):

1. 车六平四　车8平6
2. 炮五平四　车6平9
3. 炮四平六　车9平6
4. 炮六进三!

连将杀,红胜。

第452局 精卫填海

着法(红先胜):

1. 马二进四　将5平6
2. 炮七平四　车5平6
3. 马四进二　将6平5
4. 炮四平五　车6平5
5. 兵五进一

连将杀,红胜。

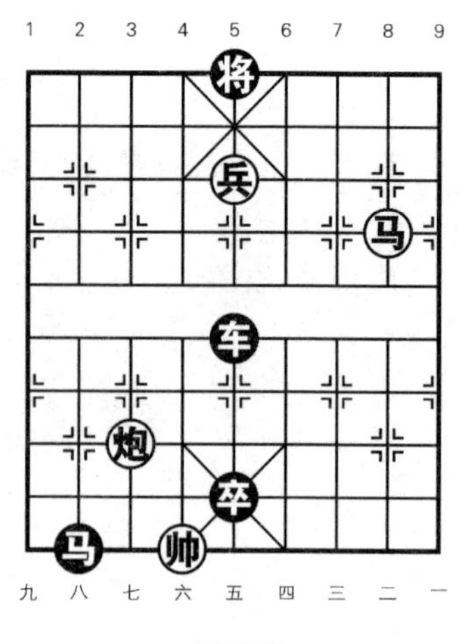

图452

第453局 田忌赛马

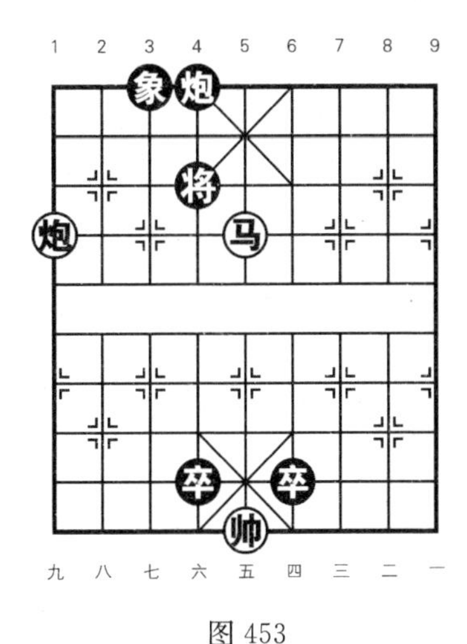

图453

着法(红先胜):

1. 马五退七　　将4退1

2. 马七进八　　将4进1

3. 马八进七　　将4退1

4. 马七退八　　将4进1

5. 炮九进一

连将杀,红胜。

第454局 掩耳盗铃

着法(红先胜):

1. 马四退二　　马4退6

2. 马二退四　　将4进1

3. 炮一退一　　象3进5

黑如改走马6进8,则马四退五,将4退1,马五进七,连将杀,红胜。

4. 车五退二　　将4退1

5. 车五进二

连将杀,红胜。

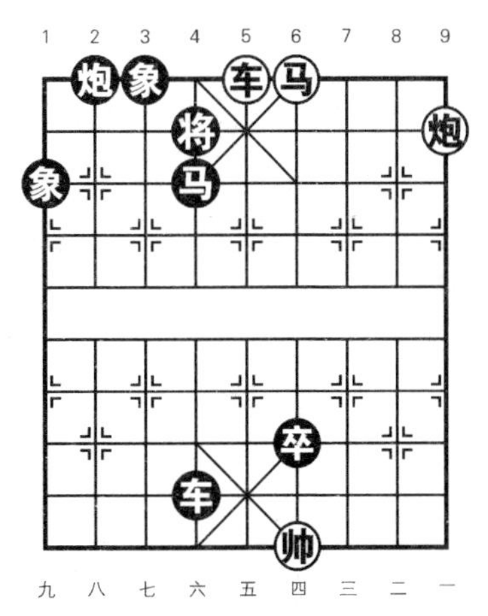

图454

第455局 孟母裂织

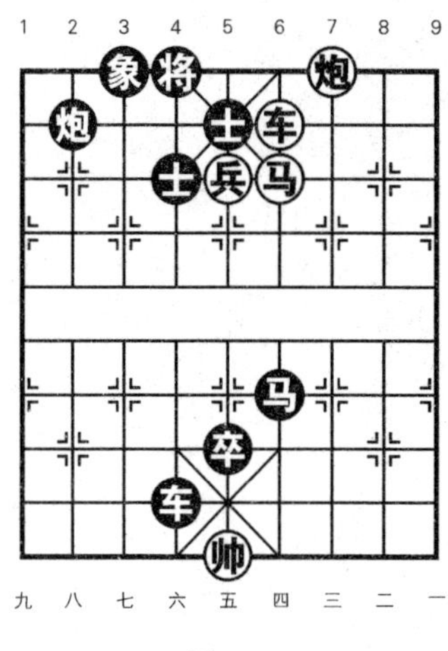

图455

着法(红先胜):

1. 车四进一　　将4进1
2. 兵五平六！　将4进1
3. 炮三退二　　象3进5
4. 马四退五　　将4退1
5. 马五进七

连将杀,红胜。

第456局 讳疾忌医

着法(红先胜):

1. 车二进二　　将6进1
2. 马一进三！　车9平7
3. 马五退三　　将6进1
4. 车二退二

连将杀,红胜。

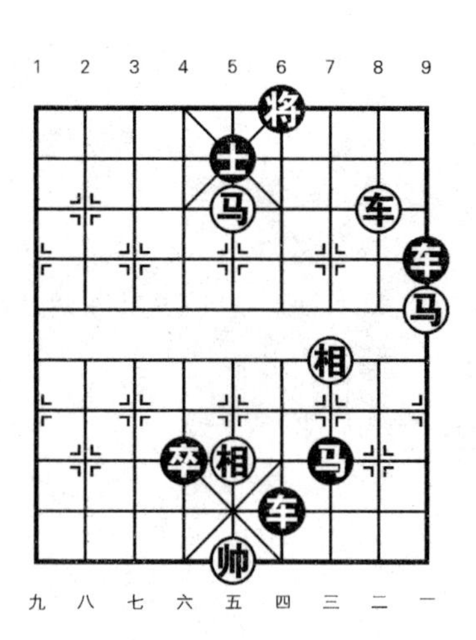

图456

第457局　东窗事发

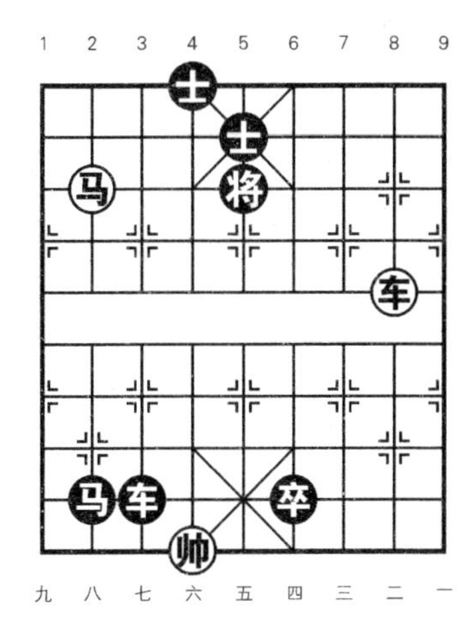

图457

着法(红先胜):

1. 车二平五　　将5平6
2. 马八退六　　将6退1
3. 车五平四　　士5进6
4. 车四进二

连将杀,红胜。

第458局　晏子使楚

着法(红先胜):

1. 车三平五!　　士6进5
2. 车一进九　　士5退6
3. 炮三进九　　士6进5
4. 炮三平七　　士5退6
5. 车一平四!　　将5平6
6. 马七进六

连将杀,红胜。

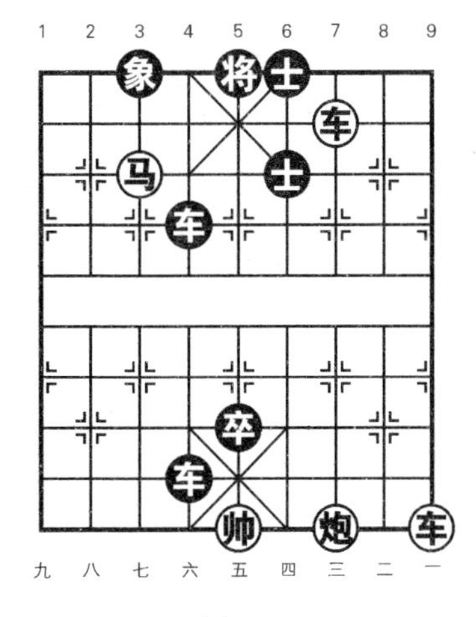

图458

第459局 破釜救友

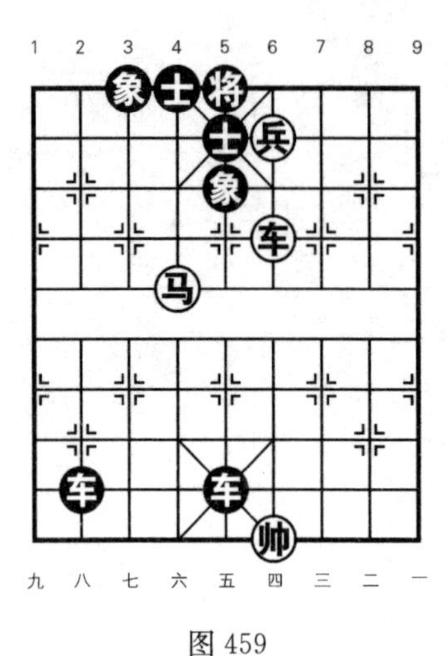

图459

着法(红先胜):

1. 兵四进一　　士5退6
2. 车四进三　　将5进1
3. 马六进七　　将5平4
4. 车四平六

连将杀,红胜。

第460局 守株待兔

着法(红先胜):

1. 马四退三　　将5平4
2. 车二进一　　士4退5
3. 马三进四　　将4进1
4. 车二退一　　士5进6
3. 车二平四

连将杀,红胜。

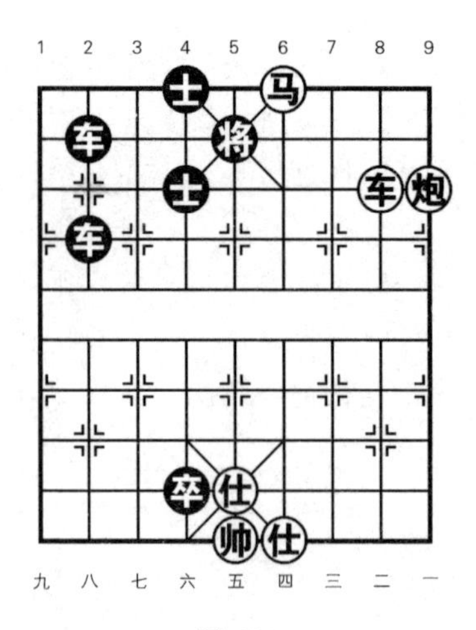

图460